LA PEUR DE TOUT

ÉVELYNE MOLLARD

LA PEUR DE TOUT

Comprendre et surmonter l'anxiété

Odile Jacob

15, rue Soufflot, 75005 Paris

www.odilejacob.fr

ISBN 2-7381-1285-4

AVANT-PROPOS

Il est des menaces qui pèsent sur tous les hommes. La mort, par exemple, certitude oubliée qui permet de vivre et de faire des projets, ou certitude niée pour mieux se centrer sur la dimension de vie. Il en est d'autres, en revanche, qui découlent de la perception que chacun de nous se fait de telle ou telle situation. Toutes, quelles qu'elles soient, suscitent de l'inquiétude. Quand l'organisme ne réagit pas, des images ou des pensées relatives à la dimension de menace sont activées pour le protéger, pour lui rappeler que la menace est toujours présente et qu'elle nécessite une réponse.

Si l'inquiétude a donc, à la base, une fonction adaptative, elle peut aussi basculer dans la pathologie. C'est ce qu'on nomme le trouble anxieux généralisé. Comment se fait ce passage du fonctionnel au dysfonctionnel ? C'est ce que nous avons souhaité expliquer dans cet ouvrage.

Par quel mécanisme l'inquiétude, salutaire, se change-t-elle donc en anxiété généralisée, provoquant un état quasi constant de tension ? L'attention des anxieux se porterait-elle de manière privilégiée sur des informations à caractère négatif ? Auraient-ils une sensibilité émotionnelle qui leur fait percevoir ces informations de manière négative ? Ou bien une certaine facilité à ne pas voir les informations à contenu émotionnel positif ? Et cette tendance à noircir les situations présentes et à n'envisager le futur que dans une perspective dramatique, comment l'expliquer ? N'est-ce pas la traduction des doutes qu'ont les anxieux quant à leurs propres capacités à gérer non pas les situations elles-mêmes, mais leurs réactions émotionnelles face à des situations inconnues ?

Nous savons tous que, s'il y a des problèmes solubles, d'autres ne le sont pas. Face à cette situation de fait, un non-anxieux cherchera surtout à contrôler son émotion en acceptant avec humilité son impuissance. L'anxieux, lui, ne se résignera pas. Non seulement il verra dans cette situation une marque de sa vulnérabilité, mais il continuera de chercher à tout prix une solution et les difficultés infranchissables qu'il rencontrera dans cette quête perdue d'avance ne feront que renforcer ce sentiment d'impuissance et activer l'inquiétude. Vue de soi-même comme vulnérable, vue du monde comme incontrôlable, vue du futur comme menaçant : comment, donc, un anxieux s'est-il doté de tels schémas qui le font vivre en perpétuel danger ?

Chapitre 1

ATTENTION, DANGER !

Qui n'a jamais eu de bonnes raisons de se faire du souci pour ses proches, son travail, sa santé ou son compte en banque ? Cette préoccupation, qui naît du sentiment de se trouver confronté à une situation dont on ne perçoit pas l'issue et pour laquelle on n'a pas de solution immédiate, provoque des réactions émotionnelles qui vont de l'anxiété à la colère, de la culpabilité au désespoir. Chacun réagit alors à sa manière pour essayer de faire face. Certains adoptent des stratégies combatives et remuent ciel et terre afin de trouver des solutions, s'entourent de personnes compétentes. D'autres traitent le problème par le mépris, prenant soin de l'éviter, de faire comme s'il n'existait pas, dans l'espoir qu'il se résoudra de lui-même... Les conditions qui déterminent ces attitudes sont complexes et dépendent de la personnalité et des ressources de chacun. Une même situation ne déclenche pas les mêmes appréhensions ni les mêmes réactions d'une personne à l'autre. La réponse d'inquiétude est forcément liée à la signification personnelle que chacun prête à la situation.

La stratégie mise en œuvre suppose l'évaluation subjective de la situation et, parallèlement, l'appréciation de ses capacités pour agir, c'est-à-dire l'inventaire de ses ressources, les solutions envisageables, les options à prendre en tenant compte du court, du moyen et du long terme. Dans cette évaluation subjective, on repère ce qu'il est possible de faire compte tenu de facteurs externes impondérables. Ainsi une stratégie adaptative, que l'on appelle le *coping*, représente l'ensemble des efforts cognitifs et comportementaux destinés à maîtriser, réduire ou tolérer les exigences internes ou externes qui menacent ou dépassent les ressources de l'individu (Lazarus, 1991). Ce *coping* nécessite une dimension cognitive — comment l'individu a traité cette information —, une dimension émotionnelle — quelles émotions la situation et son traitement ont suscitées, sachant que certaines peuvent être stimulantes et d'autres inhibitrices — et, enfin, un niveau de contrôle comportemental qui correspond à l'ensemble des actions que le sujet met en œuvre pour tenter de modifier le cours des événements.

Toute situation nouvelle pourrait être envisagée comme un défi à relever… Hélas, cette dimension de nouveauté et d'inconnu est vécue par certains comme une menace : la difficulté à maîtriser les dimensions émotionnelles, qui risquent d'invalider les stratégies susceptibles d'être mises en œuvre, est immédiatement perçue.

Dans la dimension anxieuse, la notion de menace est l'élément central. L'anxiété vient du sentiment que l'on ne peut pas faire face à cette menace, soit parce que l'on ne connaît pas sa provenance, soit parce qu'on ne connaît pas le moyen de lutter contre elle. On se sent vulnérable, car pris au dépourvu et, donc, en danger. Ce sentiment entraîne une hypervigilance — car on redoute les situations « à risques » — qui amplifie la réponse physiologique de peur et renforce la vulnérabilité du sujet. Des pensées négatives et dépréciatives de soi émergent alors et l'inquiétude se transforme en un véritable état de stress.

La personne souffrant d'anxiété généralisée est confrontée à un double problème : d'une part, sa tendance à surestimer la probabilité et la sévérité d'un danger dans le présent et dans le futur et, d'autre part, la sous-estimation de sa capacité à contrôler et à affronter les menaces qu'elle perçoit. Aussi la personne anxieuse se trouve-t-elle devant la nécessité d'anticiper les dangers, comme pour prévenir l'ampleur qu'ils pourraient prendre. Dès lors commence une lutte incessante entre l'anxieux et le monde.

L'hypervigilance

L'anxieux vit avec un sentiment permanent d'insécurité, d'incertitude et de tension psychique lié à l'anticipation d'une catastrophe. Ce qui constitue le problème n'est pas tant le fait d'avoir des inquiétudes que l'aspect excessif qu'elles revêtent. C'est comme si l'anxieux vivait en permanence avec en tête la notion d'un danger, d'une menace dont il ne connaît pas l'origine, ce qui va le mettre dans un état permanent d'hypervigilance, comme pour détecter d'où il pourrait venir.

L'anxieux passe souvent pour un rabat-joie dans la mesure où il effectue systématiquement une sélection négative de ce qu'il perçoit. S'il a choisi une maison de vacances isolée, il se focalise sur le fait que les secours sont loin et ne parvient jamais à se détendre. Si on lui offre la possibilité de changer de travail, il voit en premier lieu les difficultés d'adaptation auxquelles il va être confronté et le risque qu'il court de passer pour un incompétent. S'il participe à une cérémonie, il va redouter qu'on lui demande de faire une chose pour laquelle il pourrait se sentir ridicule. En somme, une personne anxieuse effectue une sélection des informations centrée sur le danger plutôt que sur le plaisir. Elle est, pour cette raison même, incapable de se reposer et de profiter du moment présent.

Si l'attention de l'anxieux est sélective, sa mémoire l'est également. Il se souvient très facilement des imprévus et des embarras qui ont pu constituer un obstacle au bon déroulement d'une situation. Par exemple, il se rappellera très bien l'unique accident survenu en trente ans dans une situation précise et, à l'avenir, redoutera toujours ce type de situations, comme si cette mémorisation permettait de valider son anxiété.

Le défi permanent

La dimension anxieuse se caractérise par une tendance à surestimer le danger, sa probabilité de survenue et sa gravité. Par exemple, si une mère de famille anxieuse ne voit pas sa fille rentrer à l'heure habituelle, elle va immédiatement penser que cette dernière a été victime d'un accident grave. Et si son mari rentre plus tard que prévu, elle va immédiatement en déduire qu'il l'aime moins et qu'il a l'intention de la quitter. Ce type d'interprétation suscite des comportements souvent inadaptés. Par exemple, la mère va accueillir sa fille comme si elle avait failli ne jamais la revoir ou se mettre dans un état de colère disproportionné par rapport au quart d'heure de retard de sa fille.

Dès qu'une personne perçoit une situation comme dangereuse, un « programme anxieux » — constellation complexe de changements cognitifs, affectifs et comportementaux — se met automatiquement en action, programme probablement conçu, à l'origine dans une fonction protectrice. Ce programme inclut d'importants changements physiologiques hérités de l'évolution et correspondant à un environnement primitif. Il comprend également une inhibition du comportement engagé et un repérage très sélectif de tout ce qui peut, dans l'environnement, avoir trait au danger et à la menace. Cependant, lorsque le danger n'est pas réel mais issu d'une mauvaise interprétation ou d'une exagération, l'anxiété, inappropriée, entraîne des comportements inadaptés. Ainsi, le patient anxieux va se trouver enfermé dans une série de cercles vicieux qui vont avoir tendance à maintenir ou à exacerber les réactions anxieuses.

Seul au monde

Lorsqu'une situation menaçante se présente, on évalue sa « dangerosité » ainsi que ses propres capacités à y faire face. Si on estime ne pas pouvoir l'affronter seul, on fait alors appel à l'aide de personnes plus compétentes.

L'anxieux, lui, sous-estime sa capacité à faire face, d'autant qu'il a déjà anticipé sur les autres problèmes à venir. Paradoxalement, l'aide qui pourrait lui être apportée est elle-même vécue comme source d'anxiété.

> Dès que Nadine doit utiliser sa voiture, elle redoute de tomber en panne et de ne pas savoir se débrouiller seule le cas échéant. Des amis lui ont donc conseillé de prendre l'autoroute où des « bornes SOS » sont installées tous les deux kilomètres et où une bande d'arrêt d'urgence est prévue. Cette suggestion a rendu Nadine encore plus anxieuse car elle en conclut que si on a installé ce genre de dispositif, c'est bien que les dangers sont réels !

L'art du « et si... »

Si pour justifier ses inquiétudes, l'anxieux ne trouve pas de raisons dans des situations immédiatement analysables, il applique alors la méthode du « et si... » qui caractérise à la fois le doute, l'estimation la plus négative de la situation et les prédictions les plus sombres. Par exemple, une personne qui apprend que des réaménagements sont envisagés au sein de sa société va, si elle n'est pas anxieuse, prendre contact avec son chef de service pour en connaître les conséquences en ce qui la concerne et éventuellement envisager des solutions. Si, au contraire, la personne est anxieuse, au lieu d'avoir une attitude active, elle va imaginer toute une série de difficultés à venir : « Et si j'étais licenciée ? Et si je ne retrouvais pas de travail et ne pouvais plus payer mon loyer ? Et si... ? » Bref, elle va chercher des problèmes au lieu de chercher des solutions et alimenter en permanence ce processus. Et s'il paraît déjà difficile de résoudre une équation à une inconnue, il ne semble pas très raisonnable, pour y parvenir, d'en ajouter d'autres.

Chercher des solutions à des problèmes inexistants

La mise en place d'une solution choisie parmi d'autres permet d'en apprécier la justesse et éventuellement d'y apporter certains aménagements pour la parfaire. Réussir à résoudre un problème donne un sentiment d'efficacité à la personne qui a choisi et mis en place la solution. Face à une difficulté, l'anxieux, lui, recherche toutes les difficultés qui pourraient découler de la non-résolution de la première. La procédure du « et si... » entraîne un cumul de situations de plus en plus complexes et de plus en plus improbables. Devant la situation d'hyperalarme déclenchée par le énième problème anticipé, l'anxieux se sent obligé d'agir. Il essaie ainsi de résoudre le problème le plus improbable, au lieu de résoudre le problème initial.

> Martha est très inquiète pour sa santé et pour celle des siens. Elle a vu à la télévision une émission sur des personnes sévèrement handicapées et sur leurs difficultés à trouver des lieux d'accueil adaptés. Martha et son mari ont 50 ans et sont en parfaite santé, mais elle pense déjà à l'avenir. Elle téléphone à des compagnies d'assurances pour connaître l'aide financière qui pourrait lui être apportée si elle devenait handicapée. Martha est prévoyante.
> Mais elle n'en reste pas là. Elle contacte également des maisons pour handicapés et demande s'il ne serait pas possible d'y rentrer plus tôt, dès 55 ans, pour être certaine d'y avoir une place. Un autre souci se profile alors à l'horizon : comment faire accepter cette idée à son mari ? Et comment justifier les notes de téléphone élevées en raison du temps passé à comparer les prestations et les tarifs des différentes maisons médicalisées ?

> Anémone vit dans un immeuble où un local situé au rez-de-chaussée est resté vacant pendant plusieurs années. Elle vient d'apprendre qu'il a été loué à un restaurateur qui envisage de faire de la restauration rapide à l'heure du déjeuner. Les plats seront préparés à l'extérieur et n'auront qu'à être réchauffés.

L'inquiétude s'empare d'Anémone qui pense que ce restaurateur envisage peut-être de les préparer ultérieurement lui-même. Elle appréhende déjà les odeurs, sans compter la fumée de cigarettes qui ne manquera pas d'envahir petit à petit l'appartement et qui nécessitera de laisser les fenêtres fermées en permanence, ce qui, forcément, posera des problèmes en été... Anémone doit donc trouver des solutions pour quitter, pendant la saison chaude et peut-être même définitivement, l'appartement qui, forcément, ne sera plus vendable à cause de ce restaurant. Les odeurs vont pénétrer non seulement par les fenêtres, mais par le sol et elle envisage des solutions pour isoler tout l'appartement.

Après trois semaines d'une anxiété importante et injustifiée, Anémone prend l'initiative de contacter des sociétés spécialisées dans l'isolation.

Outre le problème anticipé des odeurs, Anémone en redoute un autre : celui du bruit. Alors qu'il a été prévu contractuellement que le restaurateur ne devait ouvrir qu'à l'heure du déjeuner, Anémone anticipe l'idée qu'il ouvrira peut-être aussi le soir pour pouvoir faire le chiffre d'affaires lui permettant de rester. Elle prospecte donc, de son propre chef et bénévolement, toutes les entreprises des environs pour estimer le nombre de personnes susceptibles de déjeuner dans le quartier, afin de s'assurer que le restaurateur aura suffisamment de clients pour ne pas être obligé d'ouvrir le soir. En revanche, Anémone n'a envisagé à aucun moment qu'un tel succès pourrait inciter le restaurateur à ouvrir effectivement en soirée ! Elle a ainsi dépensé beaucoup d'énergie et de temps à trouver des solutions à un problème qui ne se présentait pas mais qui, *in fine* et à cause de son acharnement, pourrait bien devenir réel !

Le souci comme conjuration du danger

Devant les efforts qu'il déploie pour chercher à repérer les sources de danger et les solutions qu'il envisage pour le prévenir, l'anxieux ne peut que s'attribuer le bénéfice de la non-survenue de catastrophes anticipées. Dès lors, pourquoi se priver d'une telle méthode de contrôle des dangers puisqu'elle fonctionne ! Et c'est cette croyance au bénéfice du souci qui fait perdurer le comportement anxieux. À tel point qu'il n'y a rien de plus culpabilisant pour un anxieux que de ne pas se faire de souci ! Si lui ou son entourage devait être victime d'une catastrophe, l'anxieux se sentirait immédiatement responsable de ne pas s'être suffisamment fait de souci.

> Bertrand est enseignant depuis plusieurs années et consacre de longues heures à la révision de ses cours. Il les connaît par cœur, mais il s'inquiète comme si c'était le premier cours qu'il donnait. Lorsque je discute avec Bertrand pour tenter de situer l'origine de son anxiété, il me raconte que, lorsqu'il était enfant, sa mère le laissait seul à la maison, le temps de faire quelques achats chez des commerçants du quartier, et qu'il était très inquiet jusqu'à son retour. Et lorsqu'elle rentrait enfin, il était persuadé que c'était parce qu'il s'était tant inquiété que tout s'était bien passé ! Bertrand en a tiré arbitrairement la conclusion de l'efficacité du souci pour prévenir le danger, à tel point, me dit-il, que lorsque, enfant, il prenait le train pour partir en vacances, il passait tout le trajet à penser que le train pourrait dérailler, assuré que ce tracas assidûment entretenu permettrait l'arrivée saine et sauve de tous. Et aucun accident n'ayant jamais eu lieu, Bertrand ne pouvait que maintenir cette attitude de souci lors de tout autre déplacement, endossant ainsi une responsabilité majeure...

Un des éléments importants dans la dimension pathologique tient à l'utilisation excessive du souci comme mode de protection. L'anxieux confond souvent le fait de se faire du souci avec la non-survenue d'une catastrophe, lui attribuant ainsi une valeur magique. Comme si la valeur personnelle qu'il tire de cette responsabilité comblait un manque de confiance en ses capacités à gérer les situations difficiles. Il se peut que le manque d'estime de soi vienne justement d'une forte tendance à se responsabiliser, ou à avoir été responsabilisé, dans des situations qui dépassaient réellement les capacités de contrôle. Il a tendance à s'attribuer indûment des échecs ou, inversement, des réussites alors qu'il n'avait pas de contrôle réel sur la situation. La difficulté dans l'attribution du succès ou de l'échec gêne l'anxieux dans l'évaluation de son impact sur l'environnement et dans l'acquisition ou la rectification de stratégies pour l'influencer.

Le style attributionnel propre à chacun en termes de causalité comporte plusieurs dimensions :

— *La notion de contrôle interne (dépendant de soi) ou de contrôle externe (indépendant de soi)* : idéalement, un individu évalue au plus juste son impact et celui des facteurs extérieurs afin d'estimer sa responsabilité dans un événement.

— *La notion de stabilité ou d'instabilité dans la reproduction des événements (ils se produisent tout le temps/de temps en temps)* : si quelqu'un a une perception instable, il sera plus attentif aux éléments qui induisent cette fluctuation, qu'ils soient liés à des facteurs internes ou externes.

— *La notion de globalité ou de spécificité,* selon que l'individu étend sa façon de juger des liens de causalité à tous les domaines de son existence ou uniquement à certains (Abramson, Seligman, Teasdale, 1978).

Le style attributionnel est important dans la mesure où la manière dont une personne perçoit la causalité influe sur la manière dont elle perçoit sa capacité à modifier son environnement et sur les stratégies qu'elle peut adopter. La motivation et l'estime de soi varient également en fonction de l'évaluation de ce lien de cause à effet. Face à un échec ou à un événement négatif, un anxieux aura tendance à procéder à un jugement de causalité interne, globale et stable : il s'attribuera toute la responsabilité de l'échec (internalité) et considérera que celui-ci est définitif (stabilité) et s'étend à tous les domaines de son existence (globalité). À l'inverse, en cas de réussite ou d'événement positif, il émettra des jugements externes (le hasard ou les autres sont à l'origine de l'événement positif), spécifiques (l'événement est lié à une circonstance très particulière, pour ne pas dire exceptionnelle) et instables (cela ne durera pas). Il estimera, du coup, qu'il est incapable de faire face seul et aura alors tendance à s'autocritiquer, à se blâmer, ce qui entraînera une baisse de l'estime de soi et un sentiment d'impuissance (Blackburn et Cottraux, 1988). C'est dire si l'anxieux est, face aux événements qui l'entourent, démuni et fragile...

Chapitre 2

LE SOUCI ET L'ANXIEUX

À l'âge de 8 ans, Amandine a été séparée de ses parents, qui avaient accepté un travail saisonnier, pendant six mois. Elle avait le choix soit d'aller en pension, soit de vivre chez sa grand-mère dont elle redoutait la sévérité. Amandine choisit la pension. Elle y a été très malheureuse et n'a cessé de pleurer. Vingt ans après, elle me raconte que personne ne l'a consolée et qu'elle s'est sentie seule au monde, abandonnée.

Plus tard, à l'âge de 16 ans, Amandine accepte à son tour un travail saisonnier loin du domicile parental. Rapidement, elle doit se débrouiller pour trouver un logement et s'adapter à ce nouveau travail, s'intégrer dans une équipe où elle ne connaît personne, dans une région qui lui est inconnue... Très vite débordée par la situation, elle abandonne son poste et rentre chez elle.

Aujourd'hui, ce qui tracasse le plus Amandine, c'est la mauvaise évaluation qu'elle a pu faire de ses capacités d'adaptation : « C'est tout moi, me dit-elle, de vouloir aller en pension plutôt que chez ma grand-mère, c'est tout moi de vouloir travailler pour la saison dans cette région que je ne connaissais pas. » De ces deux échecs, elle tire la conclusion qu'elle ne sait pas évaluer clairement les situations et les difficultés dans lesquelles elles peuvent la mettre. Depuis ces expériences malheureuses, elle est envahie par le doute dès qu'il s'agit de prendre une décision.

Depuis une quinzaine d'années, Orlane est vendeuse dans un magasin de produits de luxe. Elle est parfaitement consciente de ses compétences professionnelles et relationnelles. Elle pense avoir acquis une certaine intuition qui lui permet de détecter rapidement le type de clients auxquels elle a affaire, de repérer leurs attentes, d'estimer leur budget... Il y a quelques années, elle a été agressée sur son lieu de travail, mais n'a pas été vraiment surprise : elle a détecté que la personne qui l'avait attaquée n'était pas venue pour acheter ; son comportement, son attitude, son apparence ne correspondaient pas au client type.
Dernièrement, un client, qui correspondait parfaitement aux critères attendus d'Orlane, est entré dans la boutique. Or il l'a agressée alors qu'elle ne s'y attendait pas du tout. Si Orlane est sortie indemne physiquement de cette agression, elle en garde des séquelles psychologiques. Ce qui l'a le plus blessée, c'est de ne pas avoir su évaluer le potentiel agresseur de ce client. Depuis, elle doute de tout et n'ose plus sortir de peur de ne plus savoir à qui elle pourrait avoir affaire dans la rue, dans un magasin, dans un restaurant... Si quelqu'un met une main dans une poche de sa veste, elle se demande s'il va en sortir des clés ou un couteau. Orlane en est arrivée à ne plus oser sortir la journée et préfère sortir le soir : elle vit la nuit comme moins anxiogène dans la mesure où elle est certaine du danger et reste constamment sur ses gardes.

Olivia était une femme dynamique, enthousiaste, pleine de gaieté. Chaque jour, elle prenait l'autobus, moyen de transport considéré comme sûr, pour se rendre à son travail. Or, un jour, alors qu'elle se lève pour descendre, le chauffeur freine brusquement afin d'éviter un piéton et Olivia est violemment projetée à l'arrière. Elle est transportée à l'hôpital où l'on constate la fracture de plusieurs vertèbres. Ses douleurs étaient si intenses qu'elle a cru mourir. Après de longs mois d'hospitalisation, Olivia peut de nouveau marcher. Mais si physiquement, tout est rentré dans l'ordre, le traumatisme psychologique reste très présent : Olivia ne se sent plus en sécurité nulle part. Elle n'ose plus sortir de chez elle, mais a également peur de rester seule à son domicile. Il est évident qu'elle ne prend plus le risque de prendre l'autobus. Ni aucun autre risque, d'ailleurs.

Comme chez Amandine, Orlane ou Olivia, la difficulté à évaluer les situations ou les relations entraîne chez les anxieux des doutes — doutes sur ce qui représente un danger, sur la bonne décision à prendre, la bonne attitude à adopter... Ces doutes agissent comme un frein dans le processus d'évaluation, comme si toute situation était suspecte d'un danger qu'il faut essayer de détecter avant qu'il ne devienne effectif.

Être incertain d'être certain

L'indécision qui caractérise l'anxieux s'accompagne souvent, aux dires de l'entourage du moins, d'autres caractéristiques comme l'ambivalence, l'hyperprudence ou la fuite devant ses responsabilités.

L'AMBIVALENCE

L'ambivalence est l'art de vouloir une chose et son contraire. « Je sais systématiquement que je vais faire le mauvais choix », dit Anna. Michelle, elle, se fait du souci parce que sa fille passe tous ses dimanches chez elle. Elle pense que celle-ci n'a pas d'amis et qu'elle doit s'ennuyer mais, en même temps, elle serait extrêmement soucieuse si cette dernière sortait : elle ne saurait pas où elle est ni avec qui. Michelle ne sait pas comment gérer cette ambivalence. Nadine, elle, ne supporte pas d'arriver en retard à un rendez-vous et fait toujours en sorte d'être très en avance ; pourtant, elle ne supporte pas d'attendre !

Ces paradoxes ne peuvent qu'entraîner une dimension d'alarme qui souligne la confusion du propos et diffère le processus de décision. C'est donc un moyen de garder une certaine liberté. En effet, faire un choix, c'est évincer des alternatives. Par conséquent, ne pas faire de choix, c'est se laisser le choix de choisir ou de ne pas choisir ! Mais choisir, c'est aussi prendre le risque de se tromper. Or ce risque-là, l'anxieux ne veut pas le prendre dans la mesure où il y a chez lui une dimension définitive et irrémédiable. Le choix doit donc être parfait. D'où une inspection systématique et minutieuse de chaque argument pour être sûr d'avoir envisagé toute éventualité avant de se décider. L'autre difficulté inhérente au choix est la sélection et la hiérarchisation des différents paramètres.

Prenons, par exemple, le problème des vacances. Les paramètres en jeu sont les suivants :

— les personnes : partir en vacances seul n'impose pas les mêmes contraintes que partir avec son compagnon ou avec des amis ; la présence d'enfants et leur âge peuvent engendrer d'autres contraintes...

— le lieu : il convient de tenir compte des goûts des uns et des autres : montagne ou mer, campagne, ville...

— le mode : vacances en location, à l'hôtel, en club, en camping... Ce mode devra tenir compte des contraintes financières : de quel budget disposez-vous ; des contraintes de temps : disponibilité des uns et des autres ; des moyens de transports : voiture, train, bateau, avion...

Le tout est donc de trouver un consensus qui tienne compte de l'ensemble de ces paramètres. Pour ce faire, il est nécessaire d'établir un classement des priorités. Si la contrainte financière est dominante, les autres choix en découleront. Or cette hiérarchisation pose un problème à l'anxieux qui doute de ses capacités d'évaluation et ne parvient pas à se fixer clairement un objectif qui permettra ensuite une mise en action. Aussi est-il plus facile pour lui de laisser les autres décider afin de se dégager d'un souci qui commence à lui gâcher ses vacances avant même qu'elles n'aient commencé !

LA PROCRASTINATION

On appelle « procrastination » la difficulté à ordonner les éléments les uns par rapport aux autres et à en faire la synthèse. La personne accumule les paramètres sans parvenir à les mettre en forme et se retrouve vite débordée. Et, puisque aucun objectif n'a été clairement défini, il devient alors difficile de passer à l'action. Si, par exemple, je décide de préparer un dessert, je vais sortir tous les ingrédients indispensables à sa réalisation, mais je ne saurai qu'en faire tant que je n'aurai pas décidé quel dessert réaliser. Seule la précision de l'objectif permet de démarrer l'action. C'est cette définition même de l'objectif qui, du fait de son ambivalence, fait défaut à l'anxieux. Conscient de ses difficultés dans la prise de décision et dans le passage à l'action consécutif, il organise souvent sa vie dans des réseaux de « dépendance » : dépendance aux autres, à une structure, qui décident et organisent pour lui et le soulagent ainsi du poids de la responsabilité — même si cette dépendance le fragilise et active d'autres sources d'angoisse.

L'INTOLÉRANCE À L'INCERTITUDE

L'intolérance à l'incertitude a été proposée comme facteur déterminant dans l'acquisition et le maintien des inquiétudes excessives (Dugas, Freeston, et Ladouceur, 1997). L'intolérance à l'incertitude se caractérise par la difficulté à composer avec l'ambiguïté des situations quotidiennes. La vie exige que l'on s'adapte à des situations souvent ambiguës. Les personnes incapables de composer avec ces situations et de tolérer un certain niveau d'incertitude les vivent comme menaçantes. On peut ainsi mieux cerner le désarroi d'une personne qui souffre d'un trouble anxieux généralisé, dans la mesure où elle est incapable de prendre une décision et, paradoxalement, ne supporte pas non plus l'incertitude. Ainsi, les situations nouvelles aux conséquences incertaines, au lieu d'être vécues comme un défi, le sont comme une véritable menace.

Une étude a comparé sur ce point des sujets anxieux à des sujets-contrôles non anxieux (Ladouceur *et al.*, 2000). On présente aux sujets deux sacs de billes. Dans l'un des sacs, il y a 85 billes noires et 15 billes blanches ; dans l'autre, 85 billes blanches et 15 noires. Le sujet doit ouvrir un des deux sacs et commencer à en tirer des billes. On lui demande alors d'évaluer si le sac dont il tire les billes est celui qui contient le plus de billes noires ou le plus de billes blanches. Le sujet tirera un nombre n de billes qu'il jugera suffisant pour estimer de quel sac il s'agit. Dans un deuxième temps, on présente à nouveau deux sacs de billes, mais dont le ratio de billes noires et de billes blanches est de 40/60.

On a constaté que dans la tâche à ambiguïté élevée, les sujets anxieux tireront un nombre de billes équivalent à celui des sujets non anxieux avant de décider de quel sac il s'agit. En revanche, dans les tâches à ambiguïté intermédiaire, les anxieux tirent un nombre plus important de billes que les non-anxieux. Dans les vrais conflits, les sujets anxieux ont une attitude identique aux sujets non anxieux. En revanche, dans les situations où l'ambiguïté est moindre, les anxieux semblent plus inquiets et ont besoin de plus d'indices avant d'atteindre un niveau de certitude semblable à celui des personnes moins anxieuses. La clé du problème anxieux serait donc l'intolérance à l'incertitude.

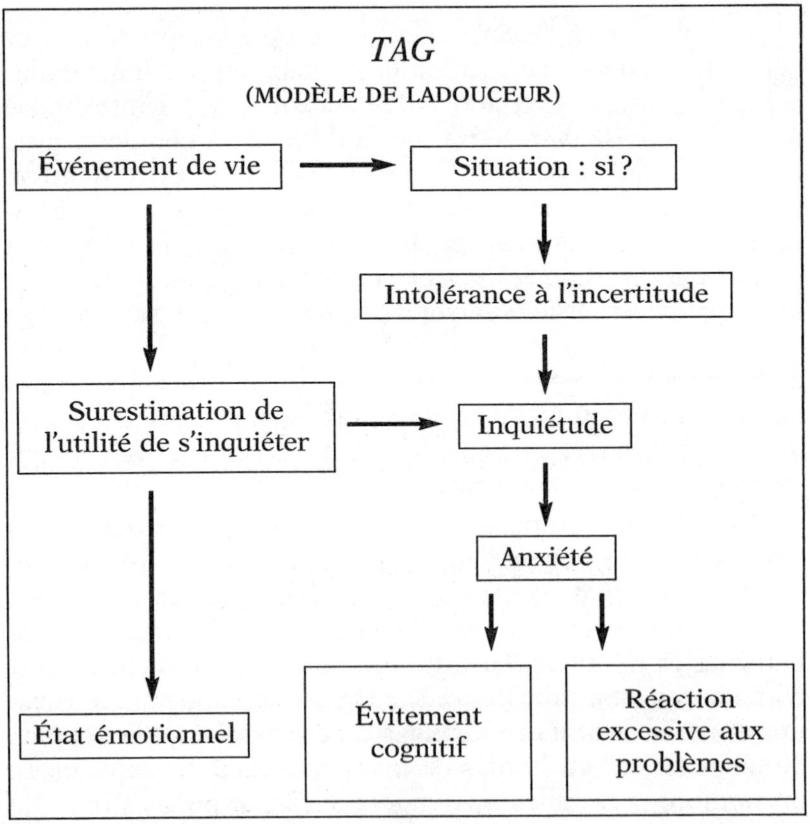

Cette difficulté à faire face à des situations ambiguës et incertaines entraîne une difficulté dans la mise en place d'une procédure de résolution de problème. Cinq étapes essentielles ont été identifiées dans cette procédure (D'zurilla et Goldfried, 1971) :

1. l'évaluation globale de la situation, essentiellement guidée par une dimension émotionnelle ;
2. la définition précise du problème et la formulation de buts ;
3. la recherche de solutions ;
4. la prise de décision ;
5. la mise en place de la solution choisie et la vérification de sa validité.

La plupart des anxieux ne parviennent pas à dépasser la première étape, c'est-à-dire celle de la valence émotionnelle de la situation. La dimension d'incertitude que présente *a priori* toute situation représente une telle charge émotionnelle qu'elle empêche la mise en place de la procédure. Par ailleurs, l'incertitude conduit l'anxieux à une évaluation négative du problème car son attention se porte essentiellement sur les éléments ambigus, et donc inquiétants. L'intolérance à l'incertitude conduit donc au souci : l'anxieux développe des croyances erronées à l'égard d'une situation incertaine en envisageant la survenue d'événements négatifs souvent hautement improbables, et rejette les arguments qui font état de cette improbabilité. Dès lors, le processus de résolution de problème est altéré par l'activation émotionnelle engendrée par le haut niveau d'inquiétude.

INTOLÉRANCE À L'INCERTITUDE OU À LA CERTITUDE D'ÊTRE MAL ?

L'anxiété est associée à tout un cortège de réactions physiologiques désagréables que la personne anxieuse perçoit à la moindre incertitude. Envahie par ses émotions, elle a plus de mal à évaluer la situation et par conséquent a tendance à déprécier *a priori* ses compétences à l'affronter.

Nombreuses sont les situations qui nous font perdre nos moyens. Pensons, par exemple, à l'anxiété liée aux examens ou aux concours. Certains vivent ces situations comme des défis sans redouter outre mesure l'incertitude liée au sujet de l'examen, et ils parviennent à mobiliser toutes les ressources intellectuelles nécessaires. D'autres, plus anxieux, vivent cette incertitude comme une véritable menace et redoutent que l'inquiétude activée à la lecture du sujet mobilise par trop le champ émotionnel, les empêchant de raisonner correctement. Cette dimension de menace commence à angoisser l'anxieux bien avant le jour de l'examen et ne lui permet pas de se concentrer correctement pendant ses révisions, ce qui provoque chez lui un sentiment d'échec avant même d'avoir été confronté à l'examen. Ce sentiment ne fait que majorer la réponse émotionnelle et la spirale met l'anxieux face à deux défis, celui de l'examen et celui de la gestion de ses réactions émotionnelles. La tâche devient encore plus difficile dans la mesure où cette énergie déployée à contrôler ses émotions est autant d'énergie disponible en moins pour activer ses connaissances. Les difficultés de concentration peuvent alors avoir des conséquences néfastes : mauvaise lecture du sujet d'examen, réponse « hors sujet », etc.

Cela étant, s'il est des situations où chacun peut légitimement se sentir anxieux (concours, examens médicaux, etc.), les personnes qui souffrent d'anxiété généralisée vivent des situations mineures comme anxiogènes, ou si elles n'ont pas de raison particulière de s'inquiéter, anticipent sans répit des situations hautement improbables dans lesquelles elles sont mises en difficulté.

D'un extrême à l'autre

Pour ne pas laisser de place au doute, l'anxieux se retranche dans des dimensions extrémistes en « tout/rien » ou « toujours/jamais », ne cédant aucune place à l'alternative, comme pour éviter de hiérarchiser toute une gamme de nuances, ce qui laisserait trop d'opportunités au doute de s'insinuer. C'est comme si l'anxieux cherchait à maîtriser l'émotion suscitée par le doute en éliminant toute équivoque. Les choses sont bien ou mal, justes ou injustes... L'anxieux aime que les choses soient claires, cadrées, codifiées et ne s'en écarte pas d'un pouce. C'est pourquoi il peut parfois passer aux yeux de son entourage pour quelqu'un de rigide, de têtu. L'anxieux codifie le monde qui l'environne, ses relations, etc. Mais ce balisage n'est pas sans contre-effet.

> Le fils de Michelle vient d'avoir un enfant et passe moins souvent la voir. Michelle s'angoisse à l'idée qu'il pourrait ne plus venir du tout. Cette tendance au balisage extrême entraîne chez elle une notion d'irrémédiable, de définitif qui active la dimension anxieuse.

> Serge est très anxieux à l'idée de son déménagement imminent : a-t-il fait le bon choix ? Le quartier va-t-il vraiment lui plaire ? L'aménagement de l'appartement sera-t-il vraiment conforme à ce qu'il attend ? Le voisinage sera-t-il agréable ? Tout se passe comme si Serge était condamné quoi qu'il arrive à y vivre définitivement.

> Marc est à la recherche d'un emploi. On lui a proposé plusieurs postes. Il s'angoisse à l'idée d'en accepter un en particulier, comme si cela lui interdisait d'envisager d'autres postes par la suite. L'aspect irrémédiable des choix effectués renforce ses tendances perfectionnistes : il faut que tout soit parfait puisque tout semble définitif.

> Elsa redoute de se trouver dans des situations sociales, de peur de ne pas toujours donner une bonne image d'elle-même. Si, lors d'une conversation, elle a eu le sentiment d'être parfois un peu absente ou qu'elle a trouvé ses propos d'une grande banalité, elle pense que les autres vont la juger définitivement inintéressante et fade... Comme si l'image que l'on renvoie à un moment donné était définitive. Comme beaucoup d'anxieux, Elsa est sans pitié envers elle-même. Les standards élevés qu'elle se donne pour ne pas décevoir les autres ou se décevoir elle-même entretiennent un état de tension important. Cette exigence va parfois la conduire à se fixer des buts disproportionnés.

Cathie est restée longtemps à l'abri dans le cocon familial et se décrit plutôt comme une jeune fille timide, consciente de sa difficulté à affronter les autres et de sa dépendance. C'est pourquoi elle a voulu se prouver qu'elle était capable de se débrouiller toute seule. Elle a décidé de quitter son pays, sa famille et de s'installer seule à l'étranger. Dans un premier temps, elle s'est débrouillée toute seule pour trouver du travail, alors qu'elle parlait mal la langue du pays où elle avait élu domicile ; ensuite, elle a éprouvé le besoin d'avoir un enfant « toute seule ». Et, à force de cumuler les difficultés qui avaient pour objectif de lui prouver son indépendance, elle a atteint un niveau de tension tel qu'elle est arrivée à faire d'importantes crises d'angoisse qui l'ont amenée à l'autre extrême : « Je suis nulle, je suis incapable, je n'arriverai jamais à m'en sortir toute seule… » Là encore, l'écueil provisoire lié à la fatigue, à la tension, est vécu comme définitif.

Tout contrôler pour ne pas être contrôlé par les émotions

L'une des sources importantes de l'anxiété est d'avoir à affronter des situations nouvelles, dans lesquelles il faut faire preuve d'improvisation, d'adaptation… Ces situations sont le plus souvent vécues de manière positive par des personnes non anxieuses, qui y voient l'occasion d'accroître leurs connaissances sur leur environnement, sur les autres, et sur elles-mêmes. À l'inverse, les anxieux vont, eux, se sentir démunis, ils vont douter de leurs capacités stratégiques et redouter d'être perçus comme des inadaptés maladroits, ce qui ne pourra que renforcer leur sentiment d'inefficacité et de vulnérabilité.

AVOIR UN PÉRIMÈTRE DE SÉCURITÉ, OU CONTRÔLER LA SITUATION IMMÉDIATE

Les anxieux appréhendent systématiquement toute situation qui les fait sortir de leur périmètre de sécurité, renonçant à changer d'activité professionnelle, de quartier, en respectant des habitudes ritualisées (même lieu de vacances, mêmes activités, etc.). Notre société est, de ce point de vue, sécurisante puisque, dans de nombreuses villes et de nombreux pays, nous retrouvons des structures quasiment identiques et des repères.

> Alex souffre de trouble anxieux. Il rêve de ne plus avoir d'émotions. Il y a une vingtaine d'années, alors qu'il avait 18 ans, il avait invité chez lui des camarades étudiants, et avait pris à cette occasion et pour la première fois, du LSD. Il s'était alors senti extrêmement mal, très anxieux, sous l'emprise d'hallucinations. Depuis, il garde la hantise de perdre le contrôle. Au-delà de cette expérience pénible, Alex dit avoir « brisé un rêve d'invulnérabilité ».
>
> Depuis peu, il redoute de ne pas pouvoir supporter émotionnellement la situation exceptionnelle qu'il doit affronter dans sept mois : assister à la naissance de son premier enfant. Il craint d'être complètement débordé, de ne pas pouvoir du tout contrôler cette situation et de prendre le risque de ne plus jamais pouvoir se contrôler.
>
> Jusqu'à présent, Alex a évité toute situation susceptible d'activer un état émotionnel, aussi minime soit-il, tant il se sent incapable de contrôler la moindre émotion ou sensation. Alors qu'il est musicien amateur, il évite depuis plusieurs années de jouer, de se rendre à un concert ou, tout simplement, d'écouter de la musique, car l'émotion ressentie risquerait de l'envahir et de lui faire perdre le contrôle. Il a également abandonné toute activité sportive, car la moindre sensation corporelle est immédiatement interprétée comme un début de crise d'angoisse, susceptible d'enclencher un état incontrôlable.
>
> Sur le plan social, Alex évite de se rendre chez des amis ou d'en inviter, de peur de se trouver pris dans des discussions vives ou « au dépourvu », ce qui activerait une émotion ou des sensations pénibles qu'il risquerait de ne pas pouvoir gérer. Professionnellement, le problème est encore le même. Il arrive à assumer son travail qui ne nécessite que de très rares déplacements. Mais quand il doit se déplacer, il s'organise pour envoyer quelqu'un d'autre à sa place, car, pour lui, voyager,

c'est prendre le risque de se trouver dans des situations inattendues et angoissantes.

Sa peur de ne pas se maîtriser est permanente. Il pense qu'il ne peut pas se faire confiance et, en même temps, qu'il ne peut pas non plus faire confiance aux autres ou, du moins, il ne veut compter que sur lui et ne pas avoir à dépendre des autres. Mais ce qu'Alex redoute plus que tout, c'est d'avoir une crise d'angoisse qui l'amènerait à perdre le contrôle devant tout le monde et le ridiculiserait. Heureusement, me dit-il, sa femme est là. C'est une personne très compréhensive, très maternelle ; elle accepte ses évitements, n'invite personne à la maison et accepte de l'accompagner dans des situations où il pourrait se sentir mal à l'aise. Elle prend aussi en charge les courses de la maison, les démarches administratives. Elle le protège et veille sur tout.

ÊTRE DANS L'ANTICIPATION ANXIEUSE, OU « AGIR EN PENSANT »

Toute situation nouvelle est vécue par l'anxieux comme un véritable piège, dans la mesure où il ne s'y est pas préparé et qu'il redoute de ne pas trouver immédiatement de parade adaptée et de ne pas pouvoir improviser l'attitude ou le discours attendu. L'anxieux craint de donner une image de lui-même peu valorisante. Et plus il redoute une situation imprévue, plus il est tendu si elle se présente et plus il risque de se trouver confus, d'autant que des monologues dépréciatifs concourent à augmenter cette confusion et à l'éloigner de stratégies adaptatives.

Aussi, pour éviter d'être mal à l'aise, l'anxieux se met-il en position de scénariste, imaginant, à partir d'une situation anticipée, un ensemble de conséquences possibles, le but étant de ne pas se trouver pris au dépourvu. Tout est bon, en effet, pour ne pas être gêné par l'activation émotionnelle qui s'enclenche dès qu'il y a un décalage entre la situation attendue et la réalité. S'il est vrai que l'activité et l'émotivité se partagent la gestion du capital énergétique, elles le font de manière dissymétrique, sinon opposée ; la première apparaît « tournée vers le monde et disposée à s'accorder à lui », tandis que la seconde est « tournée vers le moi et disposée à se désaccorder du monde pour se retourner vers le moi » (Sutter, 1990), l'anticipation anxieuse est peut-être alors un moyen pour mettre à distance l'émotivité liée au fait d'être pris au dépourvu. Néanmoins, son utilisation risque d'être poussée au maximum chez l'anxieux qui se donne à résoudre des problèmes de plus en plus complexes et de moins en moins probables.

Pour anticiper de façon satisfaisante, l'être humain doit éprouver, en se tournant vers l'avenir un « sentiment de connivence ». Non seulement son regard doit embrasser la perspective d'un terrain de manœuvre suffisamment dégagé et praticable, mais encore faut-il qu'il soit assuré de rencontrer, dans sa progression, les concours et les approbations dont il a besoin. Ce n'est pas qu'il doive ignorer ou minimiser les obstacles et les oppositions inévitables, bien au contraire, car alors il s'arrêterait vite en chemin, mais il lui faut être convaincu d'avoir choisi la bonne ligne de conduite et d'être, en définitive, approuvé et aidé. Or pour qui est la proie de l'anxiété, le terrain où il faut s'aventurer est semé d'obstacles, le milieu n'est prometteur que de frustrations, le monde peuplé d'adversaires qui vont s'opposer à lui ou tenter de le détruire. « S'il émerge de son inaction quasi paralytique, l'anxieux se trouve dans la situation du soldat qui doit sortir de la tranchée sous la mitraille. Encore heureux si l'ennemi ne vient pas l'attaquer dans son repère » (Sutter, 1990).

L'inconnu est essentiellement source d'inquiétude pour une personne anxieuse. Là où les autres ont plutôt tendance à envisager l'avenir comme autant de « pochettes-surprises » qui vont révéler leur contenu dans le temps et comptent sur leurs capacités adaptatives et le soutien de l'entourage en cas de besoin, l'anxieux se retrouve assez seul pour affronter tous les petits diables ou les petits monstres que son imagination lui fait découvrir dès qu'il essaie de franchir l'opacité du mystère des heures à venir. Qui plus est, cette énergie dépensée par l'anxieux à anticiper une situation dans l'éventualité qu'elle se présente risque d'être considérée par lui comme le facteur essentiel de la réussite dans l'affrontement de cette situation si elle se présente réellement.

CONTRÔLER LES ÉMOTIONS DES AUTRES POUR CONTRÔLER LES SIENNES

Pour l'anxieux, les émotions des autres ou les siennes sont des cibles particulièrement difficiles à maîtriser.

> Si Clara arrive à maîtriser un certain nombre d'émotions en évitant des situations données, elle ne peut, en revanche, éviter celles qui la confrontent à autrui. Dans ce cas, elle s'arrange pour ne pas blesser les sentiments des autres afin de ne pas susciter l'agressivité ou la colère qui risquerait de la déstabiliser. Elle s'arrange pour être discrète ou, éventuellement, adopte une attitude de boute-en-train, sachant que ni le rire des autres ni le sien ne la déstabilise. Pour bloquer l'activation émotionnelle, Clara peut aussi être amenée à réagir de façon surprenante. Par exemple, elle n'hésitera pas à interrompre une conversation qui commence à la perturber pour couper court à l'activation émotionnelle ou bien elle réagira très brusquement, anticipant sur le fait que le sujet de conversation risque de déclencher chez elle une réaction émotionnelle.

Parfois, la « méfiance » des anxieux est non pas tournée vers les autres, mais vers eux-mêmes, ce qui provoque des réactions défensives. L'entourage est alors en droit de se poser des questions sur cette attitude, confirmant ce que l'anxieux redoute le plus : que l'on remarque son malaise, ce qui ne fait qu'augmenter son anxiété. Par ailleurs, les anxieux ont de grandes difficultés à prendre de la distance par rapport aux émotions des autres : ils ont souvent le sentiment de vivre les choses comme si elles leur arrivaient à eux.

> Anna vient d'accoucher. Sa mère se souvient de son propre accouchement et de son sentiment d'être « perdue avec son bébé ». Elle pense que sa fille vit forcément la même chose et passe son temps à la conseiller dans un souci de bien faire et d'apporter le soutien qu'elle-même aurait tant aimé recevoir à ce moment de sa vie. Or Anna n'est pas du tout dans

l'anxiété. Aussi est-elle agacée dès que sa mère lui téléphone ou lui rend visite trop souvent.

Les anxieux partent du principe que les autres fonctionnent comme eux, c'est-à-dire appréhendent la vie d'une manière anxieuse. Ainsi une mère anxieuse ne supporte pas qu'on la laisse un jour sans nouvelles. Lorsqu'elle est amenée à se déplacer et à ne pas être en contact direct avec ses enfants, elle les appelle, pour se rassurer certes, mais aussi pour leur dire qu'elle ne les oublie pas, qu'elle pense bien à eux, comme pour calmer une détresse supposée. Les anxieux pensent pour nous. Et parfois pire ! Ils agissent pour nous !

> Clara fait du sport. Elle joue au tennis, mais elle n'arrive pas à gagner même quand elle sent qu'elle domine la situation car elle sent l'angoisse de l'autre joueur qui est en train de perdre. Se sentant coupable, elle perd de sa puissance et de sa force, contaminée par le halo anxieux qui émane de son adversaire. Du coup, elle lui laisse une chance de gagner et l'autre, sentant sa faiblesse passagère, prend l'avantage.

La contamination anxieuse est souvent une source de conflits supplémentaires. En effet, une mère non anxieuse qui voit sa fille anxieuse va chercher à la rassurer, à la réconforter, à la câliner... Une mère anxieuse qui voit sa fille anxieuse va se laisser contaminer par l'émotion de cette dernière et cette double dose émotionnelle risque d'entraîner de nouvelles difficultés dans la gestion de la situation (se gérer soi-même et gérer l'autre) : la mère risque de se mettre en colère et d'adopter une attitude complètement opposée à celle qu'elle aurait souhaité avoir en cette circonstance et à celle que sa fille aurait souhaité qu'elle ait.

Si un bébé pleure, une mère non anxieuse se dit : « Il ne sait pas encore parler pour exprimer correctement ses besoins. Donc, c'est à moi d'essayer de traduire ses pleurs. A-t-il faim ? A-t-il soif ? A-t-il froid ? » Par essais et erreurs, elle arrivera à la bonne réponse. Une mère anxieuse qui entend son bébé pleurer traduit immédiatement ces pleurs, non pas comme un mode pour communiquer, mais comme le signe que quelque chose ne va pas et qu'il faut immédiatement trouver une solution. Devant la précipitation qu'elle va mettre à essayer de trouver des solutions rapides, le bébé va percevoir cette dimension désorganisée, paniquée, ce qui va l'inquiéter encore plus et l'amener à pleurer deux fois plus — une fois pour exprimer son besoin, une autre fois pour exprimer ses craintes que ce besoin ne soit pas satisfait.

> Cette difficulté pour trouver le ton juste, Clara l'a souvent éprouvée. Pour lui éviter d'entrer dans une spirale soucieuse, son entourage a essayé de ne pas tout lui dire et de la protéger, au besoin en taisant certaines nouvelles qui risquaient de l'inquiéter. Ces mesures de protection ont été vécues par Clara comme un manque de confiance, lorsqu'elle a découvert tout ce qu'on avait voulu cacher…

Partager des émotions avec un anxieux est également difficile. En effet, quand il y a tout lieu de se réjouir par rapport à une situation donnée, la personne anxieuse risque d'être déjà partie dans une anticipation à moyen ou à long terme, qui assombrit un peu l'enthousiasme spontané. En effet, l'anxieux ne peut en rester à un court terme agréable et s'arrange pour trouver une source d'angoisse au moyen terme ou au long terme.

> Le mari de Clara a une occasion inespérée d'obtenir une promotion professionnelle dans un service qui l'intéresse depuis longtemps. Il doit dans les jours qui viennent rencontrer l'équipe de direction qui se trouve dans un pays étranger. Un billet d'avion lui a été réservé.
>
> Alors que son mari se réjouit des perspectives qui l'attendent, Clara commence à penser au fait qu'elle va rester toute seule et à imaginer la possibilité d'une catastrophe aérienne. Immédiatement, ces pensées viennent parasiter son tête-à-tête avec son mari, l'empêchant de partager son enthousiasme.

Clara a conscience du décalage entre ses propres perceptions et celles de son mari. Là où lui éprouve une émotion positive à l'idée de vivre une expérience nouvelle et espérée, elle est envahie par une émotion négative, car elle anticipe sur les conséquences dramatiques liées à ce changement. La principale source de soucis réside bien, finalement, dans le système de pensées de Clara.

La principale source d'anxiété : les systèmes de pensées

Pour un anxieux, l'idée centrale est que les événements sont imprévisibles et incontrôlables. L'hypervigilance est un mode privilégié, comme pour rendre prévisibles les événements et espérer ainsi les contrôler. Aussi, même lorsqu'ils se trouvent dans une situation confortable, ou qu'ils ne redoutent rien, ni des autres, ni de la situation ni d'eux-mêmes, les anxieux restent sur le qui-vive, à la recherche de ce qui pourrait ne pas aller ou de ce qui se cache derrière ce bien-être trop tranquille pour être honnête.

Toujours menacés par leurs propres pensées — « quelque chose va se passer », « je risque de... » ou « je ne serai pas capable de... » —, les anxieux ne peuvent jamais rester au repos : la recherche du danger est permanente chez eux. Face à une situation donnée, une personne non anxieuse envisage différents scénarios adaptatifs, essayant d'évaluer quel pourrait être le meilleur dans cette situation, et accepte le risque de se tromper. Si des pensées parasites arrivent — « je ne suis pas sûr de moi » ou « je ne suis pas certain que ce soit la bonne solution » —, ces pensées sont très vite désactivées au profit de pensées plutôt orientées vers l'action — « je vais essayer ça » ou « je pense que ce serait bien de faire comme ça », etc. Si les situations qui engendrent des soucis chez les anxieux et les non-anxieux sont très souvent comparables, ce qui les différencie, c'est fondamentalement les pensées négatives d'incapacité et d'échec qui accompagnent le déroulement du processus adaptatif dans le cas de l'anxiété.

Ces pensées négatives entraînent des affects et des émotions tout aussi négatifs, lesquels font naître un état de tension qui entraîne, au-delà du mal-être psychologique, un mal-être physique et augmentent le sentiment d'incompétence et de vulnérabilité. Les problèmes se surajoutent, et l'anxieux repère qu'un problème n'arrive jamais seul. Il continue alors d'analyser les situations sous cet angle, c'est-à-dire en cherchant les problèmes associés à un premier niveau de difficulté. Cette perspective de problèmes en cascade gêne le processus de « résolution de problèmes » dans la mesure où elle invalide les solutions proposées mentalement par le biais du « oui, mais si... ». Une personne non anxieuse, de son côté, s'en tient à la difficulté première et cherche de nouvelles solutions pour faire face, gardant son énergie pour la résolution de la difficulté au lieu de la disperser comme la personne anxieuse qui cherche et annule la solution en même temps. Le fait pour un anxieux de ne pas arriver à mettre en place une solution dans la mesure où il l'annule systématiquement par la formule du « et si... » provoque en lui un sentiment d'impuissance très profond et active des monologues catastrophiques qui maintiennent cette vision du monde comme « menaçant ». On peut d'ailleurs se demander si cette procédure d'annulation de solutions n'est pas un procédé pour retarder le changement et sauvegarder le périmètre de « sécurité ».

En outre, les personnes anxieuses utilisent leurs émotions et leurs sensations pour valider leurs pensées : « je me sens anxieux, c'est donc qu'il y a du danger ». Cela permet de comprendre que des peurs irrationnelles persistent malgré des informations contradictoires. En effet, si le danger est inféré sur la base d'une réponse anxieuse, et non sur la base d'un danger objectif, alors il devient difficile de reconnaître les fausses alarmes des alarmes vraies. D'où la persistance de peurs irrationnelles...

La peur essentielle de l'anxieux est liée fondamentalement à un profond sentiment de manque de contrôle sur les émotions, et les événements qui pourraient les déclencher (peur de l'inconnu, peur des réactions des autres, peur de se tromper dans un choix). Ces appréhensions sont dues à la perception qu'ont les personnes anxieuses de la réalité qui les entoure, aux interprétations catastrophiques qu'elles en font, et à la perception tout aussi catastrophique qu'elles ont de leurs ressources. Les anxieux vont être beaucoup plus attentifs aux sources de menace que les personnes non anxieuses. De surcroît, cette attention est relayée par la mémoire qui retient davantage les informations associées à la menace ou au danger. Tout le processus de traitement de l'information contribue donc au maintien de la dimension anxieuse.

Des biais dans le traitement de l'information

Un certain nombre de travaux centrés sur le fonctionnement cognitif des sujets anxieux se sont intéressés aux effets de l'anxiété sur l'attention, définie comme l'instance gestionnaire de l'activité de traitement de l'information (Dupont *et al.*, 1997). L'attention, en effet, est indispensable pour permettre la détection et la sélection d'indices pertinents et le rejet des informations redondantes. Elle fonctionne comme un filtre et permet d'organiser la masse de stimulations présentes dans l'environnement quotidien en fonction des objectifs et des intentions de chacun.

La plupart des études ont mis en évidence l'existence d'un biais attentionnel chez les sujets anxieux, que ce soit par le biais du Stroop Test ou au moyen de tâches de décision lexicale. Le test de dénomination des couleurs de Stroop est composé de stimuli verbaux (mots anxiogènes et mots neutres), inscrits dans une couleur spécifique. Le sujet doit nommer le plus rapidement possible la couleur dans laquelle sont inscrits les stimuli présentés successivement. L'évaluation du phénomène d'interférence se fait sur la base des temps de réponse obtenus. Si le sujet met un temps plus long pour nommer la couleur du carton sur lequel est inscrit un mot menaçant, c'est le signe que le mot menaçant mobilise de manière automatique l'attention du sujet, qu'il diminue ainsi les ressources disponibles pour effectuer la tâche qui consiste à nommer la couleur du carton sur lequel est inscrit le mot et qu'il ralentit le traitement de l'information. Les tâches de décision lexicale, elles, sont des épreuves où l'on présente successivement des stimuli verbaux de différentes catégories (mots ou pseudo-mots) et où le sujet doit dire le plus rapidement possible, par oui ou par non, si le stimulus présenté est un mot ou un pseudo-mot. Chez les sujets anxieux, on remarque en général un seuil de perception et de détection significativement plus rapide pour les mots à caractère menaçant.

Ce biais attentionnel est-il relié aux seules situations potentiellement perçues comme menaçantes, ou bien existe-t-il de manière permanente chez les anxieux ? S'étend-il, par exemple, à la perception de stimulations neutres (Chapiro et Lim, 1989) ? Les données recueillies dans le cadre d'une procédure permettant de détecter la localisation de l'attention spatiale dans le champ visuel central ou périphérique indiquent que les sujets-contrôles sont en premier lieu attentifs aux stimuli présentés en vision centrale, alors que les sujets anxieux partagent de manière équivalente leur attention spatiale entre les stimuli situés en vision centrale et périphérique. Les anxieux semblent avoir pris l'habitude de scanner constamment les informations présentes dans leur environnement visuel, comme s'ils cherchaient à détecter un signe possible de danger. Ces résultats vont dans le sens des travaux d'orientation neurobiologique, qui notent des perturbations des systèmes neuradrénergiques et sérotoninergiques dans les troubles anxieux. Or ces neurotransmetteurs jouent un rôle dans la régulation des processus de vigilance et d'alerte et interviennent donc au niveau des processus d'exploration des informations présentes dans l'environnement.

Les travaux des neurophysiologistes confirment ce biais attentionnel pour les informations « anxiogènes ». L'analyse des potentiels évoqués, techniques d'enregistrement de l'activité électrique à la surface du scalp en réponse à une tâche perceptive simple ou cognitive complexe, a permis, en effet, de mettre en évidence des ondes apparaissant à des latences précises et dont l'amplitude varie selon l'intensité de l'attention requise et fournie. Une étude sur les potentiels évoqués visuels confirme ainsi que les sujets anxieux déploient davantage de ressources attentionnelles pour le traitement des informations visuelles à caractère menaçant (Wenistein, 1995). Cette dimension d'hypervigilance qui sous-tend le processus attentionnel est nécessairement liée aux schémas de danger organisés au fil de l'expérience accumulée. Toutefois, le criblage constant de l'environnement à travers le filtre du danger risque aussi d'aboutir à la sélection des éléments de l'environnement en accord avec ce schéma de danger.

Le rôle de la mémoire est également très important, dans la mesure où c'est le lieu de stockage des schémas. Selon son contenu ou selon la manière dont elle est structurée dans la mémoire à long terme, l'information revient plus facilement en mémoire pour faire écho aux événements actuellement rencontrés. Ainsi, le fait que des schémas de danger soient structurés de manière puissante dans la mémoire à long terme favorise, chez les anxieux, la surestimation de la probabilité que des événements négatifs surviennent. De même, l'activation rapide de cette mémoire à long terme qui contiendrait essentiellement une information menaçante facilite le fait que la personne anxieuse, lorsqu'elle anticipe une situation, envisage les conséquences de cette situation de manière beaucoup plus catastrophique qu'une personne non anxieuse. Cette anticipation catastrophique accroît l'anxiété qui, en retour, active sur le plan mnésique des informations à valence menaçante qui, à leur tour, conduisent à la surestimation de la probabilité que ces événements négatifs surviennent.

Les personnes souffrant d'anxiété généralisée éprouvent une grande difficulté à contrôler ces pensées pénibles qui créent un état émotionnel éprouvant. Paradoxalement, elles ne peuvent s'empêcher de traiter l'information d'une manière qui empire leur état émotionnel. Ces processus de traitement de l'information ont, en effet, une dimension automatique, comme si la connexion rapide entre l'événement vécu ou anticipé et l'activation des ressources mnésiques concernant le danger arrivait à la conscience sans effort et sans stratégie cognitive particulière. Or, si cette connexion se fait de manière automatique, l'anxieux est incapable d'en finir avec ce processus une fois qu'il a été activé, et ce malgré tous les efforts, conscients cette fois, qu'il prodigue pour y arriver.

Ainsi, l'anxieux se trouve devant une double difficulté, celle de ne pas pouvoir empêcher le processus de souci de s'enclencher, celle de ne pas pouvoir empêcher le processus de souci de s'arrêter. Ce sentiment d'impuissance accroît, en retour, le sentiment de vulnérabilité, qui peut s'accompagner d'une dimension dépressive. La recherche de stratégies pour éviter cette détresse engendre, alors, de nouveaux handicaps. La boucle est bouclée...

Chapitre 3

UNE SOURCE DE HANDICAPS

Selon des estimations récentes, 6,6 % des femmes et 3,7 % des hommes souffrent de trouble anxieux généralisé (Lépine *et al.*, 1994). Le TAG arrive donc en troisième position après les phobies et la dépression majeure dans la liste des troubles psychiatriques. Toutefois, il faut savoir que le trouble anxieux est rarement isolé. Dans 70 % des cas, il est associé à d'autres troubles comme la dépression, la dépendance à l'alcool ou à d'autres drogues, les phobies. En outre, les répercussions physiologiques du trouble anxieux entraînent souvent des troubles somatoformes, sans parler de tendance à la surmédication, de l'absentéisme professionnel et de la difficulté à gérer le quotidien sur un plan personnel ou interpersonnel.

L'anxiété, c'est déprimant

L'état d'appréhension dans lequel vivent les anxieux les amène à se préparer à faire face aux événements négatifs qui pourraient arriver. Cette vigilance de tous les instants est associée à des affects négatifs qui résultent de distorsions dans le traitement de l'information et de capacités de réponse sous-estimées. La focalisation sur ce qui risque d'advenir laisse peu de place pour d'autres centres d'intérêt. Lorsque l'anxiété se généralise, les difficultés de concentration qui apparaissent conduisent à des contre-performances, dans la vie professionnelle, familiale ou relationnelle. Ces contre-performances envahissent, à leur tour, le champ de pensée. Le sentiment d'échec et la mauvaise estime de soi qui en résultent risquent alors d'entraîner un épisode dépressif accompagné souvent d'un sentiment de culpabilité (peur de gêner les autres, peur de ne pas les rendre heureux, de ne pas répondre à leurs attentes, etc.).

LES POINTS COMMUNS

L'anxiété et la dépression sont très proches par les états affectifs qu'elles provoquent (Barlow, 1991). Elles se situent sur le même continuum, la dépression étant une expression plus sévère de l'anxiété. Deux tiers des individus souffrant de trouble anxieux généralisé ont un épisode de dépression majeure simultanément ou dans les années qui suivent l'épisode anxieux. D'autres symptômes comme la fatigue, l'inquiétude, la tension, l'irritabilité, les troubles du sommeil ou de la concentration ou l'incapacité à se décider, sont présents dans les deux troubles.

L'étude NCS (National Comorbidity Survey), menée avec les critères du DSM-III-R (Kessler, 1998) a notamment montré que 47,8 % des personnes présentant un trouble anxieux généralisé présentaient également un diagnostic d'épisode dépressif majeur. L'anxiété débute en général avant la dépression. Cette comorbidité anxio-dépressive peut apparaître chez des personnes dont la moindre intensité des symptômes ne permet pas de porter le diagnostic de trouble anxieux généralisé ou d'épisode dépressif majeur. Cependant, ces symptômes anxieux et dépressifs sont suffisamment handicapants pour amener à consulter. On parle alors de « trouble mixte ». Ce trouble mixte anxiété-dépression, selon les critères du DSM-IV, aurait une prévalence de 1 %.

Le trouble anxiété-dépression

LES CRITÈRES DU DSM-IV

A. Humeur dysphorique persistante ou récurrente, persistant au moins un mois.

B. L'humeur dysphorique est associée à au moins quatre des symptômes suivants :

1. difficultés de concentration ou impression de tête vide ;
2. perturbations du sommeil (difficultés à s'endormir ou à rester endormi(e) ou sommeil non reposant, non satisfaisant) ;
3. fatigue ou baisse d'énergie ;
4. irritabilité ;
5. soucis ;
6. facilité à pleurer ;
7. hypervigilance ;
8. anticipation du pire ;
9. perte d'espoir (pessimisme envahissant concernant le futur) ;
10. baisse de l'estime de soi ou dévalorisation.

C. Les symptômes induisent une souffrance clinique significative ou une altération du fonctionnement social, professionnel ou dans d'autres domaines importants.

D. Les symptômes ne sont pas dus aux effets physiologiques directs d'une substance (ex. : une substance donnant lieu à abus, un médicament) ou d'une affection médicale spéciale.

E. Tous les critères suivants sont réunis :

1. n'a jamais rempli les critères d'un trouble dépressif majeur, d'un trouble panique ou d'une anxiété généralisée ;
2. ne répond pas actuellement aux critères d'un trouble anxieux ou dépressif (y compris un trouble anxieux ou dépressif en rémission partielle) ;
3. les symptômes ne sont pas mieux expliqués par un autre trouble mental.

Une étude récente, l'étude épidémiologique de Bruce *et al.* (2001), confirme ces conclusions. Elle a permis d'étudier la comorbidité psychiatrique chez des personnes souffrant de trouble anxieux généralisé ainsi que l'évolution du trouble sur une période de huit ans. Cette étude, connue sous le nom de Harvard-Brown Anxiety Disorders Research Project (HARP), portait sur une population adulte de 179 patients et reposait sur des entretiens cliniques structurés et des échelles diagnostiques. Au cours des deux premières années, les entretiens ont lieu une fois tous les six mois, puis il a été demandé aux patients de revenir une fois par an au cours des six années suivantes. Sur les 179 participants, 71 % étaient des femmes et l'âge moyen se situait autour de 41 ans (entre 19 et 75 ans). Quant à l'âge moyen du démarrage du trouble anxieux, il était de vingt et un ans, avec une durée d'évolution de la maladie de vingt ans au moment de l'évaluation. Sur les 179 patients examinés, 167 ont pu être réévalués à un an, 152 (91 %) à deux ans, 127 (76 %) à quatre ans, 115 (69 %) à six ans et 100 (60 %) à huit ans. Au moment du premier entretien, 42 % souffraient simultanément de trouble anxieux généralisé et de trouble panique avec agoraphobie ; 39 % souffraient simultanément de dépression majeure et 32 % de phobie sociale. Toutefois, au cours du suivi, la comorbidité avec le trouble dépressif majeur est passée à 65 % après quatre ans et à 74 % après huit ans. Ainsi, au total, seulement 25 % des patients n'avaient pas connu d'épisode dépressif associé au trouble anxieux. Parmi les autres comorbidités, le recours à l'alcool, qui n'était que de 4 % au moment de la première évaluation, est passé à 18 % huit ans après.

LES DIFFÉRENCES

Alors que les anxieux repèrent automatiquement les informations négatives dans l'environnement (Mogg et Bradley, 1998), les dépressifs n'ont pas ce biais automatique. En revanche, ils ont beaucoup plus de mal à passer à autre chose une fois que ces informations négatives sont entrées dans leur esprit. La dépression serait donc associée à un biais lié à la focalisation sur des informations négatives plutôt qu'à un biais lié à l'orientation initiale automatique de l'attention sur des informations négatives. Tout comme l'anxieux, un dépressif a tendance à présenter une pensée manichéenne et à s'enfermer dans le tout ou rien. Toutefois, confronté aux idéaux très hauts qu'il se fixe et au sentiment d'impuissance qu'il éprouve à les atteindre, il sombre dans un sentiment de désespoir excluant toute action et se dit : « Si je ne peux pas toujours tout contrôler, c'est que je ne vaux rien. » Face à la pensée du tout ou rien, l'anxieux, lui, soit ne fait rien parce qu'il doute, soit s'investit dans l'action parce qu'il y a danger. Il se dit : « Si je ne peux pas toujours tout contrôler, alors je suis en danger. »

L'anxiété implique un effort pour affronter les situations difficiles et la réponse physiologique sert à soutenir les tentatives pour faire face (Barlow, 1991). La dépression, en revanche, est caractérisée par un ralentissement comportemental et, parallèlement, par un manque d'activation du système nerveux autonome. Parmi les autres différences, citons la tristesse et le désespoir du déprimé, contre les affects de peur de l'anxieux ; le ralentissement et l'apathie du premier contre l'augmentation de l'activité, voire l'agitation, chez le second ; l'idée de perte qui est prépondérante chez la personne déprimée, contre l'idée de danger et de menace chez l'anxieux. L'hypervigilance suscitée par ces notions de menace et de danger entraîne une augmentation de l'activité du système nerveux sympathique alors que l'on voit plutôt une réduction de l'activité de ce même système nerveux avec perte d'appétit et diminution de la libido chez la personne déprimée. Un anxieux se dit : « Cette situation est épouvantable. Même si je n'en suis pas responsable, elle peut de nouveau arriver et je risque de ne pas pouvoir y faire face. Donc, il faut que je me tienne prêt au cas où elle se présente. » Un dépressif, lui, pense : « Cette situation épouvantable peut de nouveau arriver et je ne serai pas capable d'y faire face. D'autant que je suis sûrement responsable de tout. Donc, il n'y a vraiment plus rien que je puisse faire. » Un anxieux continue à se battre là où une personne déprimée a tendance à renoncer.

Ce combat pour l'anxieux est un combat de tous les jours : combat dans ses rapports avec les autres, combat dans les situations à affronter, combat contre les sensations physiques et physiologiques redoutées, combat même contre des moyens mis en œuvre pour s'aider comme l'alcool, la prise anarchique de médicaments, parfois la drogue...

Symptômes communs à l'anxiété et à la dépression	Symptômes spécifiques de l'anxiété	Symptômes spécifiques de la dépression
Nervosité	Inquiétudes	Désespoir/ idées suicidaires
Fatigue (manque d'entrain)	Tension	Manque d'entrain
Difficultés pour se concentrer	Appréhension	Humeur triste
Agitation	Qui-vive	Perte d'intérêt
Troubles du sommeil	Difficultés pour s'endormir	Se réveiller très tôt le matin
Migraines	Cauchemars	Baisse de libido
Irritabilité	Sentiments de culpabilité	Sentiments d'inutilité

Autrui : un casse-tête pour l'anxieux

MANIPULER POUR SE PROTÉGER

L'authenticité est le grand problème de l'anxieux dans ses rapports avec les autres. Pour ne pas ajouter à son anxiété, l'entourage lui cache généralement un certain nombre de faits qui risquent de l'inquiéter : on ne parle pas de la maladie d'un proche ou, du moins, on leste l'information de son contenu anxiogène. Mais les anxieux savent aussi cultiver, eux aussi, l'ambiguïté. Ils manient avec habileté l'argumentation en faveur d'éléments perçus comme moins anxiogènes ou se montrent d'une combativité étonnante face à tout argument qui, à l'inverse, susciterait de l'anxiété. Aussi, l'anxieux est-il souvent taxé de manipulation, cette manipulation étant en fait un moyen de gérer son anxiété.

> Clara apprend qu'Alex a trouvé un travail qui l'oblige à prendre sa voiture tous les jours pour faire 30 kilomètres. Clara est très anxieuse à l'idée qu'il puisse lui arriver un accident et ne peut imaginer devoir vivre cette inquiétude tous les jours. L'annonce de ce nouveau travail aussitôt faite, Clara se met en quête d'autres solutions. Pourquoi Alex ne prendrait-il pas les transports en commun ? Clara se rend à la gare pour se renseigner sur les différentes correspondances, les différents horaires... Mais il y aurait un autre problème dans ce cas de figure : Alex devrait faire 2 kilomètres à pied pour gagner son lieu de travail depuis la gare. Qu'à cela ne tienne ! Clara se dit qu'Alex doit s'acheter un vélo, vélo qu'il laissera à la gare avant de prendre son train pour rentrer. D'autres questions ne manquent pas d'arriver en foule : « Ces 2 kilomètres sont-ils "dangereux" ? La route est-elle très fréquentée ? Est-elle suffisamment large pour laisser à la fois passer un vélo et une voiture qui voudrait doubler ? Est-elle suffisamment éclairée ? » Clara se renseigne. Elle téléphone à la secrétaire de l'entreprise où doit prochainement travailler son mari pour « innocemment » s'enquérir du trajet à faire depuis la gare. Elle en profite pour demander des précisions sur l'état et la largeur de la route et sur le nombre de places de parking de l'entreprise. Clara peut ainsi tester son idée en fonction des réactions de la secrétaire.
>
> Après vérification de ses propres arguments, Clara se met à rechercher les contre-arguments que va lui présenter son mari : le manque d'autonomie, le manque de souplesse dans les horaires... Mais Clara a un atout de taille : ils vont faire des économies, car il est nettement plus cher de prendre la voiture. Quant à l'argument d'autonomie, Clara le balaie d'un revers de bon sens : si des collègues de travail apprennent qu'il fait le trajet en voiture, ils vont lui demander de les conduire, justement pour faire des économies !
>
> Reste maintenant à affronter Alex. L'objectif de Clara est qu'Alex ne prenne pas sa voiture ; si ses arguments ne sont

pas suffisants, elle en trouvera d'autres. Au besoin, elle lui montrera même que ce nouveau poste n'est pas intéressant et qu'il ferait mieux de renoncer.

ERREUR SUR LA CIBLE

À trop anticiper les situations attendues, l'anxieux risque d'être rapidement pris au dépourvu face à la situation réelle. Les stratégies élaborées en imagination ne sont plus efficaces dans la réalité. L'anxieux, déconcerté par la situation telle qu'elle se présente réellement, au lieu d'élaborer des plans adaptés, va, pendant un certain temps, attendre que la situation imaginée se réalise. Et l'insistance qu'il met pour éventuellement la provoquer lui fait perdre un temps précieux. Et c'est ce décalage adaptatif qui va souvent lui donner un sentiment d'infériorité par rapport aux personnes non anxieuses qui auront rapidement su prendre la dimension de la situation réelle et par conséquent, trouver des stratégies rapidement efficaces par rapport à cette situation. Aussi, la différence dans les manières de réagir et d'agir face aux situations n'est pas, chez les anxieux, due au fait qu'ils manquent de stratégies mais qu'ils se trompent de cible en se situant par rapport à une situation attendue plutôt que par rapport à une situation réelle. Ce décalage entre l'anticipation d'une situation et la situation réelle est souvent source de nombreux malentendus.

Clara, qui est restée toute la journée à la maison, attend avec impatience Alex dont elle sait qu'il a eu une journée de travail chargée... Elle l'imagine, ouvrant la porte de l'appartement, et l'embrassant tendrement pour lui prouver qu'elle lui a manqué. En fait, c'est ce que Clara souhaiterait, elle, lui dire... Mais lorsque Alex arrive enfin, il a le visage tendu, il lui fait une bise rapide et part directement s'enfermer dans son bureau. Clara est malheureuse : Alex ne l'aimerait-il plus ?

Si Clara devient si malheureuse à cette seconde même, c'est qu'elle a tendance à personnaliser la situation : Alex est tendu, donc, elle a dû faire ou dire quelque chose qui l'a contrarié avant qu'il parte travailler. C'est aussi parce qu'elle a tendance à inférer qu'Alex ne l'aime plus à partir du fait qu'il ne l'a pas embrassée tendrement ce soir. Toutes ces pensées contribuent à l'inquiéter. Alex sort enfin de son bureau, à peine plus détendu qu'il n'y était entré, et l'attitude glacée et glaciale de Clara ne fait qu'ajouter à son agacement. Les quelques réflexions désagréables qu'il va alors émettre — « Décidément, aujourd'hui, il n'y a pas moyen de rencontrer quelqu'un d'agréable... Si toi aussi, tu t'y mets... » — vont renforcer chez Clara l'idée qu'Alex, effectivement, ne l'aime plus, ce qui va augmenter son inquiétude et son état d'alerte à l'idée qu'il puisse la quitter.

Si Clara s'était concentrée sur la situation réelle — Alex rentre tendu — elle aurait pu se focaliser sur cet élément de réalité et poser des questions plutôt que de se poser des questions : « Je te sens fatigué, je sais que tu avais une journée chargée. » Avant de personnaliser la situation, Clara aurait dû s'assurer de sa réelle responsabilité dans cette fatigue. Si la réponse d'Alex à cette question avait été : « Oui, justement, tu savais que j'avais une rude journée, et tu aurais pu t'abstenir de faire telle réflexion ce matin », alors Clara aurait su qu'elle avait été responsable en partie. Si la réponse d'Alex à cette question avait été : « Oui, ne m'en veux pas, ça a été très dur aujourd'hui, mais je pense m'en être bien sorti. J'ai deux ou trois dossiers qu'il faut que je complète pendant que j'ai encore l'esprit clair », Alex serait alors parti s'isoler dans son bureau, et la soirée se serait poursuivie de manière beaucoup plus apaisée pour l'un et l'autre. Toutes ces distorsions cognitives ont contribué à compliquer leurs relations difficiles.

NE PAS OSER, NE PAS RISQUER

S'affirmer pour un anxieux, c'est s'imposer, donc susciter l'agressivité de l'autre. Demander quelque chose pour un anxieux, c'est se mettre dans une position humiliante ou redevable ; c'est donc prendre le risque d'une réponse négative, ou d'être redevable envers quelqu'un. L'anxieux, qui n'ose pas souvent refuser, pense que son interlocuteur n'ose pas lui non plus refuser. Ces distorsions cognitives sont créatrices de dilemmes. En effet, ne pas exprimer son point de vue, ne pas oser faire de demandes peut être interprété comme un manque d'intérêt pour les autres et, de ce fait, susciter cette agressivité ou ce rejet tant redoutés.

Clara a obtenu des vacations qui ne sont reconduites d'une année sur l'autre que si l'organisme employeur obtient un budget pour les financer. Alors que ces vacations doivent être éventuellement reconduites en septembre, Clara n'a toujours aucune nouvelle fin juillet. Pour Clara, se renseigner auprès de la direction lui donne le sentiment de « faire l'aumône ». Par ailleurs, Clara redoute d'être blessée à l'idée d'obtenir une réponse négative. Un « non » voudrait dire que l'on ne veut plus d'elle, c'est-à-dire qu'on ne l'a appréciée ni pour ce qu'elle est ni pour ce qu'elle fait. Cette tendance à personnaliser la réponse négative active une réponse émotionnelle dense et douloureuse. Si Clara avait posé le problème en termes budgétaires, elle aurait pu dès le début du mois de juillet s'intéresser au renouvellement de son poste. Le fait qu'elle tarde à faire cette démarche, par peur de ce qu'un refus pourrait déclencher comme malaise, peut, hélas, être interprété par l'organisme employeur comme un manque d'intérêt et d'investissement et, donc, comme un non-désir de sa part de prendre de nouveau les vacations si ce poste est reconduit. Ainsi, Clara aura-t-elle amené d'autres personnes à personnaliser la situation alors qu'au départ, il était clair pour elles que le problème n'était qu'une question de budget ! Du fait de cette tendance à la personnalisation, l'anxieux est terrifié par la critique, ce qui fait dire à l'entourage qu'il est très susceptible. Souvent, une réflexion qui se voulait banale prend une importance disproportionnée à cause de cette susceptibilité.

Alex doit présenter un budget prévisionnel pour son entreprise. Il a travaillé d'arrache-pied pour être sûr de ne rien oublier et de faire le meilleur choix dans les devis négociés. Pendant la réunion où il présente son budget, une main se lève et quelqu'un demande si tel achat a été prévu dans ce budget. La question se veut une simple demande d'information pour savoir si l'achat a été prévisionné dans ce budget ou bien s'il faut le rattacher à tel autre budget. Mais Alex ne comprend pas la question de cette manière-là ; pour lui, la question a pour but de le mettre en défaut, de lui montrer qu'il n'a pas été assez soucieux de l'ensemble des demandes qui pouvaient émaner de l'ensemble des services... Immédiatement, Alex se met en position défensive et se sent « humilié » face aux autres. Il est en train de révéler son incompétence et cette pensée le met très mal à l'aise jusqu'à la fin de la réunion et le rend moins disponible pour d'autres questions. Par le biais de la surgénéralisation, Alex se dit qu'il est nul et va même jusqu'à anticiper sa démission pour ne pas avoir à imaginer qu'il pourrait être congédié. Seule la force de la réassurance des autres l'aide à mettre un frein au bouillonnement émotionnel activé par cette seule question sur le budget.

Toutefois, si la critique est terrifiante, le compliment peut lui aussi gêner, car il crée l'obligation de ne pas décevoir. Désormais, il faudra toujours être performant dans tout, pour tout, partout. Mieux vaut donc tout oublier. En effet, si la critique a le désavantage d'être personnalisée, le compliment, lui, est plutôt retourné à l'envoyeur. Exemple : « Martine m'a fait un compliment sur ma robe pour montrer qu'elle est bien éduquée... Elle n'en pensait pas un mot, mais elle s'est sentie obligée de le faire... » Ce qui complique encore les choses, c'est que l'anxieux s'inquiète également quand on ne lui fait ni critique ni compliment, car le doute, non plus, n'est pas supportable.

Les rapports aux autres sont donc aussi bien source de souffrance que de réassurance. La peur d'être exclu, la peur de souffrir, la peur d'être ébranlé dans ses certitudes, peuvent entraîner des dysfonctionnements importants dans les relations interpersonnelles. Parfois, les anxieux vont rigidifier un style relationnel, tant les répercussions du changement sont encore plus dramatiquement anticipées. La dimension rigide, souvent inadaptée, de réponses émotionnelles ou comportementales peut alors se traduire sous forme de troubles de la personnalité.

Personnalités associées

Les troubles de la personnalité représentent selon le DSM-IV (1994) une modalité durable de l'expérience vécue et des conduites qui dévie notablement de ce qui est attendu dans telle ou telle culture. Cette déviation est manifeste dans au moins deux des domaines suivants :

— la cognition (c'est-à-dire la perception et la vision de soi-même, d'autrui et des événements) ;

— l'affectivité (c'est-à-dire la diversité, l'intensité, la labilité et l'adéquation de la réponse émotionnelle) ;

— le fonctionnement interpersonnel ;

— le contrôle des impulsions.

Ces modalités durables sont rigides et affectent des situations personnelles et sociales très diverses. Elles entraînent une souffrance cliniquement significative ou une altération du fonctionnement social, professionnel ou dans d'autres domaines importants. Ce mode est stable et prolongé et ses premières manifestations sont décelables, au plus tard à l'adolescence ou au début de l'âge adulte. Ce que l'on entend par modes ou modalités habituelles, ce sont en fait les traits de personnalité qui caractérisent la manière dont une personne se perçoit, réagit et perçoit son environnement. Ces traits de personnalité s'expriment dans une vaste gamme de situations, sociales et personnelles. Ils ne vont constituer des troubles de la personnalité que lorsqu'ils sont inadaptés et à l'origine d'une altération significative du fonctionnement ou d'une souffrance subjective.

Vue ainsi, l'anxiété généralisée pourrait être considérée comme un trouble de la personnalité anxieuse en raison de la précocité de son début d'apparition, de sa stabilité à l'âge adulte et de son interférence avec le fonctionnement habituel du sujet. Akiskal (1998) la définit comme une « disposition chronique à l'anxiété et au souci » et propose de parler de tempérament anxieux, ou de personnalité anxieuse. Ces critère figurent dans le tableau ci-dessous :

Comment reconnaître une personnalité anxieuse ?

— Âge de début peu précisé mais habituellement précoce.
— Persistance et récurrence des symptômes anxieux.
— Absence de spécificité symptomatique par comparaison aux autres anxiétés.
— Faible stabilité du diagnostic.
— Prédominance de la réactivité émotionnelle endogène par rapport à l'aspect réactionnel et la fréquence des événements stressants.
— Symptômes généralement proches des conduites maladaptives permanentes ou des traits de personnalité pathologiques.
— Évidence d'une transmission intrafamiliale d'un mode tempéramental spécifique.
— Suspicion d'une contribution génétique.

Les personnes qui souffrent d'anxiété généralisée ont beaucoup de difficultés dans les situations où les dimensions interpersonnelles et communicationnelles sont complexes. Ces difficultés entraînent, en retour, un évitement de ces interactions sociales. Les données scientifiques rapportent la présence d'une anxiété sociale chez 30 % en moyenne des patients souffrant d'anxiété généralisée (Wittchen *et al.*, 1994). Cette anxiété sociale contribue généralement à l'organisation d'autres troubles de la personnalité comorbides, comme la personnalité évitante, la personnalité obsessionnelle-compulsive ou la personnalité dépendante qui sont les trois types de troubles de personnalité le plus souvent retrouvés chez les personnes souffrant d'anxiété généralisée.

LA PERSONNALITÉ ÉVITANTE

Ce qui caractérise la personnalité évitante, c'est la gêne en situation sociale due à la peur d'être jugé défavorablement par les autres et la timidité qui survient au début de l'âge adulte. Si chacun est plus ou moins concerné par l'opinion que les autres se font de lui, les personnalités évitantes sont, elles, très facilement blessées et vite désemparées au moindre signe de désapprobation. De ce fait, elles refusent de nouer des liens avec autrui, à moins d'avoir la certitude d'être approuvées sans réserve. Du coup, elles ont souvent peu d'amis ou de confidents en dehors de leurs proches. Elles ont tendance à éviter les activités sociales ou professionnelles qui occasionnent des contacts importants, refusent les promotions professionnelles qui exigeraient des talents de communication ou redoutent les situations sociales où elles risquent de paraître mal à l'aise dans les questions qu'elles posent ou les réponses qu'elles donnent. La peur de montrer des signes d'anxiété (rougir facilement ou pleurer) accentue cet évitement social. Cet évitement ne se limite d'ailleurs pas aux situations sociales : une personnalité évitante redoute toute activité qui la sort de sa routine de peur de ne pas pouvoir faire face.

La personnalité évitante

DSM-IV F 60.6 (301.82)

Mode général d'inhibition sociale, de sentiments de ne pas être à la hauteur et d'hypersensibilité au jugement négatif d'autrui qui apparaît au début de l'âge adulte et est présent dans des contextes divers, comme en témoignent au moins quatre des manifestations suivantes :

1. le sujet évite les activités sociales professionnelles qui impliquent des contacts importants avec autrui par crainte d'être critiqué, désapprouvé ou rejeté ;
2. réticence à s'impliquer avec autrui à moins d'être certain d'être aimé ;
3. est réservé dans les relations intimes par crainte d'être exposé à la honte ou au ridicule ;
4. craint d'être critiqué ou rejeté dans les situations sociales ;
5. est inhibé dans les situations interpersonnelles nouvelles à cause d'un sentiment de ne pas être à la hauteur ;
6. se perçoit comme socialement incompétent, sans attrait ou inférieur aux autres ;
7. est particulièrement réticent à prendre des risques personnels ou à s'engager dans de nouvelles activités par crainte d'éprouver de l'embarras.

Si les personnalités évitantes se protègent ainsi en évitant les relations avec les autres, d'autres anxieux cherchent à se protéger en essayant de tout contrôler et développent progressivement une personnalité obsessionnelle-compulsive.

LA PERSONNALITÉ OBSESSIONNELLE-COMPULSIVE

Ce qui caractérise ce trouble, c'est d'une part le perfectionnisme, d'autre part la rigidité, qui apparaît au début de l'âge adulte et se manifeste dans des contextes divers. Ces personnalités ont des normes excessivement strictes et des standards de réussite très élevés, ce qui les gêne dans la réalisation de tâches et de projets, d'autant qu'elles veulent atteindre la perfection. Le souci du détail et des procédures les entrave dans la capacité d'avoir une vision globale des choses et gêne l'appréciation de ce qu'ils font. Les obsessionnels-compulsifs ont un sens excessif du devoir, de la règle, de la hiérarchie. Ils sont très attentifs à leur statut, ils ont aussi le sens du travail et de la productivité. Tout doit être planifié, mérité, ce qui laisse peu de place à la spontanéité. Les personnalités obsessionnelles-compulsives ont du mal à prendre une décision sans avoir tout pesé. Leur jugement sur les autres est tranché. Elles sont souvent très moralisatrices. Leurs relations avec les autres ont un côté formel, sérieux qui leur donne un aspect guindé et rigide.

Ces personnes ont un besoin très important de contrôle ; quand elles n'arrivent pas à contrôler autrui, une situation ou leur entourage, elles se sentent malheureuses, éprouvent un sentiment de colère et sont souvent envahies d'un mouvement dépressif. En effet, leur indécision et leur inefficacité peuvent provoquer une souffrance considérable. Elles contrôlent également leurs émotions, parlent peu, font rarement des compliments, expriment peu leurs sentiments... Ce manque de souplesse et d'ouverture est une source de handicap dans leur vie personnelle et professionnelle.

La personnalité obsessionnelle-compulsive

DSM-IV F 60.5 (301.4)

Mode général de préoccupation pour l'ordre, le perfectionnisme et le contrôle mental et interpersonnel, aux dépens d'une souplesse, d'une ouverture et de l'efficacité, qui apparaît au début de l'âge adulte et est présent dans des contextes divers, comme en témoignent au moins quatre des manifestations suivantes :

1. préoccupation pour les détails, les règles, les inventaires, l'organisation ou les plans au point que le but principal de l'activité est perdu de vue ;
2. perfectionnisme qui entrave l'achèvement des tâches (p. ex. incapacité d'achever un projet parce que des exigences personnelles trop strictes ne sont pas remplies) ;
3. dévotion excessive pour le travail et la productivité à l'exclusion des loisirs et des amitiés (sans que cela soit expliqué par des impératifs économiques évidents) ;
4. est trop consciencieux, scrupuleux et rigide sur des questions de morale, d'éthique ou de valeurs (sans que cela soit expliqué par une appartenance religieuse ou culturelle) ;
5. incapacité de jeter des objets usés ou sans utilité même si ceux-ci n'ont pas de valeur sentimentale ;
6. réticence à déléguer des tâches ou à travailler avec autrui à moins que les autres se soumettent exactement à sa manière de faire les choses ;
7. se montre avare avec l'argent pour soi-même et les autres ; l'argent est perçu comme quelque chose qui doit être thésaurisé en vue de catastrophes futures ;
8. se montre rigide et têtu.

LA PERSONNALITÉ DÉPENDANTE

La caractéristique essentielle de ce trouble de personnalité est un comportement soumis qui apparaît dès le début de l'âge adulte. Par peur d'être rejetées, les personnalités dépendantes sont incapables de prendre des décisions dans la vie de tous les jours sans être conseillées ou rassurées de manière excessive. La plupart du temps, elles laissent les autres décider à leur place. Au bout d'un certain temps, elles ne peuvent même plus envisager de faire des choses seules. Le fait même d'être seules les angoisse progressivement au point qu'elles font des efforts considérables pour éviter de se retrouver dans cette situation. Les personnalités dépendantes sont très désemparées si des relations s'arrêtent et sont en permanence préoccupées par la peur de l'abandon. Toute critique provoque une détresse et elles essaient de contourner le risque en se soumettant au désir de l'autre et en approuvant ce qu'il fait, même si elles sont profondément en désaccord. Les dépendants se portent facilement volontaires pour des tâches pénibles ou dévalorisantes par peur d'être rejetés ou de ne pas être aimés. Au fil du temps, ils ont tendance à déprécier leurs propres capacités et qualités, et à manquer d'estime de soi et de confiance en soi. Le besoin excessif qu'ils montrent d'être pris en charge et qui les conduit à un comportement soumis est également source de difficultés avec les autres.

La personnalité dépendante

DSM-IV F 60.7 (301.6)

Besoin général et excessif d'être pris en charge qui conduit à un comportement soumis et « collant » et à une peur de la séparation, qui apparaît au début de l'âge adulte et est présent dans des contextes divers, comme en témoignent au moins cinq des manifestations suivantes :

1. le sujet a du mal à prendre des décisions dans la vie courante sans être rassuré ou conseillé de manière excessive par autrui ;
2. a besoin que d'autres assument les responsabilités dans la plupart des domaines importants de sa vie ;
3. a du mal à exprimer un désaccord avec autrui de peur de perdre son soutien ou son approbation ;
4. a du mal à initier des projets ou à faire des choses seul (par manque de confiance en son propre jugement ou en ses propres capacités plutôt que par manque de motivation ou d'énergie) ;
5. cherche à outrance à obtenir le soutien et l'appui d'autrui, au point de faire volontairement des choses désagréables ;
6. se sent mal à l'aise ou impuissant quand il est seul par crainte exagérée d'être incapable de se débrouiller ;
7. lorsqu'une relation proche se termine, cherche de manière urgente une autre relation qui puisse assurer les soins et le soutien dont il a besoin ;
8. est préoccupé de manière irréaliste par la crainte d'être laissé à se débrouiller seul.

LES AUTRES PERSONNALITÉS

L'étude HARP (Harvard-Brown Anxiety Disorders Research Project – Dyck *et al.*, 2001) a montré que sur 122 patients souffrant de trouble anxieux généralisé, 27 % avaient parallèlement un trouble de personnalité évitante, 13 % un trouble de personnalité obsessionnelle-compulsive, 12 % un trouble de personnalité dépendante. Restent d'autres types de personnalité pour lesquels les résultats sont moins nets, mais néanmoins intéressants.

Troubles de la personnalité associés aux troubles anxieux et dépressifs

	Tous patients confondus N = 622 N (%)	Trouble panique sans agoraphobie N = 29 N (%)	Trouble panique avec agoraphobie N = 201 N (%)	Trouble anxieux généralisé N = 122 N (%)	Phobie sociale N = 103 N (%)	Dépression majeure N = 117 N (%)
Un trouble de la personnalité ou plus	151 (24.3)	9 (31.0)	39 (19.4)	46 (37.7)	40 (38.8)	48 (41.0)
Évitante	96 (15.4)	6 (20.7)	25 (12.4)	27 (22.1)	29 (28.2)	27 (23.1)
Obsessionnelle-compulsive	37 (5.9)	3 (10.3)	13 (6.5)	13 (10.7)	8 (7.8)	18 (15.4)
Dépendante	32 (5.1)	2 (6.9)	11 (5.5)	12 (9.8)	6 (5.8)	13 (11.1)
Borderline	23 (3.7)	2 (6.9)	9 (4.5)	4 (3.3)	2 (1.9)	8 (6.8)
Histrionique	17 (2.7)	1 (3.5)	6 (3.0)	8 (6.6)	3 (2.9)	9 (7.7)
Schizoïde	9 (1.4)	1 (3.5)	5 (2.5)	3 (2.5)	3 (2.9)	5 (4.3)
Narcissique	9 (1.4)	1 (3.5)	2 (1.0)	2 (1.6)	1 (0.9)	2 (1.7)
Schizotypique	3 (0.5)	—	—	—	—	—

(D'après I.R. DYCK *et al.*, 2001)

— *La personnalité évitante* est caractérisée par une inhibition sociale, par des sentiments de ne pas être à la hauteur et une hypersensibilité au jugement négatif d'autrui.

— *La personnalité obsessionnelle-compulsive* est caractérisée par une préoccupation de l'ordre, de la perfection et du contrôle.

— *La personnalité dépendante* est caractérisée par un comportement soumis et « collant » lié à un besoin excessif d'être pris en charge.

— *La personnalité borderline* est caractérisée par une impulsivité marquée et une instabilité des relations interpersonnelles, de l'image de soi et des affects.

— *La personnalité histrionique* est caractérisée par des réponses émotionnelles excessives et une quête d'attention.

— *La personnalité schizoïde* est caractérisée par un détachement des relations sociales et une restriction de la variété des expressions émotionnelles.

— *La personnalité narcissique* est caractérisée par des fantaisies ou des comportements grandioses, un besoin d'être admirée et un manque d'empathie.

— *La personnalité schizotypique* est caractérisée par une gêne aiguë dans les relations proches, par des distorsions cognitives et perceptuelles et des conduites excentriques.

Naissance d'un comportement phobique

Le souci se caractérise par une tendance à définir les situations ambiguës comme étant des situations menaçantes et par une tendance à surestimer le risque lié à ces situations dont on ne connaît pas *a priori* tous les tenants et les aboutissants. L'anxieux, dans son intolérance à l'incertitude, se met dans un état d'hypervigilance qui, lui-même, entraîne un certain niveau de tension et donc d'activation physiologique. Cette activation physiologique, qui traduit la composante émotionnelle de l'anxiété provoque, à son tour, des symptômes pénibles comme des nausées, des palpitations, des douleurs diverses... Ainsi, l'anxieux passe-t-il constamment d'un état d'hypervigilance lié à l'incertitude de la situation à un comportement d'évitement pour fuir les réactions physiologiques pénibles suscitées par cet état d'alarme.

LES PHOBIES INTÉROCEPTIVES

Les stimuli sensoriels que perçoit l'anxieux sont souvent diffus, vagues, discontinus. S'ils se présentent sous forme de douleurs cardiaques ou de sensations d'étouffement, ils entraînent des interprétations chargées d'angoisse. Selon l'attention que l'on porte à ces signaux ou états internes, et selon l'interprétation de ces signaux comme signes de menace, la prédiction de la survenue d'une maladie plus ou moins grave risque d'être émise. A cette angoisse de la maladie, s'ajoute l'absence de prévisibilité et de contrôle qui est propice au maintien de la dimension anxieuse. Ainsi naît la nosophobie, soit la phobie de la maladie (on parle, par exemple, de cancérophobie ou de cardiophobie). La polarisation anxieuse sur les sensations corporelles focalise également l'attention sur des messages externes connexes, comme des informations provenant des médias et des publications médicales. Les anxieux sont, d'ailleurs, plutôt à la recherche de données qui confirment leur diagnostic et ont tendance à négliger celles qui infirment leur diagnostic. Ce biais de confirmation produit un cercle vicieux : les agents stressants et les caractéristiques personnelles provoquent des sensations corporelles qui donnent lieu à une série de processus cognitifs (anticipations et interprétations dramatiques), qui, à leur tour, provoquent des tensions qui provoquent de nouvelles sensations corporelles...

Les phobies intéroceptives (ou nosophobies) sont toujours en rapport avec des sensations corporelles éprouvées ou anticipées qui sont interprétées de façon erronée. Parmi ces mécanismes physiologiques, l'hyperventilation est certainement le mécanisme prépondérant. En effet, une respiration excessive par rapport aux dépenses musculaires provoque une alcalose et une série de sensations pénibles :

— L'impression paradoxale de manquer d'air ou d'étouffer.

— Une sensation de tête vide, d'étourdissement, de vertiges ou de nausées.

— Une accélération du rythme cardiaque et l'apparition de tachycardie.

— Une augmentation de la transpiration et parfois une sensation de froid aux extrémités des membres.

— Des paresthésies dans les mains et parfois dans les pieds, des picotements, des raideurs, des douleurs, des crampes.

Il résulte souvent de l'hyperventilation un processus qui entraîne la sécheresse de la bouche et de la gorge, et dès lors beaucoup de déglutitions. Le fait d'avaler en ayant la bouche et la gorge sèches peut fatiguer les muscles de la déglutition et provoquer une sensation de nœud dans la gorge que l'on aura tendance à éliminer par des déglutitions, créant ainsi un nouveau cercle vicieux.

Toutes ces sensations sont souvent réinterprétées en termes de maladie, et pour éviter d'être confrontées à ces sensations, les personnes anxieuses vont adopter des stratégies d'évitement, évitement de l'effort physique tel que faire du sport, monter les escaliers..., évitement de sources d'information telles que la télévision, la radio, les journaux, pour ne pas tomber sur une nouvelle qui pourrait activer l'ensemble de ce processus anxieux.

L'anxieux est-il hypocondriaque ? Ce qui va distinguer un anxieux ayant une peur de la maladie d'une personne hypocondriaque, c'est le fait que si l'anxieux redoute d'avoir un problème de santé grave, la personne hypocondriaque en est convaincue et rien ne peut ébranler cette conviction.

Le modèle de Clark (1986)

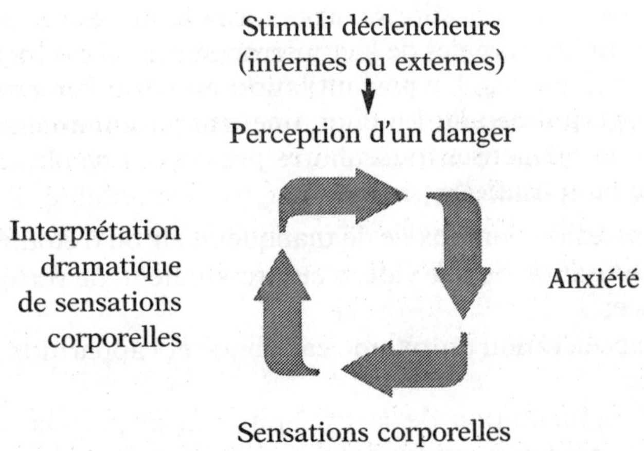

LES PHOBIES SPÉCIFIQUES

Pour contrôler leurs symptômes, certains anxieux essaient de repérer les prédicteurs externes de ces symptômes. Ainsi, s'ils ont la sensation d'étouffer, ils évitent les situations où ils risquent d'avoir du mal à respirer et, donc, toutes les situations claustrophobiques (ascenseurs, tunnels...). Si ce sont plutôt les sensations de nausées, vomissements, qui prédominent, alors ce sont les invitations, les réunions, les transports en commun qu'ils évitent. Nombre de phobies naissent de cette réaction anxieuse. Il a été montré qu'une phobie spécifique était associée au trouble anxieux généralisé dans 32 % des cas (Brown *et al.*, 1994).

TROUBLE PANIQUE ET AGORAPHOBIE

Une attaque de panique correspond à un épisode de crainte et de malaise intense et se traduit par un ensemble de symptômes dans un espace-temps de dix minutes. Ces signes comprennent :

— *des réponses physiques* : palpitations, vertiges, transpiration intense, sensation d'étouffer, tremblements ;

— *des symptômes cognitifs* : peur de mourir, d'étouffer, de s'évanouir, de devenir fou, de perdre le contrôle...

Toute personne ayant vécu une attaque de panique redoute la survenue d'une autre attaque de panique, tant le sentiment d'être submergé par cette tornade anxieuse a été vécu comme menaçant pour l'intégrité physique et psychique. Même si les risques physiques et psychiques sont pratiquement nuls, les victimes d'une attaque de panique commencent à anticiper de manière anxieuse le retour de cet événement. L'agitation, l'impossibilité de se détendre, l'irritabilité, l'impatience, les difficultés pour s'endormir traduisent une tension motrice et psychique qui est commune à l'anxiété généralisée et au trouble panique.

De même, l'hypervigilance en rapport avec des sensations corporelles est commune aux deux troubles. Chez la personne souffrant de trouble panique, ces sensations corporelles seront immédiatement interprétées comme des signes de catastrophe imminente (peur de mourir, de perdre le contrôle). Chez la personne souffrant de trouble anxieux généralisé, ces sensations corporelles peuvent parfois entraîner des pensées catastrophiques (peur d'étouffer, peur de mourir), mais, le plus souvent, la représentation de la catastrophe est différée, les symptômes évoquent plutôt une certaine menace et peuvent être les signes d'un problème de santé plus grave qui se manifestera plus tard.

Par ailleurs, les épisodes de panique se déroulent sur un temps extrêmement court, alors que les symptômes liés à l'anxiété généralisée sont plus progressifs, en lien avec les ruminations anxieuses, les inquiétudes et les soucis. Cela explique également qu'un patient souffrant de trouble panique consulte en urgence ou fait appel à tout mode de secours de manière immédiate, alors qu'une personne souffrant d'anxiété généralisée fait également des démarches médicales, mais est capable d'attendre un rendez-vous, même si elle se fait du souci jusqu'à ce rendez-vous !

Parfois, les sensations anxieuses sont tellement redoutées et tellement anticipées comme catastrophiques, que l'anxieux ne peut pas imaginer rester une seconde seul sans secours et développe une agoraphobie (peur d'être loin de tout secours en cas de crises anxieuses, peur de se séparer d'un lieu sécurisant qui est en général le domicile). Ces personnes anxieuses deviennent alors dépendantes de leur entourage, n'osant pas sortir seules, rester seules ou s'éloigner, tant la surestimation du danger associée à ces sensations physiques est importante, et leur sentiment d'impuissance personnel face à ces sensations envahissant. Le fait d'appréhender de se sentir anxieux entraîne la mise en place de véritables fortifications relationnelles, qui ne permettent pas pour autant de soulager l'anxiété dans la mesure où une autre anxiété naît aussitôt : l'incertitude quant à la disponibilité des autres. L'anxieux va alors s'assurer de manière très régulière de cette présence des autres.

Aussi l'anxieux va-t-il osciller entre évitements et vérifications en risquant d'adopter une attitude proche d'un mouvement obsessionnel.

Le souci est-il une obsession ?

Prenons l'exemple d'un anxieux qui perçoit des sensations pénibles sur le plan somatique : il va essayer de faire lui-même un diagnostic en palpant à plusieurs reprises la zone perçue comme douloureuse. Or cette palpation systématique et répétitive va rendre cette zone plus douloureuse et engendrer une réactivation des symptômes douloureux lesquels vont, à leur tour, engendrer de l'anxiété et d'autres vérifications par palpations. On comprend que le cercle vicieux ainsi créé contribue au maintien de la préoccupation anxieuse. Le sentiment de menace entraîne une augmentation des sensations physiologiques qui sont souvent interprétées par le patient comme une preuve supplémentaire de l'existence d'une maladie... Salkovskis raconte ainsi comment un patient, ayant remarqué qu'il transpirait davantage, pensait qu'il s'agissait d'un signe de déséquilibre hormonal grave. Cette pensée accentuait encore sa transpiration, ce qui constituait à ses yeux une preuve supplémentaire de la réalité de ce trouble...

LES POINTS COMMUNS

L'anxieux est plus attentif à des indices corporels et risque souvent d'interpréter une perception nouvelle comme une manifestation pathologique. Les visites médicales, les bilans, la prise de certains produits pharmaceutiques peuvent lui donner le sentiment d'avoir évité un danger, ce qui risque de l'encourager à reproduire ce type de comportement chaque fois qu'une perception sera interprétée comme menaçante. Parfois, des médecins soucieux de rassurer leur patient proposent des analyses médicales plus approfondies, ce qui a, en fait, un effet inverse et confirme l'anxieux dans ses craintes.

L'anxiété liée aux préoccupations de santé : le modèle cognitiviste

(SALKOVSKIS, 1989)

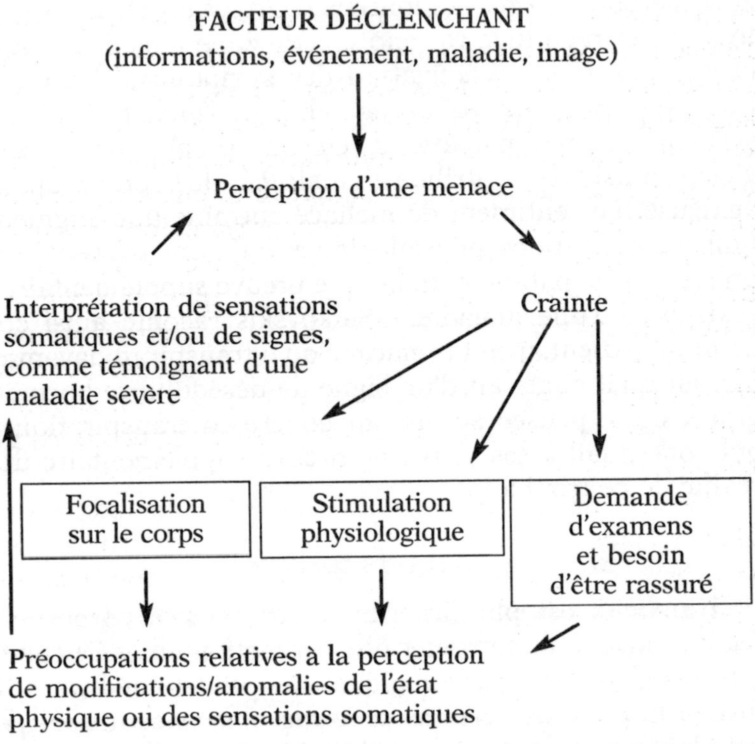

Or la vérification, très fréquente chez l'anxieux pour prendre de l'ascendant sur son inquiétude, n'est pas limitée aux questions de santé. Un anxieux peut tout aussi bien se faire du souci à l'idée que ses enfants vont prendre la route après lui avoir rendu visite et vérifier systématiquement qu'ils sont bien rentrés en téléphonant, il peut vérifier un nombre incalculable de fois qu'il a bien tout mis dans sa valise, vérifier un nombre incalculable de fois les horaires des trains ou des avions... Ainsi, les pensées anxiogènes peuvent parfois s'accompagner de compulsions caractéristiques du trouble obsessionnel-compulsif. De même, les préoccupations persistantes qui envahissent l'anxieux sous forme de soucis peuvent parfois être assimilées à des ruminations compulsives.

Les sujets de soucis chez les anxieux sont les mêmes que chez tout le monde. Toutefois, ce qui différencie l'anxiété pathologique de l'anxiété normale, c'est d'une part le fait que l'anxieux se fait du souci non seulement à propos des événements de la vie de tous les jours, mais aussi à propos du souci lui-même (Wells, 1997). Ce souci à propos du souci vient de cette dimension incontrôlable, comme si on ne pouvait pas échapper au souci. Ce qui différencie également le souci normal du souci pathologique, c'est la fonction que lui attribue l'anxieux. Pour lui, la rumination est perçue comme une stratégie pour faire face ou prévenir une catastrophe. Le souci devient ainsi une véritable stratégie de solutions de problèmes (de « je me suis fait beaucoup de souci alors qu'ils étaient sur la route et ils sont bien arrivés », on aboutit à : « c'est parce que je me suis fait du souci que tout s'est bien passé »).

La croyance en l'efficacité du souci pour résoudre les problèmes peut encourager le processus de ruminations. Borkovec (1983) a bien montré que ce processus cognitif qui utilise essentiellement la dimension verbale permet de contrôler les pensées à contenu imagé qui suscitent des réactions physiologiques. Ainsi, l'activité « souci ou rumination » peut être perçue non seulement comme un moyen de contrôle sur les événements, mais aussi comme un moyen de contrôle sur ses propres réactions physiologiques, ce qui risque de nouveau de renforcer les ruminations chez l'anxieux.

LES DIFFÉRENCES

Il est souvent difficile de distinguer soucis et obsessions. Si tous deux sont connotés affectivement négativement, trois grandes différences les distinguent néanmoins :

— Les obsessions n'ont généralement pas trait au quotidien, alors que le souci est relatif à des préoccupations exagérées en ce qui concerne des problèmes quotidiens.

— Les obsessions sont souvent perçues comme beaucoup plus intrusives que les soucis, elles arrivent plus souvent de manière inopinée, inappropriée.

— Les obsessions conduisent souvent à des compulsions mentales ou comportementales (rituels) qui visent à neutraliser ou à réduire la détresse provoquée par les obsessions, alors que les soucis, généralement, ne conduisent pas à de telles compulsions.

Ces distinctions sont importantes, mais il faut savoir qu'elles ne sont pas restrictives : 20 % des patients souffrant d'un trouble obsessionnel-compulsif présentent également le diagnostic de trouble anxieux généralisé et 20 % des patients souffrant de trouble anxieux généralisé ont des conduites ritualisées.

TAG (Trouble anxieux généralisé)	TOC (Trouble obsessionnel-compulsif)
Dimension égosyntonique : le fait de se faire du souci est vécu comme normal, adapté ; seul pose problème l'aspect excessif de ces inquiétudes, mais pas leur contenu.	Dimension égodystonique des obsessions : les obsessions sont souvent vécues comme intrusives, inappropriées. Ce qui gêne, c'est que l'on ne peut pas empêcher qu'elles surviennent.
Le fait de se faire du souci à propos d'un événement peut empêcher cet événement de se produire.	Le fait d'avoir des obsessions à propos d'un événement peut provoquer cet événement.
Le souci se présente plutôt sous forme de pensées verbales.	L'obsession se présente plutôt sous forme d'images mentales.
Le contenu des soucis change souvent.	Le contenu des obsessions est relativement stable.

Alcool et autres addictions

Les anxieux cherchent à réduire leur état de tension en ayant recours au tabac, à l'alcool ou à d'autres substances. Le recours à l'alcool est plus fréquent lorsqu'il y a association anxiété-dépression ou lorsqu'il y une anxiété sociale importante. L'alcool est perçu comme une automédication contre la symptomatologie anxieuse, alors que la dépendance à l'alcool entraîne à son tour des symptômes anxieux. Que l'anxiété soit primaire ou secondaire au problème alcoolique, la sensibilité anxieuse, à savoir l'appréhension des sensations anxieuses, peut motiver une prise de boisson excessive afin de réduire et de contrôler ces sensations anxieuses redoutées. Le sentiment d'apaisement apporté à court terme par l'alcool fait que petit à petit, boire devient indispensable et les quantités d'alcool augmentent. Le sujet supporte de mieux en mieux de grandes quantités d'alcool ; la dépendance s'installe, entraînant un effet de manque. Les avantages liés à l'alcool sont presque toujours à court terme ou immédiats alors que les inconvénients sont presque tous à long terme et concernent surtout la santé. Le fait que les avantages arrivent bien avant les inconvénients, dans le temps, joue certainement un rôle important dans le maintien de cette habitude toxique (Cungi, 2000).

Tout comme l'alcool, les effets psychoactifs engendrés par la consommation de cannabis se caractérisent à court terme par une sensation de bien-être, de somnolence et une certaine euphorie. Mais cette ivresse cannabique s'accompagne rapidement d'une détérioration de la perception temporelle et d'une incapacité à accomplir certaines tâches complexes. Des troubles de la mémoire à court terme ont été décrits ainsi que des troubles du langage et de la coordination motrice à un niveau élevé de consommation. Des attaques de panique et des angoisses de dépersonnalisation apparaissent souvent à la suite de la prise de cannabis. Il existe même un trouble psychotique propre à la consommation de cannabis : la psychose cannabique. Cette psychose se manifeste par des signes proches de ceux des bouffées délirantes aiguës avec une plus grande fréquence des hallucinations, en particulier visuelles. Cette psychose cannabique peut apparaître concomitante à l'intoxication ou dans le mois qui suit l'intoxication au cannabis. La psychose cannabique touche environ 0,1 % des consommateurs (INSERM, 2001). D'autres signes, moins importants, sont l'augmentation de la fréquence et du débit cardiaques, les troubles digestifs, la vasodilatation et l'irritation oculaire. Certains goudrons de cannabis, comme les goudrons de tabac, peuvent irriter les muqueuses broncho-pulmonaires et être à l'origine de toux. Heureusement, la plupart des effets du cannabis sont réversibles dans la mesure où si les fonctions cérébrales sont atteintes, les cellules cérébrales, elles, ne sont pas touchées. La consommation de tabac, d'alcool, de cannabis conduit souvent à l'utilisation d'autres substances psychoactives comme la cocaïne, l'héroïne, le crack, les amphétamines ou les hallucinogènes.

Avantages et inconvénients de l'alcool

AVANTAGES	INCONVÉNIENTS
— Effets calmant l'angoisse, le stress. — Effets antalgiques. — Diminue la fatigue. — Donne un plaisir immédiat et fait partie de la qualité de vie. — Favorise les échanges sociaux. — Donne une certaine contenance, un style de comportement. — Calme immédiatement l'effet de manque. — Aliment calorique.	— Diminue les réflexes. — Atteint la mémoire. — Diminue la concentration, l'attention. — Dégénérescence cérébrale, problèmes neurologiques et psychiques (dépression). — Cirrhose du foie, maladies digestives. — Dépendance par rapport à un produit et nécessité d'en disposer. — Coûte cher. — Conséquences sociales, professionnelles et familiales. — Fait grossir.

(D'après C. CUNGI, 2000)

Comme le fait remarquer Cungi, la frustration et les difficultés à accepter cette frustration sont communes à toutes les dépendances. Le besoin ou l'envie de consommer crée une sensation de tension, parfois de l'irritabilité, de l'anxiété ou un sentiment dépressif, qui sont extrêmement difficiles à accepter. Boire un verre, fumer une cigarette, en plus du plaisir immédiat, calme rapidement ces symptômes. Les personnes dépendantes supportent très mal le manque lié à leur addiction. De plus, presque toutes les situations de frustration, qu'elles soient professionnelles, relationnelles, financières augmentent le problème. Il arrive très souvent que plusieurs comportements addictifs soient associés. Une personne présentant un problème d'alcool aura également tendance à beaucoup fumer. Dans le cas des toxicomanies, il est extrêmement rare de ne dépendre que d'un seul produit, la plupart du temps, les sujets consomment plusieurs produits. Certains médicaments comme les tranquillisants ou les hypnotiques sont parfois consommés abusivement pour soulager au plus vite tout symptôme d'anxiété.

Un diagnostic difficile

On retrouve dans les antécédents d'un trouble anxieux généralisé un autre trouble anxieux dans 90 % des cas ; les diagnostics les plus fréquemment associés au trouble anxieux généralisé sont la dépression, le trouble panique, la phobie simple, la phobie sociale, les abus de substances et plus rarement le trouble obsessionnel-compulsif (Wittchen *et al.*, 1994). Les conséquences de l'anxiété et les nombreuses comorbidités qui lui sont liées constituent donc un réel handicap pour l'anxieux. Cette question de la comorbidité a d'ailleurs amené des chercheurs à s'interroger sur la pertinence du concept d'anxiété généralisée et à proposer que ce trouble soit considéré comme un prodrome ou un syndrome résiduel d'autres pathologies. En raison de la forte comorbidité qui le caractérise, le trouble anxieux généralisé pourrait être considéré comme un trouble anxieux de base, un terrain ou un tempérament anxieux. L'anxiété généralisée pourrait représenter l'expression d'une vulnérabilité émotionnelle susceptible de prendre différentes formes cliniques. Pour d'autres, cette comorbidité n'exclut pas une dimension spécifique de l'anxiété généralisée qui se caractériserait par une difficulté à contrôler les préoccupations anxieuses, un état de tension et une hypervigilance.

Au vu de ce qui précède, on comprend mieux les difficultés liées au diagnostic différentiel du trouble anxieux généralisé. De fait, le souci est une caractéristique commune à l'ensemble des troubles émotionnels. Les phobiques sociaux se feront du souci dès qu'ils vont aborder des situations sociales ; les phobiques de la maladie se feront du souci dès qu'ils vont percevoir des symptômes corporels ; les obsessionnels-compulsifs se feront du souci dès qu'ils auront le sentiment de ne pas avoir assez vérifié ou lavé ; les personnes souffrant de trouble panique se feront du souci à l'idée que la prochaine attaque de panique pourrait être catastrophique... Comment, donc, définir de manière fiable et valide un trouble dont la principale caractéristique est une inquiétude excessive, alors que ce critère semble, à des degrés divers, concerner la plupart des troubles anxieux et dépressifs et peut également se concevoir en termes de trait de personnalité, voire de vulnérabilité (Pignay et Boulenger, 2001) ? Autrement dit, doit-on considérer ce trouble comme une entité clinique propre ou comme une caractéristique fondamentale de tout trouble émotionnel ?

Chapitre 4

QUAND L'ANXIÉTÉ DEVIENT PATHOLOGIQUE

Les recherches sur le trouble anxieux généralisé (TAG) sont relativement récentes. Jusqu'en 1980, on parlait plutôt de névrose d'angoisse, notion développée par Freud (1926). L'influence du travail de Klein et Fink (1962) a été fondamentale. Ils remarquent l'efficacité d'un traitement antidépresseur (Imipramine) chez un groupe de patients non déprimés qui présentaient des attaques de panique alors que ces mêmes antidépresseurs n'étaient pas efficaces sur l'anxiété permanente. Ainsi, une distinction qualitative entre les deux composantes principales de la névrose d'angoisse est proposée : l'attaque de panique et l'anxiété chronique sont considérées comme étant de nature différente. Cette certitude a été relativisée car des traitements antidépresseurs se sont montrés efficaces dans l'anxiété généralisée depuis les travaux de Klein, ainsi que certains traitements par benzodiazépines (tranquillisants). D'autre part, si l'on peut définir l'anxiété généralisée à partir de critères diagnostiques envisageant des dimensions cognitives, somatiques, comportementales, on se rend compte que ce trouble anxieux généralisé est rarement isolé. Il cohabite le plus souvent avec d'autres troubles anxieux ou dépressifs, des troubles addictifs, des troubles de la personnalité. Causes ou conséquences de ces troubles ? L'anxiété généralisée reste encore un domaine mal délimité, mal identifié, ce qui amène à des modifications constantes des critères qui la définissent. Actuellement, on parlera de « pathologie de l'anxiété » lorsque cette anxiété chronique dure depuis six mois au moins et qu'elle revêt un aspect excessif et incontrôlable. Au cours de cette période anxieuse, l'individu qui en souffre doit présenter au moins trois symptômes parmi les six suivants : agitation ou sensation d'être survolté ou à bout, fatigabilité, difficultés de concentration ou troubles de mémoire, irritabilité, tension musculaire, perturbation du sommeil (DSM-IV, 1991). Dans une autre classification diagnostique, la CIM-10, les critères de l'anxiété généralisée sont regroupés en symptômes de tension motrice (agitation fébrile, céphalées, tremblements, incapacité à se détendre) et neurovégétatifs (sensation de « tête vide », transpiration, tachycardie, respiration rapide, gêne épigastrique, étourdissements, sécheresse de la bouche). La permanence de ces symptômes (« presque tous les jours pendant au moins quelques semaines et souvent pendant plusieurs mois consécutifs ») est l'un des éléments essentiels du diagnostic. Les données épidémiologiques concernant le trouble anxieux généralisé font état d'une prévalence sur la vie entière de 1,9 à 5,4 % dans la population générale d'âge adulte (Bienvenu *et al.*, 1998). Ce trouble apparaît deux fois plus important chez les femmes que chez les hommes et démarre insidieusement à l'adolescence avant de s'installer progressivement et souvent de manière chronique. Il est difficile d'identifier un facteur déclenchant. Parfois ce facteur peut être un événement psychosocial traumatisant survenu dans l'enfance (perte d'un parent, abus sexuels, etc.) ou tout autre événement de vie négatif. Des facteurs vont favoriser l'apparition d'un trouble anxieux généralisé : l'âge (être âgé de plus de 24 ans), être séparé, divorcé ou veuf, être sans profession et avoir de faibles revenus (Wittchen *et al.*, 1994). Même si les sujets âgés peuvent souffrir d'un trouble anxieux généralisé, il débute rarement après l'âge de 65 ans.

Outre l'aspect incontrôlable des inquiétudes et la chronicité de la dimension anxieuse, l'interférence de l'anxiété dans la vie quotidienne de ceux qui en souffrent est également un élément de détresse : l'anxiété joue un rôle délétère dans la vie du sujet, lui faisant appréhender nombre de situations qu'il va chercher à éviter. Cette détresse l'amène à avoir recours à des aides pharmacologiques et psychothérapeutiques, dont certaines seront détaillées dans les chapitres suivants.

Aspects réalistes et constructifs de l'inquiétude

L'anxiété est une émotion naturelle que chacun peut expérimenter. Elle peut même être stimulante et augmenter les performances. En effet, lorsque l'anxiété est vécue d'une façon modérée, elle peut pousser l'individu à se surpasser. Par ailleurs, l'anxiété peut être un signal d'alarme en cas de danger et sa fonction sera alors de nous protéger et de préparer notre organisme à une réaction stratégique. La réaction d'alarme a pour fonction de mobiliser immédiatement toutes les ressources physiologiques ou psychologiques d'une personne, afin de l'amener à adopter des comportements adaptés à la menace. Ces comportements seront tantôt des comportements de frayeur et de sidération, tantôt des comportements de fuite et, lorsque la fuite ne sera pas possible, la personne se verra contrainte de passer à l'attaque. Cette réaction pourra se manifester sous la forme d'un simple état de tension ou de colère, d'irritation, ou bien se traduira par de l'inquiétude, de la peur ou de l'anxiété selon le danger ou la menace perçue.

La peur est une réaction à un danger réel et immédiat. Elle est généralement ressentie comme très pénible. Le sentiment de peur va alerter les mécanismes d'adaptation, de défense, et va donc s'accompagner d'une activation du système nerveux central et du système nerveux sympathique. De fait, des réactions psychologiques comme l'hypervigilance, la concentration, l'attention vont être activées, ainsi que des réactions physiologiques, notamment au niveau de l'activation du système cardio-vasculaire et respiratoire. Toutes ces modifications visent à préparer l'individu à passer à l'action et à faire face au danger perçu.

Ce qui va distinguer l'anxiété de la peur, c'est que l'anxiété est un état de préparation à un danger éventuel. De ce fait, l'anxiété peut faciliter la réponse de peur. Le problème se pose lorsqu'il s'agit d'un état chronique d'anxiété. Comme nous venons de le dire, l'anxiété survient quand on perçoit une situation comme potentiellement menaçante. Ainsi, l'état permanent d'anxiété suppose une perception inquiétante de l'environnement et il est vrai que chaque personne aura une perception spécifique de la même situation selon le filtre à travers lequel elle envisagera cette situation. Ainsi, l'anxiété peut varier dans sa sévérité et dans sa fréquence d'un individu à un autre, mais lorsqu'elle est expérimentée trop souvent et trop intensément et qu'elle interfère avec la vie quotidienne, on parlera d'anxiété pathologique.

D'une manière générale, les préoccupations anxieuses engendrent des comportements stratégiques, orientés vers l'action, pour essayer de trouver des solutions, de remédier à l'inquiétude. Les problèmes considérés comme anxieux sont souvent générés par des situations objectivement présentes : la maladie d'un tiers, des soucis financiers, professionnels, etc. Les thèmes présentés par les anxieux sont souvent du même ordre que ceux qui préoccupent les non-anxieux. C'est dans la manière dont ils vont être traités que l'on parlera, là aussi, de dimension pathologique : le fait de constamment anticiper le pire dénouement pour un problème entraîne des réactions émotionnelles majeures qui elles-mêmes bloquent les processus de pensées qui aident habituellement à générer les solutions.

Stratégies d'évaluation

Les individus évaluent sans cesse leur environnement sur un ensemble de dimensions évidentes pour leur survie, leur bien-être et les buts qu'ils poursuivent. Ce processus d'évaluation va activer ou non des réponses émotionnelles ainsi que des réponses comportementales (passage à l'action ou non).

Scherer (1999) propose cinq étapes dans le processus d'évaluation :

Étape 1 : la nouveauté (se passe-t-il quelque chose de nouveau ?).

Étape 2 : la valence (ce qui se passe est-il agréable ou pénible ?).

Étape 3 : l'évaluation par rapport aux buts poursuivis (ce qui se passe peut-il aider ou gêner les buts poursuivis ?).

Étape 4 : la capacité à faire face (suis-je capable de profiter de l'opportunité offerte par cette situation si le rapport aux buts est favorable, ou puis-je faire face à cet obstacle si le rapport aux buts est défavorable ?).

Étape 5 : l'évaluation par rapport aux normes (ce qui se passe est-il en accord avec mes normes personnelles et/ou avec les normes sociales ?).

On voit bien comment, à chacune de ces étapes, la personne anxieuse va se trouver en difficulté :

— *La nouveauté :* nous avons vu combien l'anxieux redoutait de se trouver dans une situation qui pouvait le prendre au dépourvu soit parce qu'il cherche à tout prix à mettre cette situation en connexion avec des situations déjà connues pour trouver une solution, soit parce qu'elle crée un « blanc » par une activation émotionnelle immédiate enclenchée par des monologues dépréciatifs (« je ne sais pas ce que je dois faire », « je ne vais pas y arriver »), ou une tendance à personnaliser la situation (« qu'est-ce qui m'arrive encore ? » plutôt que de penser « qu'est-ce qui arrive ? »), soit à cause du nombre impressionnant d'informations à traiter au même moment. L'anxieux sera également pris au dépourvu sur le plan émotionnel, dans la mesure où ces questionnements pénibles réactivent la dimension de vulnérabilité et enclenchent une réponse physiologique de tension liée à ces émotions pénibles.

— *La valence :* l'estimation de la valence émotionnelle de la situation qui se présente sera également difficile. Alors que la situation présente une dimension agréable immédiate, l'anxieux va s'arranger pour la rendre anxiogène à moyen ou à long terme en anticipant.

— *L'évaluation par rapport aux buts poursuivis :* le doute va freiner le processus d'évaluation. La détermination du but est rendue difficile par le travail de sapage du « et si... » qui affaiblit la force de conviction et remet en question le but initial. Par ailleurs, la dimension anxieuse devient une telle priorité pour la personne qui en souffre que le but poursuivi est plus souvent celui de ne pas être anxieux qu'un objectif ciblé pour l'intérêt qu'il peut représenter en tant que tel.

— *La capacité à faire face :* si l'anxieux sent qu'il risque d'être en difficulté pour gérer émotionnellement la situation ou ses conséquences anticipées, il préférera y renoncer même si rationnellement il sait qu'elle pourrait être favorable à des objectifs qu'il poursuit. Cette antinomie entre évaluation rationnelle et évaluation émotionnelle entraîne une ambivalence qui freine aussi le processus de décision.

— *L'évaluation par rapport aux normes* (normes personnelles et/ou normes sociales) : à ce stade, si l'anxieux s'est progressivement mis dans une position de dépendance pour se soulager du poids de la décision et de la responsabilité, la pression des autres jouera un rôle prédominant dans son estimation. Par crainte de leur déplaire et d'être délaissé, il préférera se fondre dans les normes définies par les autres plutôt que d'exprimer son désaccord.

L'évaluation de ces différentes étapes est corrélée à des émotions diverses comme la joie, la colère, l'anxiété, la tristesse... Après ces différentes évaluations, l'individu procède à l'aménagement de ses ressources logistiques pour engager certaines actions en réponse à la situation émotionnelle, aussi bien physiologiques, expressives, que comportementales et cognitives. Ainsi, si quelqu'un, après l'évaluation d'une situation, répond par la peur et que la ressource repérée comme la plus adaptée est la fuite, alors on observe une augmentation de l'activation du système sympathique, une focalisation de l'attention sur le repérage du ou des dangers et un comportement d'évitement.

La régulation des processus émotionnels peut s'effectuer au niveau du processus d'évaluation ou de celui des réponses émotionnelles. L'individu peut agir soit sur la manière dont il perçoit la situation et donc modifier ses émotions, soit sur les réponses comportementales, physiologiques, cognitives que cette situation induit. Les difficultés d'évaluation de la situation et de la régulation de la réponse émotionnelle qui découle de cette évaluation constituent les fondements de l'anxiété pathologique.

Normal, pas normal ?

Deux systèmes essentiels vont jouer un rôle dans l'organisation anxieuse :

— Le système d'évaluation de la valence, responsable de l'évaluation de la valeur menaçante d'un stimulus. Cette évaluation se fait à partir de la nature du stimulus, mais aussi en fonction de son contexte, d'informations interoceptives qui traduisent un changement dans la réponse physiologique de la personne concernée et des apprentissages précoces de l'individu.

— Le système d'engagement vers un but : en fonction des informations reçues à partir du système d'évaluation de la valence, le système d'engagement vers le but détermine les ressources nécessaires pour le traitement cognitif de l'information et pour l'action à mettre en place. Ainsi, si un stimulus est perçu comme menaçant, ce système interrompt automatiquement l'activité en cours et centre ses ressources de traitement de l'information de la menace. En revanche, si le stimulus est perçu comme non ou peu menaçant, alors l'organisme continue à traiter les buts précédemment déterminés.

Lorsque certains stimuli sont repérés comme étant légèrement aversifs ou ayant une valeur de menace subjective basse, l'attention peut aussi s'en détourner (Mogg, 1998). Un tel évitement est très certainement efficace dans le maintien de l'attention sur des buts plus cruciaux, mais il peut également servir de mécanismes de régulation de l'état émotionnel et préserver ainsi un état émotionnel positif. Effectivement, on remarque chez des individus peu anxieux une tendance à éviter de porter leur attention sur des mots exprimant une menace, sur des photographies représentant des personnes en colère... (Bradley *et al.*, 1997). En revanche, si l'appréhension subjective de la menace s'accroît, l'attention se dirige alors vers ce stimulus menaçant. Ceci signifie que les anxieux auraient tendance à évaluer comme plus menaçants certains indices de l'environnement, à ne pas pouvoir en détourner leur attention et par conséquent à maintenir des réactions physiologiques d'alarme, qui à leur tour engendrent des comportements d'évitement ou d'affrontement souvent perçus par leur entourage comme inadaptés.

Ce qui différencie les anxieux des non-anxieux, c'est d'une part la fréquence des pensées inquiétantes, et d'autre part la surdimension de la réponse émotionnelle face aux événements. Ceci nous conduit à envisager les aspects physiologiques (réactions émotionnelles) et cognitifs de la réponse anxieuse (comment la personne traite-t-elle son information pour la percevoir de manière aussi dramatique ?). Toujours est-il que ce qui va gêner l'anxieux sera le sentiment de ne pas maîtriser cette réponse émotionnelle trop intense et trop fréquente à la différence d'une personne non anxieuse. En effet, si un non-anxieux expérimente une pensée intrusive récurrente et qu'il a le sentiment de ne pas pouvoir s'en débarrasser rapidement, ce processus reste essentiellement cognitif, c'est-à-dire qu'il n'y a pas une grande activation physiologique associée à des pensées négatives et récurrentes, ce qui lui permet de garder un sentiment de contrôle.

En général, lorsqu'une dimension de danger externe est repérée, un signal interne d'alarme retentit. Il existe chez l'homme une capacité à mettre en place une action immédiate et une capacité à moduler, c'est-à-dire à contrôler les réactions de peur immédiates et à différer la mise en place de comportements adaptatifs pour repérer les meilleures alternatives. Or, si aucune action ne suit le signal de danger, il continue de sonner et c'est la perception de ce signal qui est à la base de l'angoisse. Plus on différera l'action, plus l'angoisse se manifestera avec force. La solution adaptée n'est pas alors d'agir mais de substituer à l'action un plan d'action, de mettre en place une stratégie cognitive plutôt qu'une stratégie comportementale. Donc, si une situation pose problème parce qu'elle n'est pas conforme à celle que l'on attendait, ou si une pensée ou un souvenir activent un signal interne de danger, les répercussions physiologiques seront immédiates et se traduiront par des réponses de tension, mais en même temps, nous allons essayer de mettre en place une stratégie cognitive pour élaborer une analyse de la situation et trouver des attitudes adaptées. Par rebond, nous allons corriger le signal d'alarme. La difficulté, voire l'impossibilité d'élaborer ces plans d'action, ces stratégies, active davantage l'angoisse dans la mesure où rien ne résout le signal d'alarme. Cette difficulté pour mettre en place des stratégies adaptatives à court, moyen ou long terme, est liée à la force de ce signal d'alarme qui entraîne des manifestations physiologiques débordantes qui empêchent la capacité de mentaliser clairement. Le fait également que la personne anticipe des situations de plus en plus problématiques au lieu de se mettre en position de résolution du problème permet à ce signal d'alarme de continuer de se manifester. Toujours est-il que la difficulté à mettre en place des plans d'action va renforcer la vulnérabilité de la personne et lui faire davantage redouter de se trouver de nouveau face à cette impuissance psychologique à résoudre le signal d'alarme. Nous pouvons tous, en certaines occasions, être débordés par la réponse physiologique activée par un signal d'alarme. On a vu certaines personnes prendre la fuite le jour de leur mariage juste avant de dire « oui » : la dimension anxieuse activée par la notion d'inconnu inhibe les capacités adaptatives et les possibilités d'agir. Il se peut aussi que l'analyse que la personne fait de la situation enclenche un signal de danger qui n'aurait pas été enclenché chez une autre personne dont l'analyse aura été différente. C'est donc bien la façon dont un individu interprète une situation qui est la source même du problème. Mais il est vrai que l'analyse effectuée est due à une manière globale de réagir aux choses, à l'environnement qui suppose une dimension de danger. Il convient alors de se demander pourquoi et comment cet individu a acquis une telle perception de danger dans son environnement physique ou social.

On peut également se demander si, finalement, ce signal de danger interne qui retentit de manière inadaptée, répétitive, n'est pas simplement « déréglé ». C'est comme si une personne entendait le signal d'alarme de sa voiture ; immédiatement, elle cherche ce qui a pu le déclencher. Admettons qu'elle ne voie rien : elle arrête l'alarme. Imaginons que, quelques minutes plus tard, l'alarme retentisse de nouveau : la personne cherche de nouveau à en repérer les déclencheurs potentiels. Ne voyant toujours rien de précis, elle arrête de nouveau l'alarme. Mais si l'alarme retentit une troisième fois, la personne conclut que l'alarme est déréglée et, cette fois, la désactive définitivement afin de ne plus être dérangée. Or, lorsqu'un anxieux perçoit un signal d'alarme interne, il ne cesse de penser qu'il y a un danger qu'il doit, à tout prix, repérer, alors qu'un non-anxieux, dans un premier temps, se demande quoi faire pour calmer cette anxiété et ne cherche plus de cause mais simplement en conclut que cet état de tension est dû à la fatigue et qu'il doit se reposer. Pour l'anxieux, ce signal interne a forcément une cause et moins il trouve de raisons immédiates, plus il se sent inquiet et active des ressources-problèmes, qui elles-mêmes amplifient peu à peu l'état de tension. Ces ressources-problèmes activent la réponse physiologique qui, à son tour, enclenche le signal de danger et ainsi de suite.

Au cours de l'évolution normale de toute vie, des symptômes anxieux se manifestent. Ce qui va distinguer l'anxiété normale de l'anxiété pathologique, c'est l'intensité et la durée des troubles, la gravité de leurs conséquences, les interférences avec la vie familiale, sociale et professionnelle. Lorsque le souci devient la manière systématique d'aborder l'ensemble des situations et qu'il se maintient en permanence, on dira que la personne souffre d'un trouble anxieux généralisé. L'élément clé du trouble anxieux est la *permanence du souci*. Le trouble anxieux se définit par l'aspect excessif et non réaliste du souci à propos de différentes expériences de la vie (santé, argent, carrière) et qu'il dure depuis au moins six mois. Être anxieux lorsque l'on vient de perdre son travail ou qu'on a des difficultés financières n'est pas un signe de trouble pathologique. Au contraire, une certaine anxiété peut même motiver la recherche de solutions. Par contre, chez les personnes qui souffrent du trouble anxieux généralisé, l'anxiété est non seulement une source de difficultés émotionnelles et physiologiques, mais elle va également les gêner au point de les empêcher de se concentrer sur d'autres tâches et de traiter d'autres informations.

Le trouble anxieux généralisé

Le trouble anxieux généralisé (TAG) est le trouble anxieux le plus fréquent : les études épidémiologiques situent sa prévalence entre 4 et 5,1 % de la population générale (Kessler *et al.*, 1994). La définition du trouble anxieux généralisé est restée vague et controversée pendant de nombreuses années. Dans les années 1950, on parlait d'« anxiété flottante » *(free-floating)* ou « envahissante » *(pervasive)* pour désigner une réaction anxieuse dont il paraissait impossible de déterminer la cause. C'est en 1980 que, pour la première fois, le trouble anxieux généralisé apparaît en tant que tel dans la troisième édition du *Manuel statistique et diagnostique* établi par l'Association américaine de psychiatrie (DSM-III). Cependant, le diagnostic de trouble anxieux généralisé n'est alors encore qu'une catégorie résiduelle, c'est-à-dire qu'il apparaît seulement après avoir éliminé tous les autres diagnostics de troubles anxieux. En 1987, le DSM-III-R (édition révisée) élève le TAG au statut de diagnostic primaire, la présence d'inquiétudes étant le premier critère. Plus récemment, le DSM-IV a défini le trouble anxieux généralisé comme un trouble dont la caractéristique essentielle est une peur ou des soucis injustifiés ou excessifs (attentes craintives) concernant deux ou plusieurs situations ou événements, par exemple, soucis à propos d'un malheur pouvant arriver à l'un de ses enfants (alors que celui-ci n'est pas en danger) ou soucis concernant sa situation financière (sans raisons valables) pendant six mois ou plus, avec présence de ces soucis plus d'une journée sur deux. Chez les adolescents et les enfants, le trouble peut se traduire par une anxiété et des soucis concernant les performances scolaires, sportives, et sociales. Lorsque la personne est anxieuse, il existe de nombreux signes témoignant d'une tension motrice (tremblements, tressautements ou impression de secousses musculaires, tension, douleurs ou endolorissement musculaire, fébrilité et fatigabilité), d'une hyperactivité neurovégétative (sensation de souffle coupé ou d'étouffement, palpitations ou accélération du rythme cardiaque, transpiration ou mains froides et moites, sécheresse de la bouche, étourdissements ou lipothymies, nausées, diarrhées

Anxiété généralisée (trouble)
(incluant le trouble hyperanxiété de l'enfant)

DSM-IV, F41,1 (300.02)

A. Anxiété et soucis excessifs (attente avec appréhension) survenant la plupart du temps durant au moins six mois, concernant un certain nombre d'événements ou d'activités (tels le travail ou les performances scolaires).

B. La personne éprouve de la difficulté à contrôler cette préoccupation.

C. L'anxiété et les soucis sont associés à trois (ou plus) des six symptômes suivants (dont au moins certains symptômes présents la plupart du temps durant les six derniers mois). NB : un seul item est requis chez l'enfant :

1. agitation ou sensation d'être survolté ou à bout ;
2. fatigabilité ;
3. difficultés de concentration ou trous de mémoire ;
4. irritabilité ;
5. tension musculaire ;
6. perturbation du sommeil (difficultés d'endormissement ou sommeil interrompu ou sommeil agité et non satisfaisant).

D. L'anxiété, les soucis ou les symptômes physiques entraînent une souffrance cliniquement significative ou une altération du fonctionnement social, professionnel ou dans d'autres domaines importants.

E. La perturbation n'est pas due aux effets physiologiques directs d'une substance (p. ex. une substance donnant lieu à abus, un médicament) ou d'une affection médicale générale (p. ex. hyperthyroïdie) et ne survient pas exclusivement au cours d'un trouble de l'humeur, d'un trouble psychotique ou d'un trouble envahissant du développement.

ou autres gênes abdominales, bouffées de chaleur ou frissons, pollakiurie et difficulté de déglutition ou boule dans la gorge) et d'une exploration hypervigilante de l'environnement (sensation d'être survolté ou à bout, réactions de sursauts exagérées, difficultés de concentration ou trou de mémoire, difficultés d'endormissement ou sommeil interrompu, irritabilité).

L'âge de survenue du trouble se situe le plus souvent entre 20 et 40 ans. On le rencontre plus fréquemment chez les femmes que chez les hommes.

Les anxieux ne vont pas spontanément consulter un psychiatre ou un psychologue tant la symptomatologie somatique associée à l'état de tension semble au premier plan du tableau anxieux. Dans un premier temps, les anxieux consultent un médecin généraliste, puis souvent, un ou des spécialistes, en fonction des symptômes physiologiques qu'ils présentent. Ce n'est que par la suite que la démarche vers un psy sera envisagée, lorsqu'il y aura une prise de conscience que la dimension symptomatique n'est pas liée à une pathologie organique, mais à une dimension émotionnelle. Par ailleurs, le trouble anxieux généralisé est souvent comorbide avec un autre trouble psychologique : notamment phobie sociale, trouble panique, trouble dysthymique, phobie simple...

Les inquiétudes incontrôlables qui assaillent l'anxieux entraînent des difficultés de concentration et une fatigabilité intellectuelle dont on retrouve l'équivalent sur le plan somatique, tout comme l'hypervigilance permanente entraîne un état de tension et d'épuisement dont les répercussions physiques et fonctionnelles sont multiples.

Le corps en émoi

Toute émotion, toute sensation trouve sa traduction immédiate sur le plan somatique par le biais de réponses physiologiques. En effet, lorsqu'une information arrive, qu'elle soit externe (situations ou événements objectifs) ou interne (pensées, images), elle est traitée par notre système nerveux central qui en discerne l'ensemble des ingrédients. Cet ensemble comprend le contenu rationnel (le fond) et le contenu émotionnel et comportemental lié à cette information (la forme) : je peux très bien dire « bonjour » (fond) sur un ton enjoué, gai (émotion) et avec une attitude dynamique, un sourire, l'œil pétillant (attitude comportementale). Je peux également dire « bonjour » (fond) sur un ton triste (émotion), avec une voix éteinte, un regard baissé, etc. (attitude comportementale). Même si le fond est identique, l'information sera perçue différemment en fonction de l'émotion associée et de l'attitude comportementale qui l'accompagne. Lorsque vous recevrez l'une ou l'autre de ces informations, vous n'éprouverez pas les mêmes émotions et n'agirez pas de la même manière. L'émotion sera dans un cas agréable, dans l'autre cas pénible et ne vous donnera pas les mêmes sensations. Le système nerveux sympathique traduit ces émotions dans des réponses physiologiques corrélées à l'émotion. Dans le premier cas, vous éprouverez une sensation de détente, dans le second, une sensation de tension.

Prenons un autre exemple : imaginons qu'une porte claque. Vous sursautez. Comment expliquer ce sursaut sinon par la réponse physiologique qui traduit immédiatement l'émotion pénible ressentie ? Cette émotion peut être amplifiée par l'interprétation que l'on fait de la situation. En effet, je peux penser qu'il y a un courant d'air : cette porte qui claque m'a surpris, j'ai eu peur et cette peur est alors immédiatement relayée par une réponse physiologique de tension. Je peux aussi me dire que le patron doit être très en colère : bien sûr, la porte qui a claqué m'a fait peur et a entraîné une réponse de tension, mais l'anticipation d'avoir à vivre une journée avec un patron qui risque de ne pas décolérer va entretenir cet état de tension. L'interprétation de la situation constitue un facteur essentiel du maintien de la réponse physiologique de tension.

Les anxieux ont des portes qui claquent dans leur tête à longueur de journée, à cause du souci, de l'inquiétude, du désarroi qui naissent de l'interprétation dramatique des situations qu'ils vivent, qu'ils anticipent ou qu'ils ressassent. Toutes les pensées pessimistes, désagréables, issues de ce traitement de l'information vont engendrer autant d'émotions tristes et pénibles alors immédiatement, automatiquement traduites dans des réponses de tension.

Ces réponses de tension, tout comme lorsque je sursaute, se manifestent par des contractures musculaires et, si je suis dans un endroit où j'entends claquer une porte toute la journée, j'aurai très certainement mal aux épaules le soir. Donc, si les contractures musculaires sont répétées et maintenues, des douleurs et un état de fatigue apparaissent à leur tour. Les anxieux, les dépressifs, se plaignent très souvent de douleurs diverses, de fatigue, voire d'épuisement. Ces douleurs et cet état d'épuisement sont directement liés à des contractures musculaires associées à l'état de tension qui découle, par traduction automatique, des émotions pénibles liées au souci. Si les muscles qui se contractent se situent au niveau de l'estomac ou de la ceinture abdominale, des sensations de nausées ou de gêne abdominale vont alors être ressenties et avec elles vont naître d'autres inquiétudes, comme la peur de vomir ou d'être dans l'obligation de se rendre rapidement aux toilettes ; ainsi germent d'autres sources d'inquiétude : « Pourvu que je n'aie pas des nausées au moment du repas de famille », « pourvu qu'il y ait bien des toilettes dans l'endroit où je vais », « si la réunion dure trop longtemps, je ne sais pas comment je vais pouvoir sortir en cas de besoin », autant de sources nouvelles d'anxiété qui nécessitent des stratégies à envisager (évitements).

Lorsque les muscles se contractent, un phénomène de vasoconstriction est engendré par la compression des vaisseaux sanguins. Cette vasoconstriction se manifeste par l'apparition de plaques rouges et blanches sur le corps, de sueurs froides et chaudes, et par des céphalées de tension. Cette vasoconstriction elle-même donne lieu à une augmentation de la pression sanguine, qui entraîne par correction une augmentation du rythme cardiaque et une tachycardie. Cette accélération du rythme cardiaque engendre une respiration plus rapide, qui risque de devenir haletante et peut conduire parfois à une hyperventilation avec tout son cortège de sensations vertigineuses, de vision brouillée...

Ainsi, tous ces symptômes qui font courir les anxieux chez les médecins spécialistes — rhumatologue, gastro-entérologue, cardiologue, neurologue, etc. — sont, la plupart du temps, uniquement liés à l'état de tension déclenché par leurs dimensions anxieuses.

Des méthodes de relaxation peuvent s'avérer efficaces pour soulager cet état de tension, même si elles sont insuffisantes. Il apparaît en effet essentiel pour l'anxieux de comprendre que ce qui motive un tel état de tension et, par conséquent, une telle symptomatologie somatique, est fondamentalement lié aux émotions associées aux pensées qui découlent de l'interprétation qu'il fait des situations qu'il vit, qu'il a vécues ou qu'il redoute de vivre.

INFORMATION

(Externe : provenant de l'environnement)
(Interne : pensées, images qui me traversent l'esprit)

↓

SYSTÈME NERVEUX CENTRAL (SNC)

Le SNC traite l'information dans son contenu rationnel et dans son contenu émotionnel

↙ ↘

RAISON | ÉMOTION

SYSTÈME NERVEUX SYMPATHIQUE

Le système nerveux sympathique traduit la réponse émotionnelle sur le plan physiologique

Si l'émotion ou la sensation associée à l'information est agréable	Si l'émotion ou la sensation associée à l'information est désagréable
↓	↓
Réponse physiologique de DÉTENTE	Réponse physiologique de TENSION
↓	↓
- Relâchement musculaire - Vasodilatation - Diminution de la pression sanguine - Ralentissement du rythme cardiaque - Respiration ample	- Contractures musculaires - Vasoconstriction - Augmentation de la pression sanguine - Accélération du rythme cardiaque - Respiration haletante

INFORMATION

« Une porte claque »

↓

Traitement de cette information par
le SYSTÈME NERVEUX CENTRAL

↙ ↘

CONTENU
RATIONNEL
« Il y a du
courant d'air »

CONTENU
ÉMOTIONNEL
« Ce bruit m'a
surpris(e), m'a fait peur »

↓

Traduction de la réponse émotionnelle sur le plan physiologique par le biais du SYSTÈME NERVEUX SYMPATHIQUE

↓

Cette émotion de peur était pénible, désagréable, donc

↓

RÉPONSE DE TENSION

— Contractures musculaires : je sursaute, mon corps tremble, mes épaules se haussent, les muscles de mon visage se crispent, mes avant-bras se sont élevés...

— Vasoconstriction : je suis devenu(e) pâle, des plaques rouges et blanches apparaissent sur mon visage, mon corps...

— Augmentation de la pression sanguine (du fait de cette vasoconstriction)

— Accélération du rythme cardiaque : mon cœur se met à battre plus vite, plus fort...

— Ma respiration se bloque, puis a du mal à retrouver un rythme régulier, du fait de l'accélération cardiaque.

Le souci au secours du souci

Les inquiétudes présentées par les patients qui souffrent d'anxiété généralisée ressemblent, dans leur contenu, au souci que chacun peut légitimement se faire de temps en temps. Il a été démontré que, comparés aux sujets-témoins, les sujets souffrant d'anxiété généralisée évaluaient leur souci comme moins contrôlable et moins facilement réduit malgré les tentatives pour le gérer (Craske *et al.*, 1989). Les inquiétudes sont des enchaînements de pensées et d'images chargées d'émotions négatives difficiles à contrôler (Borkovec *et al.*, 1983). Si ces inquiétudes se maintiennent, c'est qu'elles représentent une tentative pour résoudre des problèmes à propos de situations réelles ou fictives concernant la famille, le travail, des problèmes financiers, la maladie, etc., problèmes dont on ne connaît pas, *a priori*, le dénouement, mais qui pourraient engendrer des conséquences négatives. Le souci aurait pour but d'élaborer des stratégies destinées à affronter ces événements anticipés ; il peut également avoir pour projet d'empêcher la survenue de ces événements, dans la mesure où l'anxieux a fait l'expérience que l'événement redouté n'était pas survenu alors qu'il s'était fait du souci ; il en tire la conclusion que se faire du souci empêche la survenue d'événements dramatiques. Mais, de ce fait, l'anxieux se sent dans l'obligation de poursuivre cette activité de souci, ce qui la rend de moins en moins contrôlable.

Le souci peut aussi être perçu comme un contrôle physiologique de la réponse de tension. Il a été mis en évidence que les inquiétudes se manifestaient essentiellement sous forme d'activités conceptuelles (pensées verbales) plutôt que sous celle d'images mentales (Borkovec, Lyonfields *et al.*, 1993). Ce phénomène est perceptible aussi bien chez les sujets anxieux que chez les sujets non anxieux. Freeston, Dugas et Ladouceur (1996) confirment l'exactitude de l'étude de Borkovec menée sur 300 sujets-témoins non anxieux, en la répliquant sur 509 sujets-témoins non anxieux. Ils obtiennent les mêmes proportions : 70 % de pensées et 30 % d'images en situations d'inquiétude. Il a été montré que des sujets présentant une anxiété généralisée rapportaient plus de pensées et moins d'images que des sujets non anxieux au cours d'une séance de relaxation et ce de manière significative. L'ensemble de ces résultats va dans le sens d'une diminution des images mentales par le biais des inquiétudes qui se traduisent plus par des pensées. Ainsi, l'état de tension activé par les images mentales associées à l'anticipation anxieuse est très rapidement contrôlé par le remplacement de ces images mentales par des pensées verbales, moins concrètes et donc moins vives, qui entraînent une baisse de l'activation physiologique (Borkovec *et al.*, 1991). Ainsi, le souci permettrait d'éviter les images mentales associées à certaines sensations physiologiques désagréables.

Processus du souci excessif

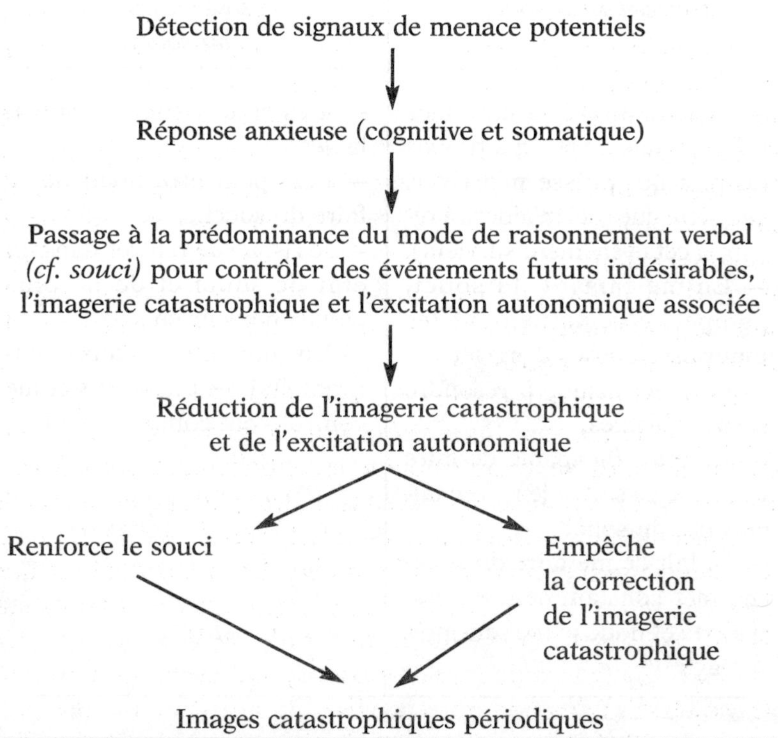

(D'après M.G. CRASKE, Conférence 2001, université Lyon-I)

Wells (1995, 1997) propose un modèle métacognitif du souci dans le trouble anxieux généralisé, dans lequel les personnes qui en souffrent ont à la fois un éventail de croyances positives et de croyances négatives concernant le souci. Les croyances positives sont que le souci permet de gérer des situations. Les croyances négatives sont celles de l'ordre du « souci à propos du souci » : souci à propos du fait que les pensées sont incontrôlables dans leur apparition intrusive et dans leur déroulement interminable. Par ailleurs, la croyance positive que l'on peut, grâce au souci, interférer sur le devenir des événements en espérant ainsi avoir la possibilité de les empêcher d'arriver, est un frein à l'idée d'essayer de contrôler ces pensées dans la mesure où ce contrôle peut alors être associé à un danger potentiel.

Croyances positives concernant le souci	*Croyances négatives : le souci à propos du souci*
— Le souci m'aide à faire face (si je me fais du souci à propos du pire qui puisse m'arriver, peut-être que ceci m'aidera à réagir si cet événement survient). — En me faisant du souci, j'empêche certainement les mauvaises choses d'arriver. — Le souci m'aide à résoudre mes problèmes. — Je serais incapable de faire quoi que ce soit si je ne me faisais pas du souci. — Le fait de me faire du souci me met constamment en état d'alerte et donc je me sens prêt à réagir.	— Mes soucis sont incontrôlables. — Cela peut être nocif de se faire du souci. — Je risque de rentrer dans un état de souci et de ne plus jamais pouvoir en sortir. — Un jour, mes soucis prendront vraiment le dessus et me contrôleront complètement.

Selon ce modèle de Wells, le patient anxieux utilise le souci comme une stratégie de traitement d'une information (une situation, une pensée ou une image désagréable, une situation associée à un danger subjectif, etc.). Le fait de sélectionner le souci comme stratégie pour faire face vient de l'activation de croyances positives tacites à propos de l'intérêt de se faire du souci. Mais, au fur et à mesure que la personne rentre dans un processus de souci, les croyances négatives sont activées. Ces croyances sont essentiellement centrées sur la dimension d'incontrôlabilité du processus de souci et vont alors motiver l'utilisation de stratégies destinées à réduire le danger anticipé. Ainsi, ce qui distingue la dimension pathologique du souci, c'est la forme qu'il revêt et la signification que lui attribuent les personnes qui en souffrent. Ce souci sera sous-tendu par un schéma de danger qui résultera en un accroissement de l'attention sur des indices perçus comme éventuellement menaçants, une tendance à interpréter les informations ambiguës de manière menaçante et une propension aiguë à se souvenir des expériences dangereuses. Tout cela va contribuer à accroître un état de tension dont les manifestations physiologiques seront, à leur tour, source de soucis.

Devant l'ensemble des répercussions physiologiques de l'anxiété et l'énergie dépensée pour lutter contre toutes ces manifestations pénibles, on est amené à se demander s'il existe une vulnérabilité ou une sensibilité anxieuse qui faciliterait le déclenchement de ce processus.

Trouble anxieux généralisé

(MODÈLE COGNITIF DE WELLS ET CARTER)

Déclencheur

↓

Métacroyances positives activées

↓

Souci de type 1
(Le souci est une stratégie d'adaptation)

↓

Métacroyances négatives activées

↓

Souci de type 2 « métasouci »
(Appréciation négative du souci vécu comme dangereux et incontrôlable)

↑↓ ↑↓ ↑↓

Comportement — Contrôle des pensées — Émotion

Chapitre 5

Y A-T-IL UN TERRAIN ANXIEUX ?

Actuellement, les scientifiques pensent qu'il existe une susceptibilité spécifique du système nerveux autonome qui serait déterminée génétiquement. Elle se traduirait chez les anxieux par une activation beaucoup plus rapide et intense de leur réponse physiologique de tension comparativement à des non-anxieux confrontés aux mêmes stimulations. En outre, une fois activée, la réponse physiologique se réduirait plus lentement chez les anxieux que chez les autres.

Par exemple, dans une situation gênante, certains anxieux vont rougir plus facilement et plus rapidement que les autres ; d'autres anxieux, qui auront une mobilité gastrique excessive, vont avoir tendance à vomir dès qu'ils vont être contrariés, même par une situation mineure, etc. Ainsi la suractivation de la réponse physiologique, probablement due à des causes génétiques, met la personne dans un état de vulnérabilité anxieuse, par peur de l'occurrence de cette réponse dans des situations qui pourraient la mettre mal à l'aise.

Comme le font remarquer Brawman-Mintzer *et al.* (1997), en dépit de l'évolution relativement rapide de l'espèce humaine, il est surprenant de voir que les mécanismes de base, inclus dans la capacité à faire face au stress, n'ont pas évolué significativement depuis des milliers d'années. Cet auteur fait remarquer que les réponses que nous devons mettre en place face aux stresseurs de notre vie moderne ressemblent souvent à celles activées lors de situations de danger physique ou de menaces vitales chez la plupart des vertébrés. Ces réponses comprennent une cascade de facteurs adaptatifs : changements dans notre état d'excitation, d'alerte, de vigilance, changements dans notre façon de penser et changements physiologiques. Un certain nombre d'états anxieux pathologiques, dont le trouble anxieux généralisé, seraient dus à des mécanismes de réponse au stress mal adaptés et prolongés.

Les facteurs génétiques

Cette recherche soulève l'éternel thème de la part de nature et de celle de culture dans les dimensions constitutives d'un trouble. Dans quelle mesure la manifestation de ce trouble est-elle déterminée par des facteurs héréditaires et dans quelle mesure l'est-elle par des facteurs environnementaux ? Il n'est jamais facile de répondre à cette question, d'autant plus qu'un examen direct des gènes n'est pas envisageable. Pour étudier les facteurs génétiques, on étudie des familles, des jumeaux ou des enfants issus d'une famille présentant le trouble et éduqués dans des familles adoptives. En ce qui concerne l'étude des familles, s'il y a une plus grande fréquence du trouble parmi les parents du consultant comparés aux parents d'un groupe-contrôle, le trouble pourrait être le résultat d'une transmission familiale. Cependant, les raisons de ce trouble peuvent tout autant être environnementales que génétiques, dans la mesure où les membres d'une même famille partagent non seulement les mêmes gènes, mais vivent dans le même environnement et sont donc exposés aux mêmes stimuli, et sont amenés à imiter et à s'identifier les uns les autres. Aussi recherche-t-on plutôt une preuve négative : si une plus grande fréquence du trouble n'est pas observée parmi les membres de la famille, alors les facteurs génétiques ne pourront pas être retenus.

L'intérêt des études de jumeaux, c'est que les jumeaux monozygotes (MZ) aussi bien que dizygotes (DZ) sont, en général, élevés dans la même famille et donc exposés aux mêmes facteurs environnementaux ; cependant, les jumeaux monozygotes sont génétiquement identiques, contrairement aux jumeaux dizygotes qui ne le sont pas davantage que les frères et sœurs d'une même famille. Aussi, si le même trouble se retrouve plus souvent chez les paires monozygotes que dizygotes, alors des facteurs génétiques semblent pouvoir être retenus dans le développement du trouble. Cependant, même dans ce cas, il est difficile de distinguer ce qui est de l'ordre de l'influence de la génétique, et des apprentissages acquis au sein de la famille. Une des manières d'éviter cette interférence entre environnement et génétique est d'étudier des familles d'enfants adoptés et d'observer la concordance du trouble entre les enfants adoptés et leurs parents biologiques. Mais, là encore, les facteurs liés à l'histoire de vie des personnes devront être pris en compte dans la genèse du trouble.

L'étude de Cloninger *et al.* (1981) montrait une fréquence de 3,1 % de trouble anxieux parmi les parents du premier degré des patients qui venaient consulter pour ce trouble ; or cette même fréquence (3,5 %) était observée parmi les parents de premier degré d'un groupe-contrôle. Davidson *et al.* (1985) ont constaté une fréquence de 3,8 % de trouble anxieux généralisé chez les parents de patients présentant ce trouble, et une fréquence de 3,2 % parmi les autres frères et sœurs. Ceci était très comparable à ce que l'on observait au niveau des parents de premier degré de patients présentant un trouble dépressif ou un état de stress posttraumatique. Aussi pouvait-on conclure de cette étude qu'il n'y avait pas de transmission familiale spécifique de l'anxiété généralisée. Cependant, seulement 7 % des patients souffrant du trouble anxieux généralisé avaient des parents de premier degré qui ne présentaient aucun trouble psychiatrique, alors que 21 % des patients dépressifs et 34 % des patients souffrant d'un stress posttraumatique déclaraient avoir des parents sans trouble psychiatrique. En conséquence, il apparaît qu'une transmission familiale non spécifique du trouble anxieux généralisé existe.

En 1983, Torgersen a entrepris une étude sur douze jumeaux monozygotes dont aucun ne présentait de trouble anxieux généralisé alors que leurs cojumeaux présentaient ce trouble. De même, un seul des jumeaux dizygotes présentait un trouble anxieux généralisé sur les vingt couples de jumeaux étudiés et dont l'un des jumeaux présentait ce trouble. Par ailleurs, 25 % des cojumeaux monozygotes et des cojumeaux dizygotes présentaient un autre trouble psychiatrique qu'un trouble anxieux généralisé. Ce résultat semble en accord avec l'observation de Davidson (1985) et indique bien une transmission familiale non spécifique du trouble anxieux généralisé. Lecrubier et Lépine (1988) évoquent l'idée que cette transmission familiale ne serait pas celle d'un syndrome, mais plutôt d'un *pattern* de réponses comme l'hyperexcitabilité, ou l'hyperréactivité au stress ; selon eux, ce *pattern* pourrait être transmis d'une génération à l'autre, mais s'exprimerait dans des formes pathologiques différentes en fonction des variables environnementales rencontrées.

Une autre étude compare vingt jumeaux monozygotes et vingt-neuf jumeaux dizygotes dont un présente un trouble anxieux généralisé, et montre que le trouble anxieux généralisé est « héritable » chez les cojumeaux de parents qui avaient à la fois un trouble anxieux généralisé et une histoire chronique de trouble dépressif suggérant donc un possible lien entre les deux dimensions (Skre *et al.*, 1993). Plus récemment, la plus grande étude réalisée à ce jour sur les jumeaux, qui inclut 1 033 paires de jumelles, montre que des facteurs génétiques semblent jouer un rôle significatif mais non essentiel dans l'étiologie du trouble anxieux généralisé (Kendler *et al.*, 1992). L'héritabilité du trouble anxieux généralisé est estimée à environ 30 % chez les jumeaux dizygotes et à 9 % chez les jumeaux monozygotes. Par ailleurs, Kendler *et al.* montrent que la présence d'un trouble anxieux généralisé augmente les risques de trouver une dépression chez ce même sujet (coefficient de corrélation : r = 0,63). La dimension héréditaire du trouble anxieux généralisé est estimée à environ 30 % (70 % dans le trouble dépressif majeur). Aussi ces auteurs pensent-ils que la vulnérabilité au trouble anxieux généralisé et à la dépression majeure est influencée par les mêmes facteurs génétiques, alors que les facteurs de risque environnementaux qui prédisposent à la dimension anxieuse généralisée sont relativement distincts de ceux qui accroissent le risque d'un épisode dépressif majeur. Ces auteurs montrent également que 70 % des facteurs génétiques impliqués dans la vulnérabilité au trouble anxieux généralisé sont communs avec ceux impliqués dans la vulnérabilité à la dépression. Ils en concluent que le trouble anxieux généralisé est génétiquement plus proche des troubles thymiques que des autres troubles anxieux. P. Gorwood (2000) propose l'application du concept de « pléiotropisme », appliqué au trouble anxieux généralisé et à la dépression. Le « pléiotropisme » est le phénomène qui explique qu'une même mutation puisse s'exprimer avec deux phénotypes différents, mais sous-tendue par un principe étiologique commun et dépendant des facteurs génétiques. Pour Gorwood, ce modèle s'applique certainement au trouble anxieux généralisé et à la dépression, et explique notamment comment un traitement antidépresseur peut avoir les mêmes effets dans la dépression et dans le trouble anxieux généralisé. Pour lui, ce concept de pléiotropisme reflète un pis-aller qui réunit deux entités phénotypiques non pas différentes, mais que l'on ne sait pas encore réunir.

Mécanismes neurobiologiques du trouble anxieux généralisé

Bien que l'anxiété généralisée soit un trouble relativement important, les anomalies biologiques et biochimiques sous-jacentes sont encore peu connues. Les caractéristiques du trouble anxieux comprennent une dimension d'hypervigilance, une sensation d'excitation, une tension musculaire augmentée, des tremblements, des palpitations... Ces symptômes peuvent sembler indiquer un dysfonctionnement des mécanismes de la réponse de stress. Cependant, peu d'investigations neurobiologiques ont été, à ce jour, réalisées.

NEURO-ANATOMIE...

L'anxiété, tout comme la peur, apparaît liée au fonctionnement d'un système neuronal sélectionné par l'évolution qui détecte les situations de danger et déclenche automatiquement (sans l'intervention de la conscience) des réactions de défense. Au sein de ce système, l'amygdale joue un rôle essentiel. En effet, selon Rogue (2001), elle semble impliquée dans la détection de la signification des stimuli au plan émotionnel et de leur valence affective. Elle intervient également dans la production des réponses émotives. Dans la mesure où les émotions organisent le comportement en l'orientant vers un but, il apparaît nécessaire que le système nerveux central puisse avoir une représentation des émotions en l'absence des stimuli qui les ont déclenchées : c'est dans ce cadre qu'intervient le rôle du cortex préfrontal qui sous-tend cette mémoire de travail affectif.

— L'amygdale. L'amygdale est une structure limbique complexe, qui est le point de contact entre les représentations cognitives et les affects. Elle reçoit des informations de toutes les modalités sensorielles et les renvoie sur de nombreuses structures du système nerveux central. Elle joue un rôle essentiel dans la sensation de peur. Il a été démontré que, chez les animaux, la destruction de l'amygdale modifie profondément le comportement face au danger (les singes n'ont plus peur des serpents, les rats n'ont plus peur des chats, etc.). De même, cette destruction empêche l'acquisition des réponses de peur lors de l'association chez des animaux d'un stimulus neutre à un stimulus conditionnant aversif (les rats sont incapables d'apprendre la signification des stimuli qui avertissent du danger). À l'inverse, la stimulation électrique du noyau central de l'amygdale accélère le pouls et la tension artérielle. Adolphs *et al.* (1995) montrent que la reconnaissance des expressions faciales de peur est altérée chez des sujets qui présentent des lésions bilatérales de l'amygdale, alors que la reconnaissance des autres émotions faciales reste intacte.

P. Rogue se pose donc la question de savoir si l'amygdale est le locus de la mémoire émotionnelle ou bien si elle intervient plutôt comme modulateur favorisant l'établissement des modifications associatives à un autre niveau comme, par exemple, le cortex. Pour lui, ce qui serait en faveur de la première hypothèse est que l'amygdale peut être considérée comme un système sous-cortical de traitement de l'information. Une évaluation pertinente de l'information (danger) est vitale pour l'individu et, de ce fait, elle doit s'effectuer très rapidement. Or un système sous-cortical comme l'amygdale est nettement plus rapide qu'un réseau cortical beaucoup plus complexe : le seuil d'activation (d'alarme) d'un système sous-cortical est plus bas, ce qui le rend avantageux. Cependant, les systèmes sous-corticaux restent sous la vigilance constante du cortex. Pour ce qui est de la seconde hypothèse (le cortex serait le lieu des émotions), les techniques de neuro-imagerie montrent d'une part une activation rapide et constante du lobe temporal en particulier médian qui comprend l'amygdale, mais également une diminution progressive de la réaction provoquée par des stimuli évoquant le danger. Ces observations sont compatibles avec l'hypothèse d'une action facilitatrice vis-à-vis des associations en cours d'acquisition et des modifications plastiques qui les sous-tendent. Une fois acquises, de telles associations seront exprimées au niveau du cortex sous la forme de modifications de certaines forces synaptiques ; dès lors, l'intervention des systèmes modulateurs qui les ont favorisées n'est plus nécessaire et ceux-ci se désengagent, ce qui correspondrait à une diminution progressive de l'activation de l'amygdale. Ainsi, toujours selon Rogue, l'amygdale interviendrait dans l'acquisition de la mémoire émotionnelle et non comme substratum.

Par ailleurs, l'activation de l'amygdale ne serait pas spécifique à la peur, mais concernerait d'autres émotions négatives ; elle aurait ainsi un rôle clé dans la reconnaissance et la production de l'ensemble des affects négatifs et dans l'apprentissage associatif aversif en général. Ce modèle s'appliquerait donc à l'anxiété.

Rogue pose alors une autre question : l'hétérogénéité anatomique de l'amygdale soulève la possibilité d'une hétérogénéité fonctionnelle : différentes zones de l'amygdale sont-elles impliquées dans la peur et dans l'anxiété ? Différentes études ont amené l'idée que les noyaux de la strie terminale de l'amygdale sont rattachés à un système activé par des signaux plus proches de l'anxiété que de la peur, alors que le noyau central est clairement impliqué dans la relation de peur et moins dans l'anxiété.

— Le cortex préfrontal. Le cortex préfrontal présente de nombreuses connexions directes avec les structures limbiques impliquées par l'expression de la peur et de l'anxiété. Le rôle du cortex serait essentiel dans la représentation des affects en l'absence des stimuli correspondants. Le cortex préfrontal se subdivise en une région ventromédiane, dorsolatérale et orbitofrontale. C'est le cortex préfrontal ventromédian qui semble plus spécifiquement impliqué dans la représentation des affects négatifs et positifs : les malades qui présentent des lésions bilatérales à ce niveau sont incapables d'anticiper les conséquences positives ou négatives de leurs actions (Davidson, 1999). Le cortex préfrontal dorsolatéral interviendrait, lui, dans la représentation des objectifs vers lesquels sont dirigés les états émotionnels. Par ailleurs, il existe une asymétrie fonctionnelle entre les parties droite et gauche du cortex préfrontal : une activation métabolique prédominante à droite serait associée aux affects négatifs, alors qu'une activation métabolique prédominante à gauche serait provoquée par des affects positifs (Sutton *et al.*, 1991).

Par ailleurs, Rogue cite les travaux de Hughdahl *et al.* (1995) qui montrent que lors du conditionnement aversif classique chez le sujet sain, on observe une activation qui s'étend de l'amygdale jusqu'au niveau du cortex préfrontal droit ; or cette activation est surtout prononcée lors de la phase d'extinction (c'est-à-dire la perte de la capacité du stimulus conditionnel aversif à provoquer une réaction de peur après des présentations répétées de celui-ci) comparée à la phase d'apprentissage. En outre, les lésions du cortex préfrontal médian ralentissent l'extinction. Ceci suggérerait que le cortex préfrontal participe au processus d'extinction ce qui pourrait avoir des implications en pathologie comme, par exemple, dans le cas des phobies. Par ailleurs, d'autres travaux, effectués chez des patients qui présentent un trouble lié à l'anxiété, montrent que l'on observe l'activation d'un même groupe de structures lorsque l'on met ces individus face au stimulus aversif (cortex préfrontal inférieur et orbitomédian à droite notamment) dans différentes pathologies (trouble obsessionnel-compulsif, stress posttraumatique, phobie sociale...) (Rausch *et al.*, 1997).

— Le cortex cingulaire antérieur. Dès 1953, MacLean situait le siège des émotions dans le cortex cingulaire, une aire limbique du néocortex. Plus récemment, des études ont confirmé l'activation de cette zone lors d'états émotionnels à valence négative comme la peur ou l'anxiété. Depuis 1980, les techniques de neuro-imagerie ont montré que ce cortex cingulaire antérieur est également activé lors d'épreuves cognitives. Le cortex cingulaire antérieur pourrait participer à un système de détection et de correction des erreurs, il pourrait également jouer un rôle important dans les processus attentionnels, notamment dans ceux qui accompagnent les états d'éveil affectif. Le cortex cingulaire antérieur aurait deux fonctions selon les régions impliquées : celles du cortex cingulaire antérieur seraient impliquées dans le traitement de l'information cognitive et d'autres interviendraient dans le traitement des informations à valeur émotionnelle (Bush *et al.*, 2000).

Le modèle de LeDoux (1996) concernant l'anxiété a été développé à partir d'une recherche effectuée au niveau des voies neuronales impliquées dans le conditionnement de la peur. Selon LeDoux, l'appréciation première de la menace serait automatiquement filtrée par l'amygdale et les voies thalamiques qui permettraient une analyse rapide des traits des stimuli. D'autres structures impliquant l'hypocampe et les voies corticales contribueraient au processus d'appréciation en fournissant une information sur le contexte situationnel aussi bien que sur des éléments de détail des stimuli tels que ceux nécessaires pour des discriminations complexes de stimuli. L'amygdale joue un rôle central puisqu'elle reçoit directement non seulement les informations au niveau thalamique qui permettent des réponses rapides sur la base d'informations limitées, mais aussi des informations plus détaillées concernant les stimuli à travers les voies neuronales. En intégrant ces différentes sources d'informations, l'amygdale joue alors un rôle essentiel dans l'appréciation du danger. Une fois que l'amygdale a été activée par un stimulus de menace, LeDoux suggère qu'elle pourrait exercer en retour une influence sur un éventail de processus cognitifs incluant la perception, l'attention sélective et la mémoire explicite, par exemple, à travers des projections vers les aires de traitement sensoriel, le noyau de la base et l'hypocampe.

Les progrès récents des techniques de neuro-imagerie comme la tomographie par émission de positons (PET) permettent une évaluation détaillée des changements du flux sanguin cérébral et de l'activité métabolique dans des régions anatomiques spécifiques du cerveau. Le principe général de la tomographie par émission de positons repose sur le fait que les processus électriques et chimiques de transmission de l'information de neurone à neurone au niveau des synapses consommcnt dc l'énergie. Pour mieux repérer l'activité cérébrale, un certain nombre d'études utilisant la tomographie par émission à positons se servent du F-déoxyglucose (FDG) pour mesurer le métabolisme régional du glucose comme marqueur de cette activité cérébrale. Ainsi, dans les régions cérébrales qui ont une activité plus importante, on doit constater une plus grande consommation de glucose et une augmentation du débit sanguin cérébral. Ceci sera alors révélateur des zones activées.

Une étude comparait dix-huit patients souffrant de trouble anxieux généralisé à un groupe-contrôle en mesurant le métabolisme du glucose cérébral à partir de la tomographie par émission de positons à différents moments : lors d'une première période, il leur était demandé de regarder défiler des images neutres ; lors d'une deuxième période, on leur demandait d'effectuer une tâche cognitive qui requérait un certain niveau de vigilance et stimulait l'anxiété ; enfin, les patients étaient revus trois semaines plus tard, après un traitement par benzodiazépines ou par placebo (Wu *et al.*, 1991). Les auteurs ont trouvé une différence significative dans le *pattern* du métabolisme cérébral absolu lorsque l'on comparait les sujets anxieux aux sujets-contrôles. Les patients avaient des taux métaboliques absolus nettement inférieurs comparés aux contrôles, au niveau du ganglion de la base et de la matière blanche. Lors de la tâche qui suscitait une vigilance importante, les auteurs ont remarqué une activation du métabolisme relatif du ganglion de la base chez les patients. Le traitement par benzodiazépines a entraîné une réduction des taux métaboliques absolus au niveau de la surface corticale, du système limbique et du ganglion de la base. Ainsi, le ganglion de la base semble être une région particulièrement sensible à la dimension anxieuse.

Tout comme chez les patients présentant des obsessions-compulsions (Cottraux, 1998), il semble y avoir des circuits cérébraux hyperactifs chez les patients présentant un trouble anxieux généralisé, alors que dans la dépression, ces circuits sont sous-activés.

Toutes ces recherches montrent l'activité de multiples circuits spécifiques du système nerveux central dans l'expression des émotions. Cependant, comme le fait remarquer Rogue, l'amygdale, située entre les entrées sensorielles et la mémoire d'une part et les effecteurs des réactions de peur d'autre part, représente certainement une cible privilégiée pour le développement de nouveaux traitements.

... ET NEUROBIOLOGIE

La recherche sur la biologie du trouble anxieux généralisé a généralement été fondée sur les paradigmes et les mesures utilisés dans la recherche sur le stress. Ces études se sont centrées sur l'évaluation des catécholamines, de la réactivité autonomique, des mesures neuro-endocriniennes et d'autres systèmes neurotransmetteurs incluant la sérotonine, l'acide gamma-aminobutyrique (gaba). L'ensemble des données actuelles suggère des anormalités possibles dans les mécanismes régulateurs de plusieurs composants biologiques importants chez les patients souffrant d'anxiété généralisée. En effet, dans les conditions de repos, les patients souffrant d'anxiété généralisée n'apparaissent pas significativement différents des sujets-contrôles dans l'ensemble des études sur la plupart des mesures étudiées ; en revanche, leurs réponses à des stimuli stresseurs apparaissent significativement différentes de celles des sujets-contrôles. Cette différence se traduit par des altérations du nombre de récepteurs des benzodiazépines, par une anormalité dans le fonctionnement de la sérotonine et dans la régulation du cortisol, et par une suractivité du système sympathique. Les recherches en cours permettront de mieux élucider les mécanismes neurochimiques qui sous-tendent l'anxiété (Nutt, 2001).

La base neuropsychologique

Les neurosciences et la psychologie physiologique peuvent nous fournir un cadre cohérent dans lequel il peut paraître possible d'analyser simultanément la psychologie et la neurologie de l'anxiété, aussi bien chez les animaux que chez les humains.

On a tenté d'analyser l'anxiété et les troubles anxieux dans la perspective des neurosciences en cherchant à comprendre comment le cerveau contrôle le comportement (Gray, 1982). Pour analyser les comportements émotionnels chez les animaux afin de comprendre les mécanismes du cerveau mis en jeu, Gray fait des recherches pour connaître, chez l'animal, les effets neurochimiques des médicaments utilisés pour réduire l'anxiété chez l'homme. Plusieurs centaines d'études, dans le cadre de l'expérimentation animale, montrent que les anxiolytiques atténuent les effets comportementaux de trois classes de stimuli :

— les stimuli associés à la douleur ou à la punition, mais pas la peur en elle-même ;

— les stimuli associés à la non-récompense ou tout du moins à l'omission de la récompense attendue (frustration, déception, échec), mais pas la non-récompense en elle-même ;

— les situations nouvelles.

Ces trois classes de stimuli donnent naissance à trois types de comportements :

— l'inhibition de l'action en cours ;

— l'augmentation de l'état de tension, si bien que l'action qui suit s'effectue avec plus de rapidité et de vigueur ;

— l'augmentation de l'état de vigilance pour tout ce qui se passe dans l'environnement et spécifiquement pour les aspects nouveaux de cet environnement.

Les anxiolytiques atténuent ces trois types de comportements. Chacun des stimuli qui font naître ces comportements agit via un système commun, le système d'inhibition comportementale, pour produire consécutivement les trois comportements précités. Les médicaments anxiolytiques auraient une fonction antagoniste de l'activité du système d'inhibition comportementale, en réduisant les réactions aux menaces de douleur ou d'échec et les réactions à la nouveauté. Gray constate par ailleurs que des effets identiques à ceux obtenus après l'administration de médicaments anxiolytiques peuvent intervenir chez l'animal après des lésions cérébrales du système hippocampo-septal. Aussi, Gray en conclut-il que les effets antianxieux de ces médicaments sont liés à une interférence dans le fonctionnement du système hippocampo-septal. L'hippocampe agit comme un comparateur, c'est-à-dire comme un mécanisme qui compare les stimuli actuels à des stimuli attendus. Le système fonctionne de deux manières : si les stimuli actuels correspondent à ceux attendus, le système fonctionne sur un mode de vérifications ; si, en revanche, il y a une discordance entre les stimuli actuels et ceux attendus, ou si les stimuli attendus sont aversifs (punition ou non-récompense), alors il fonctionne en mode contrôle. Dans ce mode contrôle, le système d'inhibition comportementale est activé ; dans un premier temps, il y a inhibition immédiate de tout programme moteur qui est en cours d'exécution ; dans un deuxième temps, le programme moteur, qui était en cours d'exécution au moment où la discordance a été détectée, est alors identifié comme un programme à vérifier et ceci a deux conséquences : tout d'abord, lorsque ce programme sera utilisé à de futures occasions, il sera exécuté avec beaucoup plus de précaution, plus lentement, souvent interrompu par des hésitations pour un souci exploratoire, plus rapidement abandonné en faveur d'autres programmes... Par ailleurs, ce programme moteur, identifié comme étant à vérifier, facilitera l'apparition de programmes alternatifs qui pourront atteindre les objectifs de l'organisme sans une telle discordance entre les stimuli attendus et les stimuli réels. Appliqué à la clinique humaine, ce modèle signifierait que le système d'inhibition comportementale est plus souvent activé chez les personnes qui auraient une anxiété élevée. Ce dérèglement du système comparateur soit entraîne des vérifications sans fin (troubles obsessionnels-compulsifs), soit inhibe l'action en cours (phobies), soit provoque une crise d'angoisse du fait d'une sensibilité élevée du système d'inhibition comportementale à un grand nombre de stimuli déclencheurs.

Plus récemment, on a montré que les différents troubles anxieux sont associés à différents *patterns* de réponses physiologiques (Lyonfields *et al.*, 1995). D'une manière générale, l'anxiété a été conçue comme une réponse incluant une réaction de fuite ou de combat face à une menace, réaction qui se répercute sur l'activation générale du système nerveux autonome. Dans le cadre de l'anxiété généralisée, dont le souci est le trait principal, on a remarqué une activité autonomique relativement réduite par rapport à celle activée dans d'autres troubles anxieux. Le peu de variations dans la réponse autonome peut être dû à un dysfonctionnement du système sympathique, du système parasympathique ou des deux. Dans l'anxiété généralisée, l'activation des réponses combat ou fuite associée à l'activité sympathique n'a pas de rôle véritablement efficace ; en effet, les peurs étant essentiellement liées à des événements futurs, il n'y a aucune raison pour le moment ni de combattre, ni de fuir. Aussi, les conséquences d'une telle situation seront essentiellement l'inhibition du comportement moteur, un accroissement de la tension musculaire, une tentative pour essayer de régler mentalement le problème et de trouver des moyens pour échapper à cette menace — le souci pouvant être un des moyens — et une certaine rigidité du système nerveux autonome. Si l'on compare des sujets présentant un trouble anxieux généralisé à des sujets-témoins, on remarque qu'ils ont une tension musculaire plus élevée au repos, mais aucune autre mesure ne distingue les deux groupes ; en situation expérimentale de stress, les patients présentant un trouble anxieux généralisé ont une réponse de tension musculaire bien plus importante, mais une réponse de conductance cutanée plus faible ainsi qu'une moins grande variabilité au niveau de la conductance cutanée et du rythme cardiaque (Hoehn-Saric *et al.*, 1988). Les patients souffrant de trouble anxieux généralisé seraient donc caractérisés par une inhibition de certaines fonctions du système nerveux sympathique et une réduction de la flexibilité du système nerveux autonome. Les sujets-témoins montrent des réponses du système nerveux autonome plus importantes en fonction des stimuli de stress, mais reviennent à des niveaux plus bas plus rapidement, ce qui signifie qu'ils s'habituent plus rapidement que ne le font les patients anxieux montrant une plus grande flexibilité de la réponse autonome.

Borkovec (1991) fait remarquer que les personnes anxieuses contrôlent en fait les processus physiologico-affectifs par le biais du souci. Il note qu'au repos, les sujets-contrôles ont une prédominance d'imagerie avec peu de pensées (56 % *vs* 15 %) tandis que les sujets anxieux rapportent avoir autant d'images que de pensées (36 % *vs* 33 %). Pendant une tâche expérimentale où l'on demande aussi bien au groupe-témoin qu'au groupe-contrôle de se faire du souci à propos de préoccupations qui les concernent, les sujets-contrôles montrent une prédominance des images sur les pensées (44 % *vs* 26 %) tandis que les sujets ayant un trouble anxieux généralisé rapportent une augmentation des pensées (38 %) et une réduction des images (20 %). Le souci est donc en premier lieu une activité conceptuelle, verbale, linguistique. Ainsi, par le fait même que l'activité « souci » réduit l'imagerie, elle réduit par conséquent l'activation physiologique périphérique. Les patients anxieux redoutent beaucoup les affects négatifs et les réponses somatiques associées ; en réponse à une menace perçue, ils portent leur attention sur une activité conceptuelle qui gêne la production d'images ou d'autres voies d'accès aux structures mnésiques qui pourraient activer les systèmes affectifs et la réponse du système nerveux autonome. Borkovec fait l'hypothèse d'une réduction des processus physiologico-affectifs comme conséquence directe de l'activité conceptuelle liée au souci. Le patient anxieux se fait du souci afin d'éviter l'imagerie et la répercussion qu'elle suscite sur le plan de la réponse du système nerveux autonome. Ainsi, il évite les affects négatifs et les dimensions somatiques associées. En conséquence de quoi il y a une augmentation de l'activité corticale et une décroissance de l'activité somatique. Ainsi, le souci est devenu fréquent, peu contrôlable et intense chez les personnes souffrant d'anxiété généralisée car il est immédiatement renforcé par la suppression de l'anxiété somatique ; aussi fonctionnera-t-il de manière automatique dès que la manifestation de cette anxiété somatique sera perçue. Le souci maintient en quelque sorte le trouble anxieux dans la mesure où il protège la personne anxieuse de réponses physiologiques pénibles.

Physiologie de l'anxiété

L'anxiété est avant tout une réponse au danger ou à la menace. Aussi son projet essentiel est-il de protéger l'individu. Que l'angoisse se manifeste en dehors d'une source objective de danger ou que la peur soit liée à un danger réel, les manifestations sont identiques, que ce soit dans leurs composantes cognitives (la notion de danger), leurs composantes physiologiques (transpiration, palpitation ou autres symptômes végétatifs) et leurs composantes comportementales (évitement, contrôle).

La peur s'inscrit dans la philogenèse générale et correspond à un mécanisme de survie. Les expressions de la peur sont assez comparables chez l'animal et chez l'homme, et semblent être restées stables au cours du processus de l'évolution. Chez la plupart des espèces, c'est la crainte du prédateur qui entraîne des attitudes comportementales adaptatives comme la fuite, le figement ou le combat. La fuite, si elle se déclenche assez tôt, permettra d'échapper au prédateur ; le figement, la sidération permet au contraire de « faire le mort » et d'espérer ainsi être ignoré du prédateur. Il existerait un appareil inné de reconnaissance et d'alerte dont la mise en route serait déclenchée spécifiquement par l'adéquation entre les caractéristiques du prédateur et les récepteurs de la proie (Bisserbe *et al.*, 1994). Le récepteur de la proie serait en fait prééquipé pour identifier les caractéristiques du prédateur, tout comme certains appareils électroniques reconnaissent un code magnétique précis et pas un autre. Un environnement stable permettrait à l'espèce d'automatiser la réponse la plus adaptée. Lorsque l'environnement change, les possibilités de modifications des capacités de repérage et du répertoire comportemental seront déterminantes pour l'avenir de l'espèce. Pour Bisserbe *et al.*, toute espèce évoluée sera capable de s'adapter et de sélectionner au cours de son évolution de nouveaux déclencheurs potentiellement dangereux pour elle. Le problème posé par ces auteurs est celui du temps qu'il faut à l'espèce pour faire ce nouvel apprentissage ; en effet, seules les espèces qui ont appris relativement vite, donc qui étaient équipées pour tirer le meilleur parti de leurs expériences, ont pu survivre. Pour faciliter et accélérer l'apprentissage, Bisserbe *et al.* précisent qu'il existe, à côté de déclencheurs externes, les déclencheurs internes qui représentent alors un gain appréciable de temps et d'efficacité dans la mise en place des réactions adaptatives de peur. Au fil des expériences, un lien s'établit entre la survenue du prédateur et les modifications comportementales qui l'accompagnent : un signal interne se déclenche. À un moment donné, le signal d'alarme interne peut être suffisant pour précipiter à son tour l'alerte et la réaction de peur. Cette séquence est probablement nécessaire pour expliquer le passage à l'anxiété chez l'homme : dans ce dernier cas, les déclencheurs ne peuvent être qu'internes puisque l'anxiété survient en dehors de toute situation objective de danger. Bisserbe *et al.* se posent également la question de savoir pourquoi alors c'est la réaction de peur qui s'installe puisque son caractère d'adaptation (préparation à la fuite ou à l'attaque) n'a plus aucune actualité — réflexion reprise par Lyonfields *et al.* (1995) qui, effectivement, notent qu'en cas de menace relative à des événements futurs non existants, il n'y a aucune possibilité ni de fuir, ni de combattre ; ce qui explique plutôt l'inhibition du comportement moteur, analogue à la réponse de figement chez l'animal, une augmentation de la tension musculaire et une tentative plutôt mentale de chercher à se débarrasser de cette menace par le biais du souci qui va, comme nous l'avons vu précédemment, contrôler l'activité autonomique et l'empêcher d'avoir une trop grande fluctuation et prévenir ainsi les répercussions somatiques de cette fluctuation du système nerveux autonome.

RÉPERCUSSIONS PHYSIQUES DE L'ANXIÉTÉ

Lorsqu'un message de danger est perçu ou anticipé, le cerveau envoie des signaux au système nerveux autonome. Ce système nerveux autonome est constitué de deux soussections, le système nerveux sympathique et le système nerveux parasympathique, toutes deux impliquées dans le contrôle de la préparation à l'action et des besoins en énergie pour cette préparation à l'action. Le système nerveux sympathique est le système de fuite ou combat qui met en place un programme afin de préparer le corps à une action, tandis que le système nerveux parasympathique est celui qui a pour tâche de ramener le corps à son fonctionnement normal. Le système nerveux sympathique est un système en « tout ou rien », c'est-à-dire que lorsqu'il est activé, tous ses éléments seront mobilisés. Ce système déclenche deux éléments chimiques, l'adrénaline et la noradrénaline, qui proviennent des glandes adrénales situées au niveau des reins. Ces substances chimiques sont à leur tour utilisées comme messager par le système nerveux sympathique pour continuer son activité afin qu'une fois que l'activité du système nerveux sympathique est déclenchée, celle-ci puisse se poursuivre et s'accroître au fur et à mesure. Cependant, l'activité du système nerveux sympathique peut être arrêtée de deux manières : les messagers chimiques adrénaline et noradrénaline peuvent éventuellement être détruits par d'autres éléments chimiques du corps ; par ailleurs, le système nerveux parasympathique, dont les effets sont opposés à ceux du système nerveux sympathique, peut être activé et entraîner un effet de détente. Ainsi, lorsqu'il y aura perception d'une réponse de fuite ou de combat suffisante, le système nerveux parasympathique s'activera pour restaurer un effet relaxant. Ce système nerveux parasympathique aura donc un effet protecteur qui empêchera le système nerveux sympathique de prolonger son action de manière indue. Par ailleurs, il faut un certain temps pour que l'adrénaline et la noradrénaline soient détruites, ce qui explique que, même si le danger est passé et que le système nerveux sympathique a terminé son travail, on puisse avoir le sentiment de rester très vigilant ou avoir des appréhensions pendant quelque temps encore, dans la mesure où ces substances chimiques sont toujours présentes dans le système. L'idée que le danger peut revenir et qu'il reste utile pour l'organisme d'être préparé à s'activer pour une réponse de combat ou de fuite persiste donc dans le cerveau.

EFFETS CARDIO-VASCULAIRES

L'activité du système nerveux sympathique entraîne une accélération du rythme cardiaque et une augmentation de la puissance des battements cardiaques, nécessaires pour se préparer à l'activité dans la mesure où elles aident à augmenter la vitesse du flux sanguin et à améliorer ainsi la délivrance d'oxygène dans les tissus et le rejet des déchets de ces derniers. En ce qui concerne le flux sanguin, le sang se retire des endroits où l'on en a moins besoin (par une constriction des vaisseaux sanguins) pour être redirigé vers les endroits qui en nécessitent davantage (par une dilatation des vaisseaux sanguins). Ainsi, le sang est évacué de la peau, des doigts et des orteils pour faire en sorte que, d'une part, si l'organisme est attaqué et coupé, il y ait moins de risque d'hémorragie, et d'autre part, est redistribué au niveau des muscles des cuisses ou des biceps pour aider le corps à se préparer à l'action. Ceci explique qu'en situation anxiogène, la peau puisse apparaître pâle, que les doigts et les orteils soient froids et que l'on perçoive des sensations de picotement et d'engourdissement.

EFFETS RESPIRATOIRES

La réponse de fuite et combat est associée à un accroissement dans la vitesse et la profondeur de la respiration. Ceci est d'une grande importance pour la défense de l'organisme dans la mesure où les tissus ont besoin de davantage d'oxygène afin de se préparer pour l'action. Cependant, l'accélération de la respiration peut entraîner une sensation d'étouffement, des difficultés à respirer et des douleurs au niveau de la poitrine. Autre effet secondaire, notamment s'il n'y a pas d'activité en cours, l'approvisionnement en sang au niveau de la tête peut être réduit ; cette réduction, aussi légère soit-elle, peut engendrer une série de symptômes déplaisants : sensation de vertiges, vision brouillée, confusion, irréalité...

EFFETS SUR LES GLANDES SUDORIPARES

L'activation de la réponse fuite/combat produit un accroissement de la transpiration, dont la fonction adaptative est de rendre la peau plus glissante afin d'offrir moins de prise au prédateur et de refroidir le corps afin d'éviter une surtempérature.

AUTRES EFFETS PHYSIQUES

D'autres effets sont engendrés par l'activation du système nerveux sympathique mais ne présentent aucune nocivité. Les pupilles, par exemple, s'élargissent pour pouvoir accumuler plus d'informations ; cette dilatation peut entraîner souvent un brouillage de la vision ou des « taches » devant les yeux. Par ailleurs, il peut y avoir une réduction de la salivation (sensation de bouche sèche). Le ralentissement de l'activité du système digestif entraîne des nausées ou une sensation de lourdeur au niveau de l'estomac ou même une constipation. Enfin, la tension musculaire induite par la réponse de fuite ou de combat peut entraîner des douleurs ou des tremblements dans tout le corps. Cette réponse de fuite ou de combat va, par ailleurs, activer l'ensemble du métabolisme et la crise d'angoisse est souvent suivie d'une sensation de fatigue ou d'épuisement. Aussi n'est-il pas surprenant que lors de l'activation de la réponse, la personne ait soit envie d'agresser, soit de fuir la situation. Lorsque ceci n'est pas possible en raison des contraintes environnementales et sociales, ces conduites vont se traduire par des tapements de pieds, le besoin de faire les cent pas, un ton ironique, etc.

Par ailleurs, dans la mesure où la réponse de fuite ou de combat est en lien avec l'existence d'un danger réel ou potentiel, la personne qui perçoit les effets de cette réponse focalise son attention sur des menaces potentielles et son attention se détourne des tâches qu'elle était en train de réaliser afin de « scanner » son environnement pour repérer la provenance du danger.

Les émotions ne sont pas limitées à la sphère psychique. Elles ont des répercussions sur le corps et entraînent des modifications du système nerveux autonome et du système neuro-endocrinien. Comme l'écrivait Dantzer, en 1989, « celui qui prétend expliquer comment un individu se comporte en s'attachant uniquement à décrire son psychisme est tout autant dans l'erreur que celui qui prétend qu'il suffit de mesurer son rythme cardiaque ou le taux de ses hormones ».

Chapitre 6

PSYCHOLOGIE DE L'ANXIÉTÉ

Depuis une centaine d'années, différentes théories se partagent le terrain de l'anxiété. Malgré la diversité des approches, un certain nombre de points sont communs à l'ensemble des propositions. Parmi eux, le fait que l'anxiété se compose d'éléments cognitifs et affectifs que l'individu va essayer d'éviter, une fois atteint un certain seuil ; ou encore le fait qu'il existe des différences individuelles dans les prédispositions biologiques à l'anxiété, mais aussi dans la tolérance psychologique à l'anxiété. Les individus qui ont acquis une certaine confiance en eux et qui se savent capables de maîtriser des situations difficiles et stressantes seront moins vulnérables à l'anxiété et s'adapteront plus facilement, et pour tous les théoriciens, cette confiance en soi dépend de la nature des interactions précoces. Si ces points sont communs à l'ensemble des théories que nous allons présenter maintenant, essayons de voir en quoi elles se différencient.

Freud et les théories psychodynamiques

Freud a conceptualisé l'anxiété de différentes manières. Dans sa première élaboration, en 1895, il en fait le résultat de la transformation de l'affect d'une pulsion réprimée. La frustration, la privation sexuelle prolongée ou la pratique répétée du *coitus interruptus*, susciteraient de l'anxiété en raison de l'excitation excessive produite. Ainsi, pour Freud, certaines maladies comme la neurasthénie ou la névrose d'angoisse n'incluent pas de mécanisme psychique, mais sont essentiellement dues à des effets physiques liés à l'accumulation d'excitation sexuelle. Dans la mesure où Freud envisage l'affect comme la décharge d'une quantité d'excitation, l'incapacité à décharger l'affect, qu'il soit associé à un trauma, une répression ou des pratiques sexuelles insatisfaisantes, entraîne un accroissement d'excitations dans le système nerveux. Par la suite, tout ajout dans la somme d'excitations prédispose à de l'anxiété ou à des symptômes de type hystérique, obsessionnel ou phobique selon la nature des défenses employées par le sujet. Selon cette théorie, donc, l'angoisse résulte du refoulement de la libido lorsque celle-ci ne trouve pas l'objet de sa satisfaction. Concernant l'enfant, Freud note que l'angoisse semble liée originellement à un sentiment d'abandon ou d'absence. Dans *Trois Essais sur la théorie de la sexualité*, il écrit : « La conduite des enfants, dès l'âge le plus tendre, indique bien que leur attachement aux personnes qui les soignent est de la nature de l'amour sexuel. L'angoisse chez les enfants n'est à l'origine pas autre chose qu'un sentiment d'absence de la personne aimée. C'est aussi pourquoi, ils s'approchent de tout étranger avec peur ; ils sont angoissés dans l'obscurité car on ne voit pas la personne aimée et cette angoisse ne s'apaise que lorsqu'ils peuvent tenir sa main. Ce sont les enfants, dont la pulsion sexuelle est précoce ou devenue excessive et exigeante, qui montrent une prédisposition aux angoisses. L'enfant se comporte dans ce cas comme l'adulte : sa libido se change en angoisse dès le moment où elle ne peut atteindre une satisfaction. »

En 1933, Freud élabore une autre théorie qui se distingue de la précédente. Là où l'anxiété était vue comme la conséquence de la répression, celle-ci bloquant la décharge de l'affect et, de ce fait, accroissant la somme d'excitations, la répression devient la conséquence de l'anxiété. Lorsqu'il élabore cette seconde théorie, Freud a développé le modèle structural du ça (pulsions, désirs refoulés et fantasmes), du surmoi (émanant des interdictions parentales, sociales et culturelles) et du moi (qui détient l'organisation coordonnée des processus mentaux). Dans ce dispositif, le moi peut laisser filtrer une certaine quantité d'angoisse en laissant surgir des représentations en rapport avec un conflit inconscient, et c'est cette quantité d'anxiété qui agit comme un signal pour prévenir l'organisme d'une menace.

L'« anxiété-signal » est généralement activée par un souhait instinctuel ou une impulsion qui, dans le passé, a été associée à une désapprobation ou une punition. C'est l'anticipation des conséquences suivant l'expression de ce souhait, que cette expression se traduise par une pensée ou une action, qui constitue la situation-danger. Une réponse de défense contre ce danger est alors automatiquement instituée pour réduire le danger ou la menace. La fonction centrale de la répression est d'empêcher l'idée produisant l'anxiété ou l'affect de surgir de la conscience. La relation entre souhait instinctuel, anxiété-signal et mise en place des défenses peut être vue comme un mécanisme de *feed-back* négatif. Une pensée ou un sentiment associé à un souhait instinctuel entraîne une légère quantité d'anxiété (anxiété-signal) qui à son tour mobilise des défenses, qui, à leur tour, empêchent que la pensée ou le sentiment atteigne la conscience et donc empêche le passage à l'action, ce qui réduit l'anxiété.

Pour Freud, les dangers sont différents selon les stades de développement. La naissance est le prototype de toute anxiété compte tenu même du flux d'excitation qu'elle suscite. Puis vient le problème de la perte de l'objet, c'est-à-dire de la perte de la personne qui s'occupe de l'enfant et, à un stade plus mature du développement, la perte de l'amour de l'objet. Pour le garçon, l'anxiété de castration devient ensuite la source majeure de l'anxiété pendant la phase œdipienne, avant que la culpabilité, avec la formation du surmoi, ne prenne le relais. En 1946, Anna Freud ajoutera à cette liste l'anxiété en réponse à la force et à l'intensité des pulsions et l'anxiété en réponse aux conflits entre des buts mutuellement incompatibles.

Selon Freud, le danger de base, sous-jacent à toutes ces formes d'anxiété, est une situation d'impuissance, qu'il nomme situation traumatique, où quelqu'un est à la merci d'une excitation excessive et incessante exercée par des pulsions instinctuelles. Dans la deuxième théorie que l'on nomme en général deuxième topique, la fonction adaptative de l'anxiété-signal est de mobiliser des défenses et d'empêcher une situation-danger de devenir une situation traumatique. Lorsque l'anxiété-signal et les défenses se mettent en place de manière adaptée, le degré d'anxiété expérimenté est alors limité, contenu. Cependant, si les défenses échouent, l'anxiété se manifeste dans des proportions symptomatiques et place l'individu dans un état de détresse : c'est ce que l'on appelle l'anxiété flottante. À la suite d'une attaque anxieuse ou d'une période d'anxiété flottante, d'autres symptômes comme des phobies ou des compulsions peuvent apparaître et constituer une forme symptomatique chronique de névrose. Cette forme spécifique de symptômes peut être considérée comme une seconde ligne de défense pour tenter de lier l'anxiété diffuse à des situations et des contextes spécifiques. Par exemple, en ce qui concerne les phobies, l'anxiété peut être contenue tant que la situation phobique est évitée. En fait, le symptôme phobique sert d'alerte et mobilise les fonctions qui sont normalement mobilisées par l'anxiété-signal. Ainsi, une situation externe et un évitement physique se substituent à une situation interne (une pensée ou une impulsion) et à une défense psychologique. Lorsque le symptôme phobique échoue à protéger l'individu à se confronter à la situation phobique, l'anxiété se déclenche et la situation de danger se transforme en situation traumatique, l'individu expérimentant un sentiment d'impuissance face à une anxiété intense.

L'importance du conflit interne, ou intrapsychique, est implicite dans la deuxième topique de Freud sur l'anxiété. Ce qui, à l'origine, pouvait être un conflit entre un souhait instinctuel et des interdictions et punitions externes devient un conflit interne à travers le processus d'internalisation. Le moi a pour rôle de représenter les contraintes de la réalité physique et sociale et d'évaluer les dangers résultant de l'ignorance de ces contraintes tandis que le surmoi a pour rôle de représenter les interdictions et les contraintes morales. Le conflit intrapsychique est le conflit entre ces différentes structures psychiques que sont les pulsions, le moi et le surmoi.

Un souhait instinctuel entre en conflit avec le moi ou le surmoi et devient le déclencheur de l'anxiété.

Une question reste posée néanmoins : pourquoi certains font-ils l'expérience de l'anxiété plus rapidement et plus intensément que d'autres ? Les expériences précoces qui, du point de vue de la théorie psychanalytique traditionnelle, semblent particulièrement importantes incluent la punition parentale et, notamment, la punition associée à l'expression de souhaits instinctuels. Cette attitude parentale intensifierait l'antagonisme primaire entre l'instinct et le moi, l'enfant expérimentant les souhaits instinctuels comme des dangers (le danger de perdre l'amour de l'objet, le danger de la castration, etc.). À travers différents procédés d'internalisation, ces dangers objectifs externes se changeraient en dangers internes. Il en résulterait une augmentation du conflit interne entre l'expression naturelle de souhaits instinctuels et de désirs et les réactions du moi et du surmoi. En retour, la répression des pulsions en serait accrue et celle-ci, à son tour, contribuerait à l'accumulation d'excitations non soulagées, d'où une augmentation de l'état de tension interne, ce qui entraînerait une plus grande facilité d'activation de la dimension anxieuse.

Suivant une telle perspective, le degré de la force du moi semble intimement lié à l'anxiété. Dans toute situation où un individu a le sentiment inconscient de ne pas pouvoir faire face et se sent menacé dans un aspect essentiel de sa personnalité par les conséquences de cet échec, l'anxiété surgit de manière plus intense. Ainsi l'anxiété semble reliée à un ratio entre le degré de la force du moi (ou le degré de la capacité à faire face) et les menaces et les pressions qui proviennent soit de situations externes, soit de situations internes (Eagle et Wolitzki, 1988). D'autres théories psychodynamiques sur l'anxiété ont été élaborées depuis Freud. Parmi elles, citons celle de Melanie Klein pour qui le danger se situe dans des pulsions destructrices. La menace, considérée comme interne et provenant exclusivement de la réalité psychique, représente des tendances à l'autodestruction. La pulsion de mort joue, en effet, un rôle essentiel chez les kleiniens. L'angoisse prend une forme persécutive, qui est le résultat de l'attaque du moi par des fantasmes destructeurs. Le mécanisme d'identification projective permet de retourner cette agression interne pour la prêter aux objets externes. D'autres théories rejettent l'idée freudienne que c'est un souhait instinctuel et son association avec la punition ou avec une excitation excessive qui enclenchent l'anxiété. Parmi les détracteurs de Freud figure Pierre Janet dont les travaux sur l'hystérie sont à l'origine de la conceptualisation freudienne, mais qui reproche à Freud d'avoir généralisé une approche spécifique.

Janet et l'économie des forces de l'esprit

Janet s'est violemment opposé aux théories et aux pratiques freudiennes, dans la mesure où Freud reprenait les conceptions de l'analyse psychologique qu'il avait lui-même développée sur les souvenirs traumatiques et sur la subconscience (modifications particulières de la conscience du fait d'un phénomène d'épuisement souvent associé à une émotion), mais en les généralisant de façon abusive. Pour Freud, tout souvenir traumatique est à contenu sexuel ; pour Janet, s'il est pertinent d'encourager les malades à exprimer des souvenirs liés à différentes époques de leur vie et de chercher si les rêves ou les écritures automatiques ne traduisent pas d'autres souvenirs plus enfouis, il faut prendre garde néanmoins à ne pas découvrir de tels souvenirs quand ils n'existent pas.

L'origine du trouble émotionnel est à rapprocher de celle du trouble de la fatigue. La diminution de la volonté, c'est-à-dire d'une fonction supérieure qui demande de la force sous une grande tension, ne peut se produire sans une altération de la tension nerveuse et, probablement aussi, de la quantité des forces. Cela revient donc à poser le problème en termes de « budget de l'esprit », c'est-à-dire d'équilibre des dépenses et des recettes psychologiques. « Quand il s'agit de l'économie domestique, nous savons très bien quelles sont les denrées chères et les denrées bon marché, quelles sont les opérations coûteuses et celles qui sont à bas prix ; et nous pouvons facilement établir le budget de notre ménage. Nous sommes, au contraire, tout à fait incapables d'établir le budget de notre activité mentale parce que nous n'avons que des notions très vagues sur le coût de telle ou telle action » (Janet, 1923).

Vue ainsi, la tension psychologique doit être mise en rapport avec le temps et la projection dans l'avenir. Demander une action de longue durée, c'est exiger un acte élevé et coûteux. Certains actes paraissent épuiser nos dernières ressources dans la mesure où ils nous révèlent notre misère et éveillent la pensée de la banqueroute morale. C'est, d'après Janet, ce qui provoque les réactions de recul et de terreur. Le rôle du thérapeute est d'aider le patient en cherchant avec lui à organiser l'économie de ses forces psychologiques insuffisantes. Pour cela, le repos est parfois nécessaire, mais le premier point du traitement consiste à aider le patient à résoudre autant que possible les situations complexes où il s'empêtre. Parfois, dans cette dimension de résolution de problème, le thérapeute doit être, selon Janet, un maître qui montre exactement l'acte qui doit être acquis et qui en dirige l'apprentissage afin de diminuer les dépenses nécessaires : « Le malade ne se rend pas compte exactement de la nature de ses troubles et de la nature de l'acte qui lui fait défaut. Même s'il arrivait à constater en lui-même cette lacune, il ne sait comment s'y prendre pour y remédier, il ne sait pas le mécanisme de l'action qu'il cherche à acquérir, il ne sait pas la décomposer en ces éléments, ni répéter isolément les mouvements utiles, ni éliminer les mouvements inutiles, ni faire l'action avec cette tension qui fixe la tendance ; il en est réduit à la méthode d'acquisition par agitation incoordonnée qui ne peut aboutir à un résultat qu'avec un temps énorme, une dépense de forces considérable et de grands efforts d'attention pour saisir et arrêter au passage les moindres acquisitions et les conserver » (Janet, 1923).

Un individu capable d'agir de nouveau, de manière plus adaptée, retrouve des forces. En effet, même si l'action entraîne une dépense, elle rapporte un bénéfice. Par ailleurs, beaucoup de patients ont en réserve des richesses considérables, mais difficiles à atteindre et disposent, à un certain moment, d'une quantité d'énergie disponible insuffisante alors qu'ils ont des énergies considérables en réserve immobilisées. Aussi, convient-il de mobiliser ces réserves tout en veillant à l'équilibre psychologique, ce qui suppose une attitude thérapeutique progressive et adaptée à l'économie psychologique du patient. Les bénéfices qu'une personne tire d'une action se maintiennent ensuite par le biais de l'« irradiation psychologique ». Les personnes qui ont réussi à un certain niveau adoptent, en effet, une attitude de vainqueur qu'ils conservent pendant quelque temps, même en accomplissant d'autres actes. Ainsi, pour Janet, « la psychologie est obligée d'aborder le problème de l'administration économique des forces de l'esprit ; le médecin psychiatre sera capable de bien utiliser de faibles ressources en évitant les dépenses inutiles et en dirigeant l'effort exactement au point nécessaire ; il fera mieux, il apprendra à ses malades à augmenter leurs ressources, à enrichir leur esprit ».

Sullivan et les relations mère-enfant

D'autres théories privilégient le champ interpersonnel comme élément central du développement de la personnalité. Ainsi, pour Sullivan, l'anxiété naît non pas d'un excès de stimulations qui ne peut être maîtrisé par le moi, mais d'une perturbation dans la relation émotionnelle entre la mère et l'enfant. Sullivan évoque le concept d'empathie pour expliquer cette relation, l'empathie faisant référence aux liens émotionnels particuliers qui soutiennent la relation de l'enfant avec les personnes importantes pour lui, sa mère ou l'individu responsable de lui (Sullivan, 1947). Lorsque la mère a une réponse émotionnelle positive en réponse à la réaction émotionnelle positive de son enfant, alors cette communication positive donne à l'enfant un sentiment de sécurité, en même temps qu'elle montre à l'enfant qu'il a un impact sur sa mère. De cet impact peut découler un sentiment de pouvoir et de compétences. À l'inverse, la non-satisfaction des besoins physiologiques (alimentation) et des besoins psychologiques (sécurité) par le biais de sa mère entraîne un état de tension intolérable chez l'enfant. Très souvent, les perturbations au niveau de l'empathie maternelle sont dues à l'anxiété de la mère qui, à travers un processus de contagion émotionnelle, devient la cause directe de l'anxiété de l'enfant.

Pour Sullivan, l'une des premières choses, et l'une des plus vitales, que l'enfant apprend est la discrimination entre les états anxieux et les états non anxieux. Le sentiment de sécurité vient du fait d'être libre de toute anxiété. L'anxiété de la mère se traduit par des attitudes de désapprobation vis-à-vis de l'enfant dans des domaines où elle se sent elle-même peu assurée. Cette attitude de désapprobation suscite de l'anxiété chez l'enfant qui anticipe peut-être une réduction de tendresse dans cette attitude de désapprobation. En cela, Sullivan rejoint Freud qui parlait de perte de l'amour de l'objet (l'amour de la mère) et de peur de la perte de l'objet en tant que tel (peur de la perte de la mère). Devant cette dimension de culpabilité qui, elle-même, entraîne une forte anxiété, l'enfant essaie alors d'organiser ce que Sullivan appelle des opérations de sécurité qui risquent d'entraîner une certaine rigidité dans les attitudes interpersonnelles et une résistance aux changements pour éviter le retour de l'anxiété.

Bowlby et la théorie de l'attachement

On retrouve chez Bowlby cette importance de la relation à l'autre et l'idée que la séparation est une source essentielle d'anxiété. Dans la théorie de l'attachement, l'angoisse est, en effet, due à une rupture de l'attachement de l'enfant à sa mère. Nous serions prédisposés génétiquement à développer de l'attachement pour les personnes dont nous dépendons ; les protestations de désespoir lorsque l'enfant est séparé de ceux dont il dépend auraient une fonction adaptative dans la mesure où elles accroissent la probabilité d'attirer l'attention et les chances de survivre. Pour Bowlby, le besoin d'attachement du nourrisson à sa mère est un besoin primaire assurant, dans une très grande mesure, sa survie. Il décrit, suivant trois phases, les réactions des nourrissons séparés de leur mère : la phase de protestation correspondant à l'angoisse de séparation, la phase de désespoir correspondant au chagrin et au deuil, et, enfin, la phase de détachement correspondant aux mécanismes de défense.

Pour Bowlby, le fondement de l'anxiété n'est pas, comme pour Freud, la peur d'une excitation excessive induite par l'accumulation de pulsions instinctuelles réprimées. C'est une réponse à la séparation ou à la peur d'être séparé des personnes dont on dépend. Les troubles anxieux que l'on retrouve chez l'adulte sont les conséquences directes du décès de personnes importantes dans l'entourage de l'anxieux ou de séparations longues et fréquentes — que ces séparations soient réelles ou redoutées. L'attachement anxieux se caractérise par le peu de confiance dans la figure d'attachement, que celle-ci soit vue comme peu disponible ou comme incapable de répondre de manière adéquate aux besoins. Il s'ensuit parfois une attitude de dépendance extrêmement étroite pour s'assurer que la figure d'attachement sera toujours disponible.

La qualité de l'attachement de l'enfant à la personne dont il dépend est extrêmement importante par rapport à son degré d'indépendance et par rapport à ses attitudes exploratoires. En effet, un attachement anxieux est associé à une conduite exploratoire amoindrie tandis qu'un attachement sécurisant est corrélé à un plus grand degré de conduites exploratoires. Un enfant ou un adulte qui a une attente confiante dans la disponibilité de la figure d'attachement peut plus librement s'éloigner de sa base de sécurité et explorer le monde alentour. À l'inverse, un enfant ou un adulte qui ne se sent pas en sécurité en ce qui concerne la disponibilité de la figure d'attachement ose beaucoup moins s'éloigner. Dans cette perspective, un grand nombre de phobies pourraient donc être considérées, non pas comme des conduites de fuite, mais comme déclenchant un comportement de retour dans la zone familière de protection. Par exemple, la plupart des enfants qui ont une phobie scolaire et refusent d'aller à l'école ne mettent pas forcément au premier plan des difficultés avec les enseignants ou leurs camarades de classe et l'anxiété est plus importante au moment de quitter la maison pour se rendre à l'école plutôt qu'à l'école. Bowlby a décrit à ce propos quatre *patterns* d'interactions familiales :

1. les parents présentent une anxiété chronique et ont tendance à retenir l'enfant à la maison comme compagnon ;

2. l'enfant redoute que quelque chose de terrible arrive à ses parents pendant qu'il se rend à l'école ;
3. l'enfant redoute que quelque chose d'effrayant lui arrive alors qu'il est loin de la maison et, donc, de ses parents ;
4. les parents redoutent que quelque chose d'épouvantable arrive à l'enfant alors qu'il est loin de la maison, à l'école.

Pour Bowlby, lorsque les relations d'attachement précoce sont anxieuses et ambivalentes, l'enfant réagit à la séparation par de l'anxiété, mais aussi par une demande très forte pour obtenir de l'affection et par de la colère s'il ne reçoit pas cette affection. Cette dépendance à une relation extérieure et la difficulté à trouver une autorégulation pour satisfaire ses besoins entretiennent la dimension anxieuse.

Beck et les erreurs cognitives

Les différentes conceptualisations de l'angoisse entraînent des prises en charge différentes. Ainsi, pour Freud, le but essentiel de la thérapie est de rendre ce qui est inconscient, conscient, alors qu'un thérapeute qui suit la théorie de l'attachement envisagera son rôle comme une figure d'attachement rassurante pour soulager l'anxiété de son patient, mais aussi créer des conditions suffisamment rassurantes pour que ce patient puisse mieux repérer ce qui active son système d'attachement. Plus récemment, les théoriciens cognitivistes ont élaboré d'autres conceptualisations de l'anxiété. Celles-ci sont également centrées sur la notion de danger, et sur l'importance des expériences précoces que vit l'enfant dans sa relation avec ses parents et son environnement.

Selon la thèse cognitiviste, les patients anxieux ou déprimés ont développé des mécanismes inconscients, automatiques, qui traitent l'information de façon erronée. Ces erreurs dans le traitement de l'information résultent de l'interaction de facteurs biologiques et d'expériences ou d'apprentissages au long de la vie. Le but de la thérapie cognitive est donc d'aider les patients à identifier et à modifier les croyances erronées qui résultent de ce fonctionnement défectueux du traitement de l'information et à mettre en évidence les erreurs logiques et les postulats qui conduisent à ces perturbations dans le traitement de l'information.

L'idée centrale du modèle cognitif est que ce ne sont pas les événements en eux-mêmes qui sont responsables de la production d'émotions comme l'anxiété, mais plutôt la façon dont les personnes interprètent les événements. Dans l'anxiété pathologique, la perception du danger est surestimée par rapport aux dangers présents dans une situation donnée. Cette surestimation vient d'un certain nombre d'erreurs dans la prise d'informations et tient, notamment, à la surestimation de la probabilité d'un événement redouté, la surestimation de la sévérité de cet événement redouté, la sous-estimation des ressources personnelles pour faire face à cette situation et la sous-estimation des ressources de secours autour de soi dans cette situation. Une fois que la personne a perçu la situation comme dangereuse, le programme anxieux s'active avec sa constellation complexe de changements cognitifs, affectifs et comportementaux.

Dans le modèle cognitif de Beck sur l'anxiété, on distingue deux niveaux de difficultés dans la manière d'interpréter la situation : les pensées automatiques et les postulats. Les pensées automatiques négatives font référence aux pensées et aux images qui sont activées dans des situations spécifiques où la personne est anxieuse — un anxieux dans un ascenseur va ainsi penser : « pourvu qu'il ne tombe pas en panne ». Les postulats font, eux, référence aux évaluations générales qu'un individu porte sur lui-même, le monde qui l'entoure et l'avenir, et qui l'amènent à interpréter certaines situations de manière excessivement négative et dysfonctionnelle — le même patient dans l'ascenseur aura pour conviction générale : « je n'ai jamais de chance », « c'est toujours quand je suis là qu'il arrive un problème »... Ils résultent d'apprentissages précoces et sont activés par un événement spécifique qui les fait ressurgir. La mémorisation de ces associations forme alors une structure cognitive appelée schéma. Ce schéma favorise la prise d'informations qui est cohérente avec son contenu et inhibe la prise d'informations qui n'est pas cohérente avec son contenu. L'activation de l'ensemble du schéma par une situation actuelle entraîne une intensification de la réponse d'alarme, comme si la situation actuelle déclenchait l'ensemble des réponses d'alarme précédemment activées.

Les schémas constituent les structures de base de l'organisation cognitive. Ils contiennent l'ensemble des connaissances acquises dans l'expérience passée d'un individu. Ils jouent donc un rôle important dans l'évaluation et la signification données aux événements. Ils influent aussi sur le rappel de l'information contenue dans la mémoire. Chaque individu développe au cours de sa vie des schémas sur les conséquences probables d'un événement et la façon d'y faire face. Lorsque les schémas partagent des événements communs, ils s'organisent en modes et composent des façons typiques de traiter l'information — on parlera ainsi de mode dépressif ou de mode narcissique.

Le mode anxieux se caractérise par la perception de dangers et par la difficulté à y faire face. Il se déclenche lors de l'activation d'un schéma qui survient en présence ou dans l'anticipation d'un événement anxiogène. Dès que ce mode se déclenche, l'information subit des biais systématiques de sélection et de rappel, ce qui entraîne des distorsions cognitives.

L'objectif commun aux différentes techniques cognitives vise à modifier ces schémas : c'est ce qu'on appelle la restructuration cognitive. La démarche thérapeutique implique de mettre en évidence les produits cognitifs, c'est-à-dire les pensées automatiques et les images propres à chaque personne confrontée à une situation anxiogène et d'en repérer les dimensions dysfonctionnelles à travers les distorsions cognitives. Le thérapeute aide ensuite le patient anxieux à identifier ce qui l'a amené à traduire cette information de cette manière-là et, donc, à repérer les schémas qu'il a pu organiser au cours de sa vie.

La discussion des pensées automatiques a pour but d'aider à modifier ces schémas, ce qui ne va pas sans mal. Les schémas sont, en effet, des croyances inconditionnelles. Ils sont perçus par l'individu comme des vérités *a priori*, implicites et incontestables. S'étant organisés de manière précoce, ils sont résistants aux changements. Chez les anxieux, ces schémas sont souvent particulièrement rigides et peu accessibles aux expériences nouvelles. Ils semblent résulter d'expériences discordantes avec les parents, les frères et sœurs et pairs pendant les premières années de la vie. Plutôt que de résulter d'événements traumatiques isolés, la plupart des schémas sont probablement dus à des expériences répétitives difficiles avec les membres de la famille et les pairs qui, d'une manière cumulative, renforcent ces schémas. Un enfant que l'on critique régulièrement, chaque fois qu'il fait quelque chose qui ne correspond pas idéalement aux standards des parents, développe ainsi un schéma d'incompétence et d'échec.

Young et les schémas dysfonctionnels précoces

Young, qui fut un élève de Beck, a beaucoup travaillé sur la notion de schémas, et notamment de schémas dysfonctionnels précoces. Pour lui, il existe quatre dimensions primaires qu'un enfant doit négocier afin de se développer de manière saine : l'autonomie, la capacité à entrer en relation, l'estime de soi et, enfin, le fait d'avoir des attentes raisonnables et des limites réalistes. Lorsque l'enfant a des difficultés à atteindre ses buts en raison d'obstacles rencontrés dans sa relation avec ses parents, ses frères et sœurs ou ses pairs, il développe des pensées qui risquent d'entraîner des schémas dysfonctionnels.

— *L'autonomie.* L'autonomie est l'acquisition du sentiment qu'il est possible de fonctionner soi-même sans le support continu des autres. Les personnes autonomes peuvent exprimer leurs besoins individuels, leurs intérêts, leurs préférences, leurs opinions et leurs sentiments. Elles ont un certain sens de la maîtrise. Elles ont également un certain sens de la sécurité et ne sont pas trop soucieuses de la notion de danger dans leur environnement. Pour développer ce sens de l'autonomie, les enfants ont besoin que les parents les encouragent à exprimer leurs propres besoins et à agir dans le sens de ces besoins, sans punitions ou restrictions excessives. Ils ont besoin d'être rassurés sur le fait qu'ils sont robustes et que le monde est relativement fiable. Ils ont besoin qu'on leur donne certaines responsabilités et qu'on les laisse exprimer leurs émotions dans tout leur éventail, y compris la colère. Si les parents échouent à donner cet environnement qui encourage l'autonomie, certains schémas risquent de se développer — sentiment de vulnérabilité, peur de perdre le contrôle, peur de perdre son individualité, sentiments constants de dépendance. C'est le cas des parents surprotecteurs qui font continuellement des remarques aux enfants sur les dangers et les risques excessifs dans ce monde ou, à l'inverse, de ceux qui n'aident absolument pas leurs enfants à faire des choses. C'est aussi le cas des parents qui font passer leurs besoins systématiquement avant ceux de leurs enfants, de ceux qui découragent ou punissent leurs enfants dès qu'ils expriment un sentiment ou encore des adultes qui ne sont pas de très bons modèles dans l'expression des émotions et qui favorisent un sentiment d'insécurité chez leurs enfants lorsqu'ils veulent exprimer leurs besoins ou leurs sentiments, par peur de représailles.

— *Le besoin d'être en relation.* Ce besoin correspond au fait de créer des liens stables, durables et de confiance avec d'autres. Ces liens peuvent être étroits comme dans l'intimité ou correspondre à une intégration sociale plus large — le fait d'appartenir à un groupe d'amis, à une famille, à une communauté. Ils donnent à un individu le sentiment d'être aimé, désirable socialement et pareil aux autres. Les parents aident un enfant à entrer en relation grâce à leur empathie pour ce qu'il ressent, leur compréhension ou leur souci d'équité entre frères et sœurs. Pour développer davantage ce sens de la relation, les enfants ont besoin également d'expériences de socialisation réussies dans différents groupes, aussi bien durant la période de l'enfance qu'au cours de l'adolescence. Lorsqu'ils ne bénéficient pas de cet environnement sécurisant où sont présents l'amour, l'empathie, l'attention, le respect et des expériences sociales positives, ils risquent de développer des schémas d'abandon, de perte, de méfiance ou d'isolement. Ces schémas apparaissent également lorsque l'un des parents est décédé alors que l'enfant était très jeune ou lorsque des parents quittent souvent la maison pour des raisons personnelles ou professionnelles. Les difficultés que rencontre un enfant pour s'intégrer dans tel ou tel groupe, parce qu'il ne perçoit pas ou n'a pas les qualités attendues par ce groupe, favorisent également le développement de ces schémas, tout comme l'existence de relations extrêmement traumatisantes avec les adultes (abus, punitions, réprimandes constantes, etc.).

— *Le sens de sa propre valeur.* C'est la perception d'être aimé, accepté, désiré et respecté par les autres. Pour développer ce sens de la valeur personnelle, les enfants ont besoin du soutien de leurs parents, de leurs frères et sœurs et, aussi, de leurs pairs. Lorsque l'enfant est excessivement critiqué ou puni, il risque de développer des schémas de dévalorisation (ne pas pouvoir être aimé, ne pas être désirable, être incompétent, se sentir coupable, honteux, etc.).

— *Attentes raisonnables et limites réalistes.* Développer des attentes raisonnables signifie avoir la capacité d'établir des standards réalistes et atteignables pour soi-même et les autres. Se donner des limites réalistes renvoie à la capacité de se discipliner, de contrôler ses impulsions, de repérer et prendre en compte les besoins des autres. Il est important pour les enfants de pouvoir développer ce sens des limites et ils peuvent le faire d'autant mieux que l'environnement dans lequel ils vivent n'est ni trop exigeant, ni trop permissif. Les parents doivent aider leurs enfants à accepter leurs propres limites et aussi leur faire comprendre qu'il n'y a pas besoin d'être parfait pour être aimé. Les enfants doivent également être encouragés à être ni trop égoïstes ni trop dévoués aux autres. Des parents qui apprennent à leurs enfants que, quoi qu'ils fassent, ce ne sera jamais assez, mettent l'accent sur la réussite plus que sur le bonheur. Pensant qu'ils ne peuvent obtenir l'amour de leurs parents que s'ils réussissent des performances très élevées, les enfants risquent de développer des schémas d'abandon, d'échec, de dépréciation. À l'inverse, des enfants qui ont des parents extrêmement indulgents, qui les complimentent à l'excès et de manière désordonnée, qui leur permettent de faire tout ce qu'ils veulent, sans souci des autres, de partage et de réciprocité, n'apprennent pas comment faire face à l'échec ou à la frustration. Les enfants vivant dans ce type d'environnement ont beaucoup de mal à se fixer des limites, à respecter les autres et à avoir des buts à long terme. Ils développent des schémas de domination qui risquent de les faire rejeter par les autres, gênés par leur manque de limites.

LES SCHÉMAS ANXIEUX

Les parents et l'environnement social contribuent largement au développement des schémas adaptés ou inadaptés qui persistent tout au long de la vie et constituent des principes organisateurs du fonctionnement émotionnel et comportemental. En outre, ces schémas connaissent des processus d'autorenforcement médiatisés par le traitement préférentiel des informations congruentes.

Les schémas qui se retrouvent en majorité chez les anxieux sont :

— l'incompétence (sentiment d'une moins grande aptitude et d'une capacité à réussir inférieure aux autres) ;

— les carences émotionnelles (sentiment d'un manque de considération et d'affection de la part des autres) ;

— l'isolement (sentiment de rejet, difficulté à s'investir dans des relations sociales) etc.

— un autocontrôle insuffisant (énervement facile, manque de volonté pour achever des tâches) ;

— la méfiance (vis-à-vis des autres) ;

— l'abnégation et le sacrifice de soi (dévouement sans limite à la cause des autres) ;

— un sens moral implacable (désir de perfection pour soi-même, incapacité à être satisfait par ses actions) ;

— le sentiment d'abandon (sentiment que les relations avec les autres risquent de cesser) ;

— l'attachement (incapacité à se détacher de l'opinion et des influences des parents ou des personnes proches) ;

— la vulnérabilité (peur d'une catastrophe imminente) ;

— la dépendance (besoin des autres pour comprendre ce qui se passe et réaliser des actions) ;

— l'inhibition émotionnelle (incapacité à exprimer des sentiments) ;

— la peur de perdre le contrôle (peur de réagir impulsivement, de faire du mal physiquement ou moralement à autrui).

LES DISTORTIONS COGNITIVES

Les schémas anxieux existent à l'état latent et peuvent devenir fonctionnels s'ils sont activés par des situations environnementales spécifiques, entraînant un traitement de l'information inadapté. Le passage des schémas (structures profondes) vers les pensées automatiques (structures superficielles) se fait par l'intermédiaire des processus cognitifs. Ces processus cognitifs sont des règles logiques de transformation de l'information. La distorsion des processus cognitifs par le biais de la dimension anxieuse aboutit à une perturbation profonde et stable des mécanismes de la pensée logique. En effet, les événements sont alors assimilés aux thèmes contenus dans les schémas, gênant toute dimension critique dans la mesure où ce processus d'assimilation ne fait que confirmer les schémas.

Les principales distorsions cognitives sont :

— L'inférence arbitraire, erreur logique fréquente qui consiste à tirer des conclusions sans preuve — une patiente anxieuse remarquant que son mari a un quart d'heure de retard pense immédiatement : « il me trompe ».

— L'abstraction sélective, erreur qui consiste à se focaliser sur un détail en dehors de l'ensemble du contexte — une personne anxieuse qui se rend à un repas de famille au cours duquel elle a l'occasion de discuter abondamment ne retient pourtant qu'un seul élément : le fait que quelqu'un, à un moment donné, lui a coupé la parole, preuve qu'elle n'est « pas intéressante ».

— La surgénéralisation, erreur qui consiste à généraliser à l'ensemble des situations une expérience malheureuse — un anxieux qui se présente à un entretien professionnel et qui n'a pas de réponse positive en conclut immédiatement qu'il ne trouvera jamais de travail.

— La maximalisation et la minimisation, erreurs qui consistent à attribuer une très grande valeur aux échecs et aux événements négatifs et à dévaloriser les réussites et les situations heureuses — un étudiant anxieux qui obtient une note en dessous de la moyenne à une épreuve en déduit immédiatement qu'il est nul ; s'il obtient un bon score dans un autre domaine, il en conclut que l'épreuve était facile.

— La personnalisation, erreur qui consiste à se tenir responsable des événements défavorables qui arrivent autour de soi — une femme anxieuse qui voit son mari arriver avec les traits tendus à la maison lui demande immédiatement : « Qu'est-ce que je t'ai fait ? », sans penser qu'il peut simplement être fatigué après une journée mouvementée.

Ces distorsions cognitives entraînent, à leur tour, des difficultés émotionnelles qui font revivre un sentiment de vulnérabilité et suscitent des pensées automatiques négatives sous forme de métacognitions. Elles prennent la forme d'interprétations négatives ou de prédictions négatives sur ce qui se passe ou peut se passer. Les thérapies cognitives visent, globalement, à aider un anxieux à restructurer sa façon de penser.

Théorie cognitive générique des troubles anxieux

(WELLS, 1997)

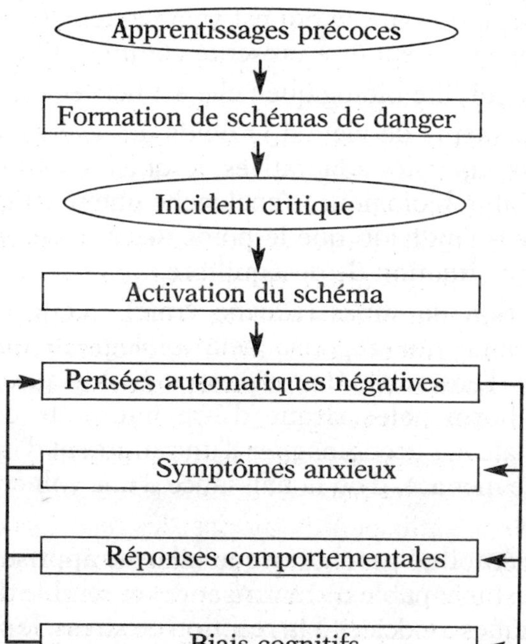

Barlow et l'approche bio-psycho-sociale

Selon Barlow, l'anxiété et la dépression partagent une vulnérabilité biologique commune qui se manifeste sous forme de réponse neurobiologique suractivée lorsque la personne doit faire face à des événements de vie stressants. Outre cette vulnérabilité biologique, les individus qui ont une tendance générale à développer de l'anxiété présentent une vulnérabilité psychologique fondée sur des expériences précoces de non-contrôlabilité. Ces expériences précoces où le sujet a perçu un manque de contrôle engendrent une vulnérabilité psychologique qui, lorsqu'elle est combinée à une vulnérabilité biologique et activée par des événements de vie négatifs stressants, conduit à une anxiété généralisée et très souvent, plus tard, à une dépression — la dépression peut, en effet, simplement refléter une vulnérabilité psychologique extrême à des expériences d'incontrôlabilité et de non-prédictibilité perçue très tôt dans la vie.

Le modèle de Barlow qui est valable pour l'ensemble des troubles anxieux peut être présenté comme suit :

1. Vulnérabilité biologique : elle est héritée et fragilisante.

2. Événements de vie : si le poids des événements de vie déborde les capacités adaptatives, lesquelles sont fonction de la vulnérabilité biologique, s'enclenche une réaction de stress qui signale à l'individu que le poids des stresseurs risque de le mettre en situation de déséquilibre.

3. Réaction de stress (alarme vraie) : cette réaction de stress entraîne une réponse neurobiologique très forte en réponse et l'ensemble des réponses biologiques, physiologiques et hormonales risque d'être interprété comme une menace vitale et s'accompagner d'un sentiment d'impuissance face à cette menace, d'où la naissance d'une vulnérabilité psychologique.

4. Vulnérabilité psychologique (alarme apprise) : considérant qu'il est incapable de maîtriser cet ensemble de réactions physiologiques associées à la réaction de stress, le sujet se sent à la fois dans une situation de menace physique (peur d'avoir

un malaise grave, peur de mourir) et de menace psychologique (peur de ne pas contrôler), et perçoit alors l'ampleur de sa vulnérabilité psychologique.

5. État d'alerte (ou d'alarme) : cet état d'alerte peut être atténué si le sujet possède un réseau relationnel qui lui assure un soutien au moment de l'épreuve ou s'il dispose de stratégies personnelles d'ajustement au stress lui permettant de trouver des stratégies de contrôle ; dans le cas contraire, il entre dans un cycle d'appréhension anxieuse chronique consécutif à la mise en relation de ses vulnérabilités biologique et psychologique.

6. Stockage dans la mémoire à long terme de cette structure cognitivo-affective : ce stockage explique le maintien d'un comportement irrationnel d'appréhension anxieuse, sans support réaliste, tant le sujet se sent démuni face au niveau de stress qui l'a mis en déséquilibre et doute de ses capacités à contrôler ses réactions biologiques et psychologiques, une fois celles-ci déclenchées. Cette vulnérabilité perçue entraîne une focalisation systématique chronique de l'attention sur des dangers potentiels. L'incapacité perçue à contrôler le danger donne le sentiment qu'il est impossible de faire face, ce qui se traduit par un pessimisme profond, une recherche de réassurance, des vérifications ou des évitements subtils face à un grand nombre de situations. Des facteurs sociaux peuvent maintenir le trouble anxieux. La réassurance prodiguée par l'entourage renforce parfois l'anxiété en empêchant la mise en place de stratégies personnelles d'adaptation aux dangers.

Un certain nombre d'arguments expérimentaux confirment cette façon de voir. Des sujets présentant un tableau clinique d'anxiété généralisée scrutent l'environnement à la recherche d'événements potentiellement dangereux : cette activité est automatique et, de ce fait, survient en dehors de tout effort conscient ; elle est suivie d'efforts tout aussi automatiques pour éviter de traiter ces stimuli potentiellement dangereux. Le souci serait donc une forme d'évitement du traitement conscient et objectif des stimuli virtuels ou réels de danger (Mogg *et al.*, 1987).

Modèle pour l'ensemble des troubles anxieux

(BARLOW, 1988)

1. Vulnérabilité biologique.
2. Événements de vie.
3. Réaction de stress ou alarme vraie (les réactions de stress sont interprétées comme une menace vitale).
4. Vulnérabilité psychologique ou alarme apprise.

Le sujet pense que l'événement initial n'est pas prédictible.

Peur du retour de la réaction de stress. Sentiment d'impuissance apprise qui correspond à une vulnérabilité psychologique. Peur du non-contrôle.

Une fois que la mise en résonance des vulnérabilités biologiques et psychologiques est installée, par l'événement traumatique, le sujet entre dans un cycle d'appréhension anxieuse chronique.

5. Stockage dans la mémoire à long terme de cette structure cognitivo-affective qui peut expliquer le maintien du comportement irrationnel, une fois l'épisode traumatique révolu.

Ces différents niveaux théoriques, qu'ils soient cognitifs ou comportementaux, donnent lieu à des pratiques de thérapie cognitivo-comportementale qui visent l'apprentissage de stratégies de *coping* ou d'ajustement aux situations anxiogènes, l'accroissement du sens de la maîtrise obtenu d'une part par le traitement cognitif des stimuli anxiogènes et, d'autre part, par les méthodes comportementales permettant d'affronter les situations anxiogènes.

Les comportementalistes et la théorie du conditionnement

Les théories comportementales issues des écoles expérimentalistes expliquent certaines réponses anxieuses, comme les phobies ou les rituels obsessionnels, par des principes d'apprentissage. Dans cette perspective, le comportement humain peut s'exprimer de la manière la plus simple sous forme d'un schéma S-R (stimulus-réponse) en différenciant les réponses internes (couvertes) et les réponses externes (ouvertes) aux événements. Étudier le comportement revient à étudier les relations fonctionnelles, c'est-à-dire les relations de cause à effet entre les stimuli et les réponses, de la manière la plus objective possible.

— *Le conditionnement pavlovien (ou répondant)*. Le comportement répondant, décrit par Pavlov, peut être défini comme la réponse par un organisme à un stimulus spécifique représentant un antécédent. Pavlov a montré qu'il était possible de créer une réponse conditionnelle en associant un stimulus neutre (son) à un stimulus inconditionnel (naturel, comme de la nourriture), ce stimulus neutre devenant annonciateur de la présentation du stimulus inconditionnel et déclenchant la même réponse (réponse de salivation chez un chien). Le modèle du conditionnement intéroceptif s'inspire du modèle pavlovien : 1. une situation stressante entraîne une réponse naturelle de peur, d'anxiété, de panique ; 2. cette situation stressante déclenche immédiatement une réponse physiologique avec de nombreuses sensations somatiques associées à la réponse de peur ou d'anxiété ou de panique ; 3. les sensations physiologiques peuvent, par la suite, suffire à enclencher une réponse de peur, d'anxiété ou de panique (Goldstein et Chambless, 1978).

— *Le conditionnement opérant*. Les peurs acquises par conditionnement classique se maintiendraient par le conditionnement opérant, qui est un apprentissage par les conséquences de l'action : 1. une personne phobique découvre qu'elle soulage son angoisse en évitant la situation qu'elle redoute ; 2. devant le soulagement lié à cet évitement, elle renforce ce comportement d'évitement, car en évitant ces situations, elle évite l'angoisse ; 3. le risque est que l'évitement devienne une procédure généralisée pour se soulager de toutes perceptions anxieuses.

Une conceptualisation des attaques de panique à partir des modèles issus du conditionnement pavlovien et du conditionnement opérant a été proposée par (Sheehan, 1982) : 1. Une vulnérabilité biologique sensibilise à la survenue d'une attaque de panique qui se déclenche, un jour, de façon soudaine, sans lien précis avec un stimulus déclencheur externe ; 2. l'attaque de panique devient un stimulus inconditionnel, associé fortuitement à la situation où elle est apparue la première fois et la situation devient une situation phobogène que le sujet redoute et commence à éviter, déclenchant ainsi un comportement phobique spécifique ; 3. la survenue des attaques de panique dans des lieux variés entraîne la généralisation des conduites d'évitement et, donc, la généralisation des situations phobogènes ; 4. des phénomènes de conditionnement intéroceptif se surajoutent : la personne qui, au cours d'une attaque de panique, a senti son cœur battre beaucoup plus vite et beaucoup plus fort perçoit toute accélération cardiaque comme le début possible d'une nouvelle attaque de panique et commence à redouter ces sensations physiologiques ; 5. un nombre croissant de situations sont évitées pour ne pas éprouver les conséquences négatives de l'affrontement (conditionnement opérant) : c'est le stade des phobies multiples et de l'évitement du contact social par peur d'avoir une attaque de panique en public ; 6. l'évolution risque de se faire vers l'hypocondrie, la dépression, l'alcoolisme ou d'autres comorbidités.

La question dans une conception « opérante » de l'anxiété reste celle de la fonction du souci (Borkovec, 1994). Pourquoi se fait-on du souci et pourquoi continue-t-on à se faire du souci alors que c'est une expérience aversive, associée à des sentiments pessimistes, et qui comporte une exagération des problèmes, une diminution des performances et un inconfort émotionnel ? Sachant qu'un comportement qui a des conséquences positives a tendance à être répété et qu'un comportement qui n'a aucune conséquence ou des conséquences aversives s'éteint, pourquoi le comportement de souci se maintient-il alors qu'il semble effectivement n'avoir que des conséquences négatives ? On sait aujourd'hui que la pensée verbale à propos d'un matériel aversif entraîne une réponse cardio-vasculaire moins importante que le traitement imagé de ce même matériel. La plupart des personnes utilisent spontanément la verbalisation comme stratégie pour se désengager émotionnellement d'une situation à laquelle elles sont confrontées visuellement. Dans cette optique, le fait de verbaliser le souci pourrait constituer une réponse d'évitement cognitif face à l'image aversive provoquée par ce même souci, ce qui permettrait d'éviter des réponses somatiques associées à la réponse physiologique déclenchée par l'image angoissante et, également, d'éviter le traitement émotionnel du matériel anxiogène. Si on considère que le souci est une activité mentale conceptuelle qui inclut une prédominance de pensées verbales relatives à l'imagerie (Borkovec *et al.*, 1991), le souci aurait alors pour fonction d'échapper à l'imagerie aversive et serait utilisé pour réduire cette imagerie.

Il faut alors comprendre comment le souci, défini par Borkovec comme une chaîne de pensées et d'images chargées d'affects négatifs et relativement incontrôlables, peut réduire une imagerie aversive. Si la pensée verbale est toujours associée à l'imagerie, alors la pensée soucieuse est toujours associée à une image. Cependant, les mots et les phrases abstraits sont associés à une image beaucoup plus lente comparée à une image associée à des mots ou des phrases concrets. Par ailleurs, l'image associée à des verbalisations abstraites est beaucoup moins vive que lorsqu'elle est associée à des verbalisations concrètes. Ainsi, si le souci est associé à des abstractions verbales, ceci peut expliquer la présence d'une imagerie réduite lors d'une phase de souci. L'aspect concret ou abstrait des pensées entraînerait une dimension vive ou moins vive de l'imagerie. Il a été démontré qu'il fallait trois secondes pour générer une image mentale élaborée à partir de mots concrets tandis qu'il fallait quatre à cinq secondes pour créer une image mentale à partir de mots abstraits (Paivio, 1966). De même, il a été démontré que des phrases ayant une teneur élevée en informations concrètes évoquaient des images hautement concrètes et avec une vivacité très forte (Paivio, 1991). Ainsi, lorsque les pensées du souci sont peu concrètes, l'imagerie associée à ce souci est à la fois plus lente et moins vive, ce qui explique pourquoi l'imagerie est réduite lorsque les personnes commencent à se faire du souci.

Pour réduire la vitesse et la vivacité d'une imagerie aversive, les personnes souffrant d'anxiété généralisée ont simplement à éviter une concrétisation verbale de leur peur — par exemple, en exprimant leur peur en termes vagues ou sous forme de questions —, comportement qui est typique des anxieux pathologiques. Ainsi, l'abstraction verbale d'une catastrophe potentielle peut-elle aider à éviter une imagerie aversive et éviter en conséquence un envahissement émotionnel lorsque l'on évoque un événement hautement aversif.

Eysenck et la fonction du souci

En 1992, Eysenck a présenté un modèle de souci dans lequel le souci a trois fonctions principales :

— Faire prendre conscience des informations concernant une menace détectée par des indices internes ou externes.

— Rassembler les pensées ou les images relatives à la menace, stockées dans la mémoire à long terme et les amener à un niveau conscient.

— Anticiper des scénarios négatifs concernant l'avenir et imaginer de manière anticipatoire des stratégies pour faire face à ces catastrophes anticipées, soit en agissant à l'avance (prévention), soit en se préparant aux conséquences négatives attendues (*coping* anticipatoire).

Lorsque l'on imagine des plans d'action pour prévenir ou se préparer à une situation redoutée, la dimension concrète est une variable essentielle. Il est peu probable que des modèles abstraits conduisent à des actions concrètes. Or le souci est le plus souvent caractérisé par l'absence de dimension concrète et ne permet pas la construction de stratégies réelles, ce qui préserve, en quelque sorte, la menace. En outre, la menace se rapporte souvent à un futur peu probable et concerne des événements qui ne peuvent être contrôlés et qui ont très peu de chances de survenir. Tous ces éléments ne favorisent pas une réponse de combat (qui, que combattre ?) ou une réponse de fuite. La menace continue d'exister dans l'esprit du sujet qui demeure convaincu qu'il faut à tout prix l'éviter. Le fait d'essayer mentalement de chercher comment éviter ou comment s'y préparer est l'une des réponses possibles pour faire face. Enfin, comme la plupart des soucis sont privés de fondements et que les événements redoutés ne surviennent pas, les anxieux continuent de se faire du souci comme si le souci avait écarté la survenue de ces événements et pouvait rendre moins probable la survenue d'autres événements redoutés.

Cette façon de voir le souci est très proche de la théorie de Mowrer (1947) sur les phobies. Pour Mowrer, en effet, les évitements permettent à un patient de réduire une dimension physiologique anxieuse importante. Les phobies perdurent par le fait même qu'elles réduisent l'anxiété, même si elles sont elles-mêmes source d'anxiété. Il en va de même pour le souci : même si le fait de se faire du souci est pénible, les anxieux continuent à s'en faire pour prévenir un événement redouté qui est donc lui-même source de souci. Ainsi, dans cette dimension comportementale, le souci serait une tentative pour éviter des événements négatifs d'une part, et d'autre part, pour essayer de se préparer au pire, au cas où ces événements surviendraient, ce qui expliquerait son maintien.

Enfin, il n'est pas exclu que le souci constitue également un moyen permettant de détourner son esprit de préoccupations beaucoup plus lourdes émotionnellement. Les grands anxieux se focaliseraient sur des « peurs en surface » pour s'empêcher d'accéder à des pensées bien plus catastrophiques. De fait, on constate dans la population anxieuse une survenue d'événements traumatiques beaucoup plus importante que dans la population non anxieuse. Les anxieux, en anticipant sur des dangers futurs, éviteraient de se focaliser sur les événements perturbants qu'ils ont vécus dans le passé.

Chapitre 7

L'EFFET DES THÉRAPIES COMPORTEMENTALES ET COGNITIVES

Si l'anxiété a une fonction adaptative, elle peut aussi dériver vers une dimension pathologique. Pour un thérapeute, aider un anxieux ne se réduit pas à limiter l'expérience anxieuse. Cette aide nécessite de comprendre les fonctions données à l'anxiété dans son organisation psychologique et de comprendre pourquoi cette anxiété persiste. Cela suppose donc une intervention sur le plan cognitif et affectif, afin de réduire la réponse physiologique activée par la charge émotionnelle associée à l'information et de modifier les comportements qui en résultent. Au cours d'une thérapie comportementale et cognitive, les patients apprennent à répondre de manière active à leurs problèmes et à prendre ainsi la responsabilité du changement. Définir et clarifier les problèmes permet de les rendre plus négociables. Cette clarification réduit l'état de confusion qui peut être activé par l'anxiété et permet de diriger les efforts vers des stratégies d'autocontrôle. La thérapie cognitive a pour but de réduire l'anxiété en montrant comment identifier, évaluer, contrôler et modifier les pensées automatiques négatives ainsi que les comportements qui résultent de cette façon de penser.

L'information

Pour que l'anxieux accepte de s'engager avec un thérapeute dans un traitement, il est indispensable qu'il sache, à la suite du premier entretien au cours duquel le trouble d'anxiété généralisée a été diagnostiqué, ce qu'on entend par là. Le thérapeute doit préciser les modalités cognitives du problème, à savoir l'aspect excessif du souci à propos de situations soit gérables, soit improbables, et l'incapacité à arrêter de se faire du souci, peut-être parce que l'anxieux imagine que de ne pas s'inquiéter pourrait avoir des conséquences néfastes, comme si le souci avait une fonction protectrice. Le deuxième point central est le niveau élevé de tension physique associé à cet état. Il est important de signaler les manifestations physiques de cet état : tensions musculaires, maux de tête, difficultés au niveau du sommeil, de la concentration... Tout cela explique l'état d'épuisement ressenti en fin de journée.

En général, l'anxiété survient lorsqu'il y a rupture d'équilibre entre le niveau de stress à gérer et la perception de ses capacités à faire face. Certains ont une capacité naturelle à affronter les situations stressantes ; d'autres ont plutôt une réponse anxieuse face au stress. Cela est en partie dû à la façon des uns et des autres d'appréhender ces situations sur le plan cognitif et émotionnel : les pensées qui viennent à l'esprit lorsque cette situation survient ou est anticipée, les sentiments activés par la manière d'appréhender la situation, les réactions physiologiques ressenties et qui traduisent nos émotions. Interviennent également la confiance en soi et les pensées que l'on nourrit sur le rôle de l'anxiété.

D'une manière générale, les anxieux voient le monde plus dangereux qu'il n'est réellement, ils surestiment les dangers et les risques, et sous-estiment leurs capacités à faire face et les capacités des autres à les aider. Cette vulnérabilité liée à la maximalisation des dangers et à la minimisation des secours entraîne une hypervigilance qui déclenche une réaction d'alarme. Cette réaction d'alarme entraîne des réactions physiologiques qui entraînent des manifestations somatiques diverses, qui entraînent des inquiétudes sur son état de santé… Le sentiment de ne pas pouvoir maîtriser ces manifestations physiques et la dimension d'inquiétude qui les maintient contribuent à l'élaboration d'un sentiment d'impuissance qui nourrit le manque de confiance en soi. Ce manque de confiance en soi peut entraîner des attitudes d'évitement, de surcontrôle, éventuellement la prise d'alcool ou de drogues et souvent une dimension dépressive. Le projet essentiel de la thérapie est donc de reprendre le contrôle sur l'inquiétude, et sur les manifestations somatiques associées, afin de retrouver une confiance en soi et un sentiment d'efficacité.

L'auto-observation

Le but de l'auto-observation est d'aider l'anxieux à repérer ce qui déclenche la réponse anxieuse. On demandera à cette personne de considérer les sources de ses tracas, les symptômes physiques qu'elle perçoit quand elle se fait du souci, les conditions dans lesquelles elle se trouve quand elle se fait du souci (seule ?, quand elle entend une nouvelle à la radio ?…). Cette situation d'auto-observation met le patient dans une situation active par rapport à son problème et va l'aider à mieux analyser ce qu'il éprouve en se mettant dans cette position de distanciation. D'autre part, les éléments fournis par l'auto-observation sont autant d'éléments qui vont servir de support pour un travail cognitif, à savoir : comment à partir de tel fait, l'anxieux a-t-il interprété la situation pour la rendre à ce point anxiogène ?

Cette auto-observation permet également de générer des hypothèses sur les facteurs de maintien du problème et sur les croyances du patient concernant l'anxiété. À partir de l'ensemble des données que va recueillir en grande partie le patient, le thérapeute et le patient vont ensemble mettre en place une conceptualisation du problème, une formulation de ce problème qui a pour but de prendre en compte l'ensemble des informations fournies et de faire une hypothèse à partir de laquelle va découler le traitement proposé. Cette formulation du problème restera ouverte et cherchera à s'adapter à la lumière de discussions ou de nouvelles informations qu'apportera le patient. Cette formulation est donc dynamique et non statique. Elle sert de guide, non pas de règle, et doit être partagée avec le patient. On discutera avec le patient de ce qui pourrait être facteurs prédisposants, précipitants ou facteurs de maintien de son problème. Ces discussions auront des implications pour le protocole de traitement que l'on proposera au patient. Si, par exemple, parmi les facteurs prédisposants, on note essentiellement des croyances et des attitudes assez rigidifiées chez le patient, alors probablement on s'orientera davantage vers une thérapie cognitive plutôt que vers une thérapie comportementale en début de traitement.

La thérapie cognitive

Si la réponse physiologique est activée à un tel niveau d'intensité, c'est bien parce que le sujet a perçu une dimension de menace élevée. La thérapie cognitive est basée sur la théorie selon laquelle les émotions et les comportements d'un individu sont fonction de la manière dont il structure son rapport à l'environnement, aux autres et à son avenir. La psychopathologie, dans cette perspective, s'explique par une exagération des réponses adaptatives classiquement adoptées par la majorité des gens. L'anxiété serait donc une réponse de survie normale en cas de danger, alors que les troubles anxieux seraient des réactions dysfonctionnelles excessives dues à une perception inappropriée de dangers. Le but de la thérapie cognitive est de réduire l'anxiété en apprenant à identifier, évaluer, contrôler les pensées négatives relatives au danger, et à réduire par conséquent les comportements associés à ces pensées.

Pour les cognitivistes, la personnalité se façonne autour de valeurs centrales qui se développent très tôt. À partir de ce qu'il vit dans son environnement et de ce qu'il perçoit des relations ou du monde qui l'entoure, un individu tire des conclusions de ses différentes expériences. Ces schémas vont petit à petit constituer la base sur laquelle il codifie et catégorise ses futures expériences. Ainsi, chacun formule des règles et des standards qui peuvent être progressivement remodelés par les expériences futures, mais qui peuvent aussi se rigidifier alors qu'ils reposent sur des hypothèses discutables. Ces règles et ces standards sont révélateurs de la manière dont un individu conceptualise ses rapports au monde et dont il a interprété et traduit ses différentes expériences.

L'IDENTIFICATION DES PENSÉES ANXIEUSES

Il est souvent difficile de repérer les pensées anxieuses dans la mesure où elles passent comme des flashes dans l'esprit. Les pensées sont souvent devenues automatiques, apparaissant sans aucun effort. Parfois, ce sont des images qui traversent l'esprit et qui entraînent des sensations ou des sentiments pénibles. En revanche, il est plus facile de repérer la sensation pénible de peur et d'inquiétude éprouvée. Afin d'identifier ces pensées ou ces images, il faut donc noter ce qui se passe dès que cette anxiété apparaît :

— *La situation* : il faut identifier ce que le patient faisait quand il a ressenti cette anxiété. Cette situation peut être externe : se trouver dans une réunion, avoir à faire face à une situation inhabituelle... Elle peut également se présenter sous forme d'anticipation ou de souvenir. Enfin, cette situation peut être d'ordre intéroceptif, c'est-à-dire qu'elle peut être liée à des sensations physiques — sensation de mal respirer, d'avoir des battements cardiaques accélérés...

— *Les émotions* : il s'agit de noter les émotions éprouvées lorsque l'anxiété est apparue : souci, peur, agacement, impatience, etc.

— *Les pensées* : il faut repérer les pensées qui sont venues à l'esprit juste au moment où l'anxiété est apparue. Ces pensées peuvent arriver sous forme de mots ou de phrases. Parfois, ce ne sont pas des pensées, mais plutôt des images qui viennent à l'esprit, il faut également les décrire.

LE REPÉRAGE DES DISTORSIONS COGNITIVES

Le travail proposé consiste à permettre au patient de préciser la façon dont il traite les informations reçues et de percevoir des distorsions dans sa façon d'analyser des situations qui entretiennent sa détresse. On part de situations concrètes rencontrées actuellement par le patient dans sa vie quotidienne et on essaie d'identifier avec lui, comment et à partir de telle situation, il a pu se sentir anxieux : qu'a-t-il perçu dans cette situation qui a pu le rendre anxieux ? Que s'est-il dit face à cette situation qui a pu le rendre anxieux ? A-t-il eu tendance à majorer le risque de danger dans cette situation ? A-t-il minoré ses capacités à faire face à cette situation ?

Le souci de clarifier ce qui a pu faire naître l'anxiété à partir de la situation permet d'identifier certains types de distorsions cognitives — par exemple, une tendance à faire des inférences arbitraires, c'est-à-dire à déduire une conclusion en l'absence d'éléments suffisamment nombreux et probants. Ainsi une patiente anxieuse déduira que sa fille a dû avoir un grave accident, car elle a dix minutes de retard par rapport à l'heure habituelle de son retour à la maison. Autre type d'erreur dans la façon de traiter l'information : la sélection du seul élément flou, ambigu, dans une situation qui, par ailleurs, s'est très bien déroulée. Ainsi, si un médecin, étonné par la réduction du taux de cholestérol, hoche la tête devant un patient anxieux en lui assurant que tout va bien, le patient anxieux, lui, quand il sort du cabinet médical, ne va retenir que ce hochement de tête et l'interpréter comme un signe d'inquiétude de la part du médecin, oubliant ainsi la seule vraie et bonne nouvelle : tout va bien ! Enfin, d'autres distorsions cognitives sont liées à la pensée du tout ou rien, comme « il ne faut jamais faire confiance à personne », « tout ce que je fais échoue », ou à la tendance à s'attribuer la responsabilité des événements alors qu'il n'y a pas de preuves évidentes — par exemple, « mon employeur semblait de mauvaise humeur ce matin, j'ai sûrement dû faire une erreur ».

Exemple d'une grille remplie par une patiente anxieuse			
SITUATIONS	ÉMOTIONS	PENSÉES	DISTORSIONS COGNITIVES
Invitation d'amis à la maison.	Anxieuse. Embarrassée.	Ils vont mal me juger, je ne sais pas faire la cuisine. Je suis vraiment nulle.	Inférence arbitraire. Pensée en tout ou rien.
Je ressens une douleur au niveau de la gorge.	Panique.	J'ai sûrement un cancer. Image de moi-même en train de mourir à l'hôpital.	Inférence arbitraire. Maximalisation des dangers. Dramatisation.
Je pense au programme de la journée.	Anxiété. Oppressée.	Je n'arriverai jamais à tout faire.	Pensée en tout ou rien. Dramatisation.

RÉATTRIBUTION ET PROPOSITIONS D'ALTERNATIVES

Un patient anxieux comprend peu à peu que son interprétation de telle ou telle situation n'est qu'une des façons de voir possibles et qu'elle est filtrée par des biais cognitifs qu'il repère de mieux en mieux. Il peut alors envisager la même situation sous d'autres angles, moins catastrophiques, et s'employer à attribuer plus équitablement les responsabilités quand plusieurs personnes sont impliquées. Ce type d'interprétation met moins le patient en cause directement et, par conséquent, lui permet de mieux contrôler ses émotions.

Le fait d'émettre une opinion sur la situation ne veut pas forcément dire qu'on a raison. Le fait de penser quelque chose ne veut pas forcément dire que c'est vrai. En fait, ce que l'anxieux admet comme certitude n'est souvent qu'une hypothèse. Certains processus cognitifs participent à des distorsions dans le traitement de l'information et provoquent, dans le cas de l'anxieux, des biais de menace ou de danger. Parmi ces processus, citons la surgénéralisation, le fait de voir les choses en tout ou rien, la maximalisation des dangers, la minimisation des secours... Trouver une façon de penser exige de repérer ces processus cognitifs et de les discuter. Il faut peser les arguments pour ou contre en fonction d'éléments réalistes. L'idée centrale est de prendre l'opinion que l'on a comme une hypothèse et pas comme une certitude.

Exemple de construction alternative

PENSÉE ANXIEUSE	ALTERNATIVES POSSIBLES
J'ai mal à gorge. Je redoute d'avoir un cancer.	J'ai pris froid. Ma gorge est irritée car j'ai peut-être trop parlé. C'est peut-être le début d'une grippe. C'est peut-être un cancer.

PENSÉES	ARGUMENTS POUR	ARGUMENTS CONTRE
J'ai pris froid.	— J'ai été au courant d'air tout l'après-midi. — J'ai la gorge assez fragile. Je suis très sensible au courant d'air.	— Pas d'argument.
J'ai la gorge irritée parce que j'ai parlé tout l'après-midi.	— J'ai la gorge fragile.	— Je n'ai pas le sentiment d'avoir plus parlé que d'habitude aujourd'hui.
C'est peut-être un début de grippe.	— Beaucoup de collègues sont grippés actuellement. — J'ai une fragilité au niveau de la gorge.	— Je n'ai pas de fièvre. — Je ne me sens pas fatiguée. — Je n'ai pas d'autre symptôme tel que mal à la tête, frissons...
J'ai peut-être un cancer.	— J'ai la gorge fragile.	— Je n'ai pas d'autre symptôme. — J'ai eu un bilan médical récemment qui ne montrait aucune anomalie. — J'ai eu mal à la gorge à de nombreuses reprises, car j'ai la gorge fragile, et à aucun moment, il n'a été émis l'hypothèse d'une possibilité de cancer.

L'ANALYSE DE LA FONCTION DU SOUCI

Pourquoi l'hypothèse la pire est-elle évoquée en premier lieu par l'anxieux ? S'il est important d'examiner les pensées anxieuses et de rendre plus conscients les automatismes impliqués dans les biais cognitifs, il est tout aussi crucial de discuter des métacognitions, c'est-à-dire de la valeur attribuée au souci. Le but de cette démarche est de repérer les croyances positives autour de l'efficacité du souci, d'imaginer avec le patient d'autres stratégies permettant de traiter l'information relative à ce qu'il perçoit comme dangereux et de voir comment faire face sans compter sur le souci comme seul moyen de résoudre les problèmes.

Les anxieux privilégient souvent la pire hypothèse. On peut se demander d'où vient cette place de premier choix alors que d'autres hypothèses, moins anxieuses, pourraient être choisies dans cette même situation. En fait, les anxieux attribuent une fonction positive à l'anxiété, ce qui contribue en partie à son maintien. Pour eux, imaginer le pire, c'est, d'une certaine façon, le contrer. À plusieurs reprises, en effet, ils ont imaginé des situations dramatiques qui n'ont finalement pas eu lieu et ils en ont conclu à la valeur protectrice de l'anxiété. Pour d'autres, le meilleur moyen de ne pas être déçu est d'imaginer le pire, et tant mieux si l'on s'est trompé… Pour d'autres encore, l'anxiété est jugée stimulante, elle est nécessaire pour initier une action, quelle qu'elle soit. L'anxiété peut, enfin, paradoxalement, être perçue comme un moyen de résoudre des tensions. Pour éviter de se concentrer sur des images inquiétantes, les anxieux préfèrent se faire du souci, car cette activité bloque l'imagerie mentale et, ainsi, les émotions associées à ces images.

Il faut, d'abord, discuter de toutes les fonctions positives attribuées à l'anxiété, puis trouver d'autres solutions qui privilégient plutôt l'efficacité personnelle du sujet que l'efficacité très relative attribuée à l'anxiété. Par exemple, si un anxieux dit : « c'est parce que je suis anxieux que je réussis », la discussion peut se centrer sur le thème suivant : est-ce l'anxiété qui fait réussir, ou est-ce parce que l'anxiété se déclenche qu'on se met au travail et qu'on réussit ? La clé de la réussite est-elle dans l'anxiété ou dans le fait de s'être mis au travail ? L'anxiété a-t-elle été nécessaire en tant que starter ? Est-il possible de trouver des starters moins pénibles ? C'est dans les réponses données à ces interrogations que l'anxieux trouve souvent une dynamique personnelle et un nouveau sentiment de confiance en soi. Pour améliorer cette efficacité personnelle, il est bon alors de recourir aux techniques de résolution de problèmes.

LE PROCESSUS DE RÉSOLUTION DE PROBLÈMES

Les anxieux sont experts dans l'identification de problèmes potentiels, mais souvent inefficaces dans leur résolution. Un certain nombre d'études suggèrent que ce manque d'efficacité n'est pas dû à un manque de compétence, mais plutôt à un manque de confiance concernant les solutions imaginées et l'application de cette solution (Davey, 1994 ; Ladouceur *et al.*, 1998). Pour un anxieux, une situation-problème est plutôt perçue comme une menace à éviter que comme un challenge à relever. L'intolérance à l'incertitude est, certainement, un élément clé dans cette réaction d'évitement. Les éléments incertains ou ambigus dans la situation-problème, et l'incertitude quant aux résultats de la solution envisagée sont une telle source de soucis que la solution est différée.

Aider un patient anxieux, c'est donc l'aider à admettre la dimension d'incertitude contenue dans toute décision et à gérer cette incertitude, au lieu de vouloir éliminer l'incertitude avant de prendre la moindre décision. Le fait pour quelqu'un de percevoir une situation-problème comme une menace plutôt que comme un défi peut l'empêcher de définir la situation de manière opérationnelle, l'empêcher de trouver des solutions, de prendre une décision et de mettre en place un plan d'action.

Les principes généraux

Les techniques de solution de problèmes doivent donc se centrer sur les points suivants :

1. Modifier la perception du problème.

2. Accroître la motivation à la résolution du problème.

3. Valoriser la notion de contrôle personnel dans les situations-problèmes.

Une fois que le patient arrive à évaluer une situation de façon moins catastrophique, les solutions lui paraîtront plus abordables et il se sentira moins démuni. Si on reprend l'exemple de la mère de famille qui s'inquiétait du retard de dix minutes de sa fille, on peut lui faire remarquer que l'hypothèse de l'accident est effectivement à classer parmi les hypothèses explicatives du retard, mais on peut aussi lui demander d'énoncer toutes les autres raisons qui pourraient expliquer que sa fille soit en retard : a été retenue un peu plus longtemps au lycée, a discuté avec une copine de classe après être sortie du lycée, a manqué son autobus, est montée dans un autobus qui a eu une panne, a aidé quelqu'un qui aurait fait un malaise dans la rue...

Chaque hypothèse est alors envisagée de manière contradictoire, avec des arguments qui confirment ou infirment l'hypothèse. Par exemple, pour l'hypothèse n° 1 (la fille retenue au lycée un peu plus longtemps), l'un des arguments pouvant infirmer cette proposition est qu'en général, les cours se terminent à l'heure dans ce lycée ; inversement, un argument pouvant confirmer cette hypothèse est que sa fille répète ce soir une pièce de théâtre qui va être présentée lors de la fête du lycée et que la répétition peut avoir pris un peu plus de temps afin de régler les derniers détails. Et ainsi de suite pour chaque hypothèse. En fonction des arguments pour et des arguments contre, le patient classe alors chaque hypothèse par ordre de probabilité et cherche l'attitude qu'il aurait eue dans l'hypothèse n° 1, l'hypothèse n° 2, etc. Il se sent alors beaucoup plus à même de trouver des solutions et reprend peu à peu confiance en lui.

On demande ensuite au patient anxieux de généraliser cette façon d'interroger ses pensées inquiétantes :

— On envisage d'autres manières de traiter une situation et, pour chaque hypothèse, on repère les arguments qui pourraient justifier cette analyse et les arguments qui pourraient l'infirmer.

— On classe ces hypothèses par ordre de probabilité et on dégage des solutions pour la probabilité n° 1, des solutions pour la probabilité n° 2 si cette hypothèse se révélait fausse, etc. Les résultats obtenus à chaque étape de vérification des hypothèses permettent de voir si l'on a bien ou mal estimé la sévérité du danger dans la situation et, petit à petit, d'avoir une estimation plus juste de la réalité.

En fait, la principale difficulté pour un anxieux tient plutôt à l'orientation générale à prendre face à une situation donnée qu'aux stratégies à mettre en œuvre, une fois la solution globale envisagée. Cette étape d'orientation globale tient compte de la perception que l'on a du problème, de l'attribution que l'on en fait, de sa croyance en sa capacité à contrôler une partie de la réalité, et de ses réponses émotionnelles. Or les anxieux manquent de confiance dans leurs capacités à résoudre les problèmes et à maîtriser les situations, ce qui les gêne dans leur appréciation globale. Le fait que la situation soit *a priori* perçue comme une menace et une difficulté qui risquent de mettre en jeu un certain nombre de certitudes les empêche souvent de définir cette situation de manière opérationnelle, d'émettre une décision, et, donc, de s'engager dans un plan d'action et dans l'organisation de solutions. Il faut donc les aider à repérer les monologues qu'ils se tiennent face à une situation donnée, et notamment les pensées qui inhibent le comportement (PIC) pour les amener à des pensées qui orientent le comportement (POC) :

— *Les pensées qui inhibent le comportement* sont des pensées comme : « je n'y arriverai pas », « c'est impossible de trouver une solution », « je n'aurai jamais assez de temps pour ».

— *Les pensées qui orientent le comportement* ont une forme plus affirmative : « voyons ce que je peux faire », « je peux déjà essayer de régler ce point », « avec le peu de temps que l'on a, voyons ce qu'il est urgent de faire ».

Le manque de confiance dans sa capacité à résoudre les problèmes active une réponse émotionnelle immédiate dès que l'anxieux se trouve face à une situation nouvelle. L'interprétation qu'il fait de cette réponse émotionnelle renforce encore ses doutes sur sa capacité à contrôler la situation. Aussi, pour améliorer la résolution de problèmes, faut-il encourager l'anxieux à se focaliser sur la situation-problème en essayant de critiquer les *a priori* qu'il pourrait avoir du fait de sa réaction émotionnelle immédiate. Il faut, par ailleurs, l'aider à identifier tous les éléments clés de la situation-problème sans se perdre dans des détails. En effet, l'intolérance à l'incertitude conduit souvent une personne anxieuse à chercher à avoir le maximum d'informations sur une situation et à se concentrer sur des petits détails pour être bien sûre d'avoir tous les éléments en main : cela entraîne nécessairement un retard dans la gestion de la situation et augmente le souci de prérésolution. La thérapie doit permettre de trouver un juste milieu entre l'évitement de la situation-problème et l'excès d'investigations pour la résoudre.

Enfin, il faut s'assurer que l'anxieux traite bien le bon problème et sait distinguer entre les problèmes immédiats et les problèmes consécutifs à des événements pouvant survenir dans un futur improbable. En effet, la tendance à se préoccuper de l'avenir empêche souvent l'anxieux de se fixer sur le présent. Ses préoccupations concernant un futur improbable interfèrent avec ses capacités à résoudre des problèmes immédiats. Ainsi, un anxieux qui vit des conflits au quotidien avec un collègue de travail risque-t-il de penser à la perte éventuelle de son travail et à tous les soucis qui pourraient en résulter. L'énergie passée à anticiper est un handicap pour la résolution du problème immédiat.

Les étapes

Les problèmes immédiats étant cernés, la méthode de « résolution de problèmes » peut désormais être appliquée. Cette méthode est fondée sur un modèle circulaire qui comprend des étapes, sachant que l'on reprend à l'étape 1 si la solution trouvée n'est pas adaptée. Les différentes étapes sont les suivantes :

1. Clarifier le problème : définir le problème en l'explicitant, le formuler en termes précis et concrets.

2. Élaborer des solutions : faire l'inventaire de toutes les solutions possibles, sans en censurer aucune, avec la méthode du *brain storming*, en restant le plus créatif possible, quitte à imaginer des solutions peu conventionnelles.

3. Évaluer chaque solution en faisant ressortir ses avantages et ses inconvénients, ses conséquences à court terme, à long terme, pour soi, pour les autres, ses implications concrètes (argent, temps...).

4. Prendre une décision : cette décision découle de la comparaison des différentes solutions et permet d'arriver à la recherche d'un compromis, faute d'une solution parfaite.

5. Exécuter la décision : préciser les tâches liées à l'implantation de la décision et établir un échéancier.

6. Évaluer les résultats : cette évaluation des résultats se fait en fonction des objectifs visés et du problème défini clairement au préalable. Si les résultats obtenus ne sont pas satisfaisants, alors il faut recommencer le processus de résolution de problèmes à l'étape n° 1 en redéfinissant et en reformulant le problème non résolu. Dans ce modèle, les résultats insuffisants ne sont pas perçus comme un échec, mais plutôt comme le signe qu'il faut reformuler le problème.

Étapes de la résolution de problèmes

— Clarifier le problème.
— Proposer d'autres solutions de remplacement.
— Peser le pour et le contre de chaque solution.
— Choisir la solution qui présente le plus d'avantages et le moins d'inconvénients.
— Repérer les obstacles à la mise en place de cette solution.
— Valider cette solution ou prendre une autre solution.
— Mettre en place la solution choisie.
— Évaluer les effets de cette solution.

LE TRAVAIL SUR LES SCHÉMAS

Une fois que l'anxieux arrive à progressivement mieux repérer ses fonctionnements cognitifs, sa façon d'appréhender la vie ainsi que les comportements qui découlent de l'interprétation catastrophique qu'il fait des événements, on peut l'aider à mieux repérer ce qui l'a conduit à ces biais d'interprétation. Dans la mesure où ces schémas reflètent la façon dont une personne a structuré son rapport aux autres et au monde, c'est par l'étude des interactions entretenues dès le plus jeune âge avec l'environnement qu'il est possible de repérer les postulats problématiques.

Les postulats permettent de visualiser les schémas avec lesquels l'anxieux fonctionne et qui influent sur les processus de mémorisation, les processus perceptuels, les processus attentionnels et les processus de compréhension. En effet, ces schémas guident la sélection, l'encodage, l'organisation, le stockage et l'émission de l'information. Les stimuli de l'environnement qui sont en écho avec les schémas existants sont élaborés et encodés alors que ceux qui ne sont pas en écho sont ignorés ou oubliés. Chez l'anxieux, les schémas incluent une perception de menace et un sens exagéré de la vulnérabilité. Ils tournent autour des thèmes suivants : compétence, valeur personnelle, abandon, perfection, échec...

Ce qui pose un problème dans la pathologie anxieuse, c'est la perception aprioriste du danger contenu dans toute situation. Il est possible que les anxieux aient des réseaux d'information, concernant le danger, organisés de manière très dense dans la mémoire à long terme, ce qui faciliterait le rappel d'événements menaçants lorsqu'ils se trouvent devant une situation floue, incertaine (Eysenck, 1985). La menace d'un danger associée à la croyance que l'on ne peut ni empêcher ni faire face à ce danger déclenche une réponse de vulnérabilité qui se traduit par une hypervigilance et une sélection exclusive des indices de danger dans l'environnement, une tendance à amplifier le degré de la menace et une généralisation du danger à l'ensemble de l'environnement. Les anxieux ont tendance à percevoir des risques mineurs comme très dangereux, et cette surestimation conduit à une dimension de vulnérabilité qui elle-même déclenche des pensées et des conduites pour faire face au danger. Ainsi, ce qui va essentiellement différencier un anxieux d'un non-anxieux, c'est ce sentiment très vif de non-contrôlabilité des événements, ce qui réduit des attentes d'attitudes adéquates et appauvrit la confiance en soi.

Cette difficulté à évaluer ses propres capacités à faire face dans une situation, l'anxieux la tire en partie de ses expériences et de l'observation des comportements dans son environnement familial et social. Les modes de relation très précoces dans le système familial jouent un rôle extrêmement important dans l'évolution anxieuse. Si les parents ont tendance à encourager les stratégies d'évitement, à avoir des attitudes ambivalentes face à un grand nombre de situations ou des attitudes de rejet face à l'enfant alors que sa façon de réagir était adaptée, tout cela risque d'encourager le développement d'une pathologie anxieuse. Cette dimension relationnelle est une clé centrale dans le trouble anxieux généralisé où le manque de confiance en soi est un élément dominant. Le regard et le jugement des autres constituent l'un des thèmes privilégiés de l'anxiété généralisée, l'estime d'autrui jouant sur l'estime de soi.

L'observation d'autrui permet d'organiser sa propre conceptualisation sur l'exécution de certaines actions et l'évaluation de leurs conséquences. Elle sert de guide pour après. La synthèse des différents modèles produit de nouvelles façons de penser et d'agir. Aider un anxieux, c'est donc l'aider à observer différemment ce qui l'entoure, à porter une attention moins sélective aux indices « menaçants », à adopter de nouveaux comportements en fonction d'une observation moins « dangereuse » et à mieux estimer les conséquences de ce comportement en lui permettant d'apprécier ce qui lui est véritablement attribuable et ce qui peut être attribué à des facteurs externes.

Le repérage des postulats

— *Les distorsions cognitives.* La collaboration entre le thérapeute et l'anxieux permet de discuter les erreurs cognitives identifiées lors de l'enregistrement des pensées automatiques et de repérer, à partir de cette discussion, les thèmes propres à certains schémas. Ainsi, si l'on remarque une tendance à la maximalisation des dangers, à la surgénéralisation, à des pensées en tout ou rien, la discussion peut s'engager sur les règles de vie que s'impose le patient. Ces règles de vie prennent souvent la forme d'hypothèses telles que « personne ne peut m'aimer si je ne réussis pas tout ce que je fais », « si j'échoue dans cette histoire, c'est que je ne vaux rien », « si on n'est pas d'accord avec quelqu'un, on risque d'être rejeté ». Ces hypothèses traduisent des schémas d'abandon et d'incompétence, du genre : « on ne peut être aimé que si l'on est excellent en tout », « on a de valeur aux yeux des autres que si on réussit tout ce que l'on entreprend », « il faut toujours être d'accord avec les autres ; sinon, on se retrouve tout seul ».

— *La technique de la flèche descendante*. Cette méthode vise à amener le patient anxieux à aller le plus loin possible dans les conséquences dramatiques qu'il envisage.

Exemple de flèche descendante

Thème : licenciement.
Souci à propos du fait que le directeur a critiqué un plan de financement réalisé par le patient :
À quoi avez-vous pensé alors ?
Il va prendre ce prétexte pour me renvoyer.
Qu'est-ce que cela signifierait pour vous d'être congédié ?
Je me retrouverais au chômage.
Qu'est-ce que cela évoque pour vous ?
Je me retrouverais sans argent.
Je serais obligé de vendre ma maison.
Qu'imaginez-vous qu'il pourrait alors se passer ?
Je ne supporterais pas le regard de mes enfants. Ce serait la honte pour moi.
Cela voudrait dire quoi pour vous ?
Je serais déchu de mon rôle paternel.
Quelle serait la conséquence de cela ?
Je ne me supporterais plus. Je n'aurais plus qu'à me suicider.
Serait-ce la seule solution ?
Je n'en vois pas d'autre.

Conclusion : si je suscite la moindre critique, je prends le risque d'une catastrophe pour moi et ma famille.

La technique de la flèche descendante, outre le fait qu'elle permet de découvrir les postulats qui se cachent derrière le comportement de l'anxieux, permet également de voir que le patient active des problèmes à chaque étape et qu'à aucun moment, en revanche, il n'anticipe de solutions — par exemple, aller demander un entretien à son directeur ou chercher un autre travail s'il est congédié...

La modification des postulats

Dans un premier temps, le but est d'aider le patient à repérer comment il a pu organiser des schémas d'abandon, de dépendance, d'incompétence... à partir de ses expériences vécues. On essaie de repérer, avec le patient, dans son histoire de vie, des expériences dont il se souvient comme génératrices d'anxiété et de les réanalyser à la lumière de tout ce qui a pu être découvert au cours de la thérapie.

> Amandine, 30 ans, présente un schéma d'abandon et d'incompétence. Elle est terriblement anxieuse à l'idée de s'éloigner de chez elle ou d'être loin de ses parents. Les événements qui l'ont le plus marquée dans sa vie sont sa mise en pension à l'âge de 11 ans et son premier travail pour lequel elle a quitté le domicile familial. Elle s'est alors vue comme différente : elle avait l'impression d'être la seule à ne pas pouvoir faire face à ces situations de changement et son malaise provoquait souvent les moqueries des autres.
>
> Du coup, par association d'idées, Amandine s'est mise à appréhender et, la plupart du temps, à éviter les situations qui pouvaient de nouveau l'éloigner de sa famille et de sa maison de peur d'avoir à revivre une telle détresse. En même temps, elle vivait cette incapacité à fonctionner comme tout le monde comme un problème difficile à gérer d'autant qu'il était une source de conflits avec les autres qui ne comprenaient et n'acceptaient pas toujours ses comportements d'évitement.
>
> En thérapie, Amandine s'est rendue compte que ce n'était pas l'éloignement des siens qui avait provoqué son état de détresse, mais le cumul des situations stressantes. En effet, lorsque, à

11 ans, elle est partie en pension, ses parents démarraient une nouvelle activité dans une région éloignée, et elle ne les revoyait que pour les vacances scolaires. Pendant les week-ends, elle était gardée par sa grand-mère qu'elle n'aimait pas beaucoup, car c'était une femme peu démonstrative et assez sévère. Ainsi, elle a dû affronter l'entrée en classe de sixième et le cadre nouveau du pensionnat, tout en sachant qu'elle ne pourrait pas facilement voir ses parents et en appréhendant beaucoup sa nouvelle vie avec sa grand-mère !

Difficile dans ce cas de ne pas se sentir très vulnérable face à la surdimension adaptative sollicitée par ce cumul de situations nouvelles et par le peu d'aide disponible. On comprend mieux comment un schéma de danger a pu être activé avec, d'une part, un très grand nombre de situations à affronter sans les compétences nécessaires et, d'autre part, le sentiment d'être seule sans pouvoir être aidée dans cette lutte pour faire face — ce que confirment, d'ailleurs, les moqueries des autres (« voilà la pleureuse... »). Cette même situation s'est reproduite lorsque, pour son premier emploi, Amandine a dû faire face non pas à une situation, mais à plusieurs situations nouvelles simultanément : premier emploi, découverte d'une nouvelle ville, premier appartement seule...

L'erreur d'interprétation qu'a faite Amandine en attribuant son état de détresse au seul fait d'être éloignée de ses parents a engendré chez elle un « comportement de collage ». Comme ce comportement lui paraissait associé à un soulagement de son angoisse, il a confirmé son diagnostic et amplifié sa crainte de tout éloignement d'avec ses parents. Mais est-ce ce « collage » qui soulageait son angoisse, ou bien le fait qu'elle ne se trouvait plus, depuis de nombreuses années, confrontée à de tels cumuls de situations ?

Le fait d'envisager le problème sous cet angle a permis à Amandine de supporter le départ de ses parents qui prenaient quelques jours de vacances. Elle a également pu envisager de reprendre une activité professionnelle en trouvant des solutions pour gérer au mieux sa vie de famille. Cette autonomie retrouvée lui a redonné un sens certain de la liberté. Elle a pu envisager ce sentiment de détresse et de vulnérabilité non plus comme un état permanent, mais comme une dimension occasionnelle, pouvant arriver à tout un chacun lorsqu'il est confronté à un grand nombre de situations nouvelles dans le même temps, qu'il manque des compétences nécessaires et qu'il ne sait pas trop où chercher du réconfort.

Anna, elle, présente un schéma d'incompétence — « je suis incapable de prendre la bonne décision », dit-elle tout le temps. Cette quadragénaire s'arrange depuis longtemps pour confirmer cette hypothèse en organisant les situations de manière à ne pouvoir arriver qu'à cette conclusion. Ainsi, quand elle embauche une secrétaire qui a toutes les qualités requises pour le poste, elle ne lui donne aucune consigne et la laisse dans le flou quant aux horaires pour fixer les rendez-vous et aux initiatives qu'elle peut prendre... Du coup, la jeune secrétaire se sent vite assez mal à l'aise. Anna interprète ce malaise comme un manque de compétence et se dit qu'une fois de plus, elle a fait le mauvais choix ! Or, si Anna avait été plus claire dans ses attentes, si elle avait fait remarquer ce qui allait bien ou apporté des précisions pour corriger ce qui allait moins bien, la secrétaire aurait mieux cerné son rôle et pu agir différemment.
En thérapie, les schémas d'Anna ont été discutés en termes d'avantages et d'inconvénients à conserver une telle croyance. Anna a progressivement pu adopter des attitudes nouvelles lui permettant d'infléchir ces schémas précoces, grâce, notamment, à l'apport des techniques propres aux thérapies comportementales.

Les thérapies comportementales

Un des éléments importants dans le processus anxieux est l'évitement cognitif qui consiste à remplacer des images mentales suscitant une réponse émotionnelle gênante par une activité cognitive sémantique de souci, moins lourde sur le plan émotionnel et, dès lors, apaisante (Borkovec *et al.*, 1990). Le but des thérapies comportementales est d'essayer d'aider le patient anxieux à contrôler sa réponse émotionnelle au moyen de méthodes de relaxation, mais aussi de méthodes d'exposition destinées à faire décroître la réponse physiologique d'anxiété lorsque l'image anxiogène est présentée. En effet, cette activation physiologique en lien avec la réponse émotionnelle contribue au maintien du sentiment de vulnérabilité de l'anxieux, très vite démuni lorsqu'il est confronté à cette réaction émotionnelle.

L'APPRENTISSAGE D'UNE RÉPONSE DE RELAXATION

Les patients souffrant d'un trouble anxieux généralisé sont très invalidés par la réponse neurovégétative associée à la réponse d'alarme. Lorsqu'un danger ou une menace est perçu, l'information que reçoit le système nerveux central est alors immédiatement transmise au système nerveux autonome qui a pour rôle de traduire les émotions en réponses physiologiques. Le système nerveux sympathique est directement concerné dans le contrôle de l'énergie corporelle, notamment parce que c'est lui qui prépare à l'action. Nos muscles se contractent, créant ainsi des phénomènes de vasoconstriction ; notre pression sanguine augmente, entraînant une accélération cardiaque ; notre respiration devient plus rapide et saccadée. Ces réponses sont importantes dans une réaction de défense dans la mesure où, pour nous mouvoir plus rapidement, notre organisme a besoin de beaucoup d'oxygène. En revanche, lorsque ces sensations sont perçues sans source de danger réel, elles peuvent revêtir une dimension désagréable et devenir source d'inquiétude. La tension induite peut même activer un phénomène d'hyperventilation qui engendre des perceptions pénibles : tête qui tourne, jambes qui flageolent, impression de s'évanouir, de mourir, de perdre le contrôle. On comprend mieux alors pourquoi il est primordial d'aider au contrôle de cette tension par le biais de méthodes de relaxation (pour des techniques détaillées de relaxation active et passive, voir en annexe).

Le contrôle respiratoire

Une personne qui est anxieuse respire de manière plus rapide et moins régulière que d'habitude. Cette respiration anxieuse peut produire des symptômes comme des tremblements, des sensations de picotement dans les mains et les pieds, des tachycardies, des sensations de vertige, d'étouffement... Ces symptômes, parfois très effrayants, risquent d'être interprétés comme des signes de maladie physique et d'alimenter la dimension anxieuse.

Pourtant, ces sensations peuvent être rapidement contrôlées, il suffit de corriger sa façon de respirer et de remplacer la respiration irrégulière, rapide, par une respiration régulière, lente et calme. Pour cela, on conseille au patient de commencer par souffler lentement par la bouche, puis de bloquer sa respiration pendant deux secondes avant d'inspirer lentement par le nez en gonflant son ventre ; on lui demande alors de bloquer de nouveau sa respiration pendant deux secondes avant de souffler lentement par la bouche. Il est conseillé de faire deux ou trois fois de suite ce type de respiration qui permet rapidement de contrôler l'ensemble de l'état de tension.

Les techniques de relaxation actives

Certaines techniques de relaxation, comme la technique de Jacobson, consistent à se tendre au maximum pour ensuite essayer de percevoir tous les ingrédients de la détente. On peut aussi se relaxer en faisant du sport, c'est-à-dire en activant ses muscles, puis en essayant à la fin de l'activité sportive de se centrer sur la détente musculaire. Les techniques de yoga reposent sur ce genre de méthode.

Les techniques de relaxation passives

Ces techniques ont toutes en commun de se centrer sur un outil mental, image ou son, afin de fixer son attention sur une dimension plaisante. L'émotion agréable, engendrée par cette représentation imagée ou ce son, se traduit automatiquement par une réponse de relaxation qui se manifeste par un relâchement musculaire, une vasodilatation, un ralentissement cardiaque, une respiration calme.

LES TECHNIQUES D'EXPOSITION : AFFRONTER AU LIEU D'ÉVITER

Beaucoup d'anxieux évitent des situations qu'ils perçoivent comme risquant de déclencher la spirale anxieuse. Certains évitent d'écouter les nouvelles, de regarder des émissions à la télévision, de se rendre dans certains endroits. D'autres évitent de prendre des risques et pratiquent le surcontrôle pour être sûrs de ne pas se faire du souci à l'idée d'avoir fait une erreur. Or le fait d'éviter les situations ou le risque ne permet jamais de tester les prédictions catastrophiques et de découvrir si elles étaient réalistes ou non. Le meilleur moyen pour vérifier une hypothèse est de se confronter à la situation redoutée et d'en analyser les conséquences.

Pour aider l'anxieux à se confronter aux situations redoutées, des techniques d'imagerie mentale ou de jeux de rôles peuvent être proposées avant la confrontation directe aux situations réelles. Leur but est d'apprendre à affronter au lieu d'éviter, de permettre de percevoir les réels obstacles, d'appréhender les composantes cognitives (pensées automatiques) et émotionnelles ainsi que les composantes objectives, d'élaborer des stratégies cognitives (travail sur les pensées automatiques) et des stratégies de résolution de problèmes. Le fait d'affronter ces situations ou le risque que l'on y avait décelé permet à l'anxieux de gagner en efficacité personnelle.

Les techniques d'exposition reposent sur le principe expérimental d'habituation qui correspond à la diminution de l'intensité de la réponse physiologique de tension par la présentation prolongée de stimuli anxiogènes. Au-delà de l'apprentissage du contrôle de la réponse physiologique en affrontant ce que l'on redoute, le sujet acquiert un sentiment d'efficacité personnelle. Par le biais de l'habituation, l'anxieux exposé en imagination aux images mentales qu'il redoute ressent progressivement que la réponse physiologique s'apaise. Cette technique lui permet de travailler les pensées automatiques associées à l'évocation de ces images mentales dans le cadre de l'approche cognitive et donc de ne plus chercher à les éviter en les transformant grâce au souci. L'exposition en imagination à la pire des images redoutées permet à l'anxieux d'accroître sa tolérance à la réponse émotionnelle activée en restant focalisé sur l'image redoutée jusqu'à ce que le niveau d'activation émotionnelle décroisse. Par ailleurs, l'exposition en imagination permet aussi à la personne soucieuse d'accroître sa tolérance à l'incertitude en s'exposant à un événement qui peut ou ne peut pas survenir dans le futur.

Ainsi, en provoquant et en maintenant la réponse émotionnelle associée à l'image d'un événement futur incertain, l'anxieux se rend compte qu'il est capable de tolérer un niveau émotionnel et un degré d'incertitude beaucoup plus importants qu'il ne les avait imaginés. En outre, si les techniques de résolution de problèmes sont efficaces pour les inquiétudes concernant des problèmes réels (un conflit avec un collègue de travail, par exemple), elles sont peu adaptées lorsqu'il s'agit de considérations peu probables (comme la survenue d'une maladie incurable). Dans ce dernier cas, les techniques d'exposition aux images mentales favorisent à la fois l'habituation et la diminution de l'intolérance à l'incertitude (Ladouceur *et al.*, 1998). Enfin, ces techniques d'exposition, qui mettent essentiellement en jeu la dimension émotionnelle, permettent d'exprimer plus facilement les schémas de danger et, par la suite, de travailler dessus avec une approche cognitive.

L'exposition peut également se faire *in vivo*. Elle est tout particulièrement recommandée pour les anxieux qui évitent certaines situations pour ne pas déclencher de souci. Le programme progressif d'affrontement proposé aux anxieux évitants leur permet de constater que la réponse émotionnelle diminue, non pas en évitant, mais bien en affrontant ce qu'ils redoutent, à condition qu'ils s'exposent un temps suffisamment long pour que la réponse d'habituation puisse s'installer (entre une demi-heure et trois quarts d'heure). De même, les anxieux qui ont tendance à apaiser leur anxiété en contrôlant et en vérifiant peuvent, grâce aux techniques d'exposition, apprendre à supporter l'anxiété déclenchée par la limitation des rituels de vérification et se rendre compte que l'anxiété s'apaise au bout d'un certain temps (entre une demi-heure et trois quarts d'heure) même s'ils n'ont pas vérifié autant qu'ils le souhaitaient. Au bout du compte, l'anxieux confronté à ses peurs découvre donc que l'exposition limite l'anxiété, il gagne ainsi en sentiment de contrôle.

LES TECHNIQUES D'ENTRAÎNEMENT À LA COMMUNICATION

Les techniques d'entraînement à la communication consistent essentiellement à apprendre des stratégies de communication par le biais d'informations et de jeux de rôles. Elles ont souvent un intérêt pour la mise en place de solutions dans les pratiques de résolution de problèmes, par exemple quand il s'agit d'avoir un entretien avec son pdg, mais qu'on a peur de se sentir trop mal à l'aise et de ne pas pouvoir exprimer clairement sa requête ; ou quand on ne voit pas rentrer son enfant à l'heure et qu'on n'ose pas téléphoner au lycée par crainte d'être mal jugé par la directrice qui nous taxerait de mère anxieuse, trop protectrice ou envahissante…

Les techniques d'entraînement à la communication permettent d'apprendre à exprimer ses émotions et à formuler ses demandes de manière qu'elles paraissent acceptables. C'est aussi l'occasion de travailler sur le souci lié à l'image qu'on veut donner de soi. Elles tiennent compte des obstacles cognitifs (interprétation de la situation), affectifs (monologue dépréciatif) et comportementaux (manque de stratégies verbales et non verbales pour communiquer).

LES TÂCHES À RÉALISER À LA MAISON

À la fin de chaque séance, le patient anxieux se voit assigner des tâches qui auront été contractuellement définies avec le thérapeute pour faciliter la généralisation des apprentissages faits au cours de la séance et mieux appréhender les difficultés rencontrées dans la mise en application des conseils donnés. Les tâches peuvent concerner l'observation des processus de pensée (erreurs cognitives) comme la mise en place d'une solution ou d'un comportement plus affirmé dans une situation.

Modifier le traitement de l'information

— *Le mode d'orientation* est la première étape dans le traitement de l'information. C'est une étape de reconnaissance rapide, complètement automatique des stimuli, une sorte de détecteur d'alarmes qui permet d'identifier les stimuli comme positifs, négatifs ou neutres, menaçants ou non, concernant le sujet qui les perçoit ou non. Dans l'anxiété, cette étape de mode d'appréhension immédiate pourrait être biaisée par une attention sélective aux seuls stimuli négatifs identifiés comme concernant le sujet. S'ensuivrait, juste après, un processus d'élaboration spécifique pour les stimuli à connotation menaçante : l'étape de préparation immédiate.

— *La préparation immédiate* pour les stimuli menaçants, deuxième étape du processus, vise à assurer la survie du sujet en maximalisant le secours et en minimisant le danger. Du fait de leur orientation essentiellement centrée sur la survie, les modalités de traitement de la menace sont rigides, inflexibles et réflexes. Une fois activées, elles absorbent l'essentiel des ressources attentionnelles, réduisant les capacités de considération secondaire sur ce qui se passe. L'ensemble de l'appareil de traitement de l'information est dominé par l'idée de menace et se trouve mobilisé pour l'activation physiologique, la manifestation ou l'inhibition de certains comportements, la production de pensées et d'images centrées sur la menace ou le danger, la concentration et l'hypervigilance sur les indices de danger ou de risque.

Cette étape est néanmoins beaucoup moins automatique que la précédente. Elle relève davantage du répertoire stratégique et fournit un premier ensemble d'impressions sur une menace fondée sur des informations incomplètes. L'anxieux peut alors facilement s'engager dans des procédures d'abstraction sélective, tirer arbitrairement des conclusions à partir d'éléments incertains, et rester essentiellement centré sur les aspects les plus dramatiques de la situation, ignorant les éléments qui orienteraient cette information dans un sens plus positif. L'autre biais est la tendance à la dichotomie, c'est-à-dire la pensée sur le mode du tout ou rien, afin de résoudre l'intolérance à l'incertitude ou à l'ambiguïté : devant les éléments d'incertitude, l'anxieux surestime la probabilité et la sévérité de la situation perçue comme menaçante, ce qui le conduit à formuler des pensées catastrophiques caractéristiques.

— *L'élaboration secondaire* suit l'étape de préparation immédiate avec estimations *a priori*. C'est une étape plus lente, qui demande un certain effort de synthèse et fait notamment appel à l'ensemble des expériences acquises et à des conceptions globales sur le monde. À ce stade, le sujet tente d'évaluer la disponibilité et l'efficacité de ses ressources pour faire face à la menace. Ce repérage stratégique est permis par l'activation d'un mode métacognitif (ce que l'on pense de ce que l'on pense). Lorsque quelqu'un réfléchit à ses pensées anxieuses, à ses sentiments et aux sensations engendrées par le mode aprioriste d'appréhension immédiate, deux grands types de réactions sont possibles. On peut constater une escalade encore plus intense de l'anxiété (la domination du mode automatique aprioriste empêche une perception plus réaliste ou constructive de la situation) ou, inversement, un apaisement de l'anxiété (l'appréciation plus constructive de la situation permet de mieux gérer la probabilité ou la sévérité de la menace et rassure sur sa capacité à faire face).

Parfois, ce mode d'élaboration secondaire a du mal à s'initier, car le sujet, à partir du mode aprioriste d'appréhension immédiate, est engagé dans des conduites d'évitement qui ralentissent cette étape. Si les anxieux sont rarement apaisés par le mode métacognitif, c'est peut-être parce que les autres repèrent plus rapidement et plus facilement les signaux de sécurité contenus dans la situation : du coup, la stratégie de contrôle de l'anxiété peut se mettre en place de manière efficace. Si les anxieux ont tant de mal à avoir confiance en eux et dans les situations qui les environnent, c'est peut-être qu'ils n'ont pas pu acquérir ce sentiment de sécurité à travers les expériences qu'ils ont faites dans leur vie.

L'anxiété pourrait donc être vue comme une défaillance dans la mise en place d'un processus d'élaboration secondaire constructif, défaillance qui serait due à la trop forte activation de la modalité automatique suscitée par le mode d'orientation au cours de la première étape du traitement de l'information. La thérapie cognitive occupe une place de choix dans le traitement de l'anxiété dans la mesure où elle développe des techniques de stratégies verbales permettant d'évaluer la validité des pensées anxieuses dérivées du mode d'orientation. Les approches comportementales sont également nécessaires pour la réduction de l'anxiété, car elles permettent d'engager des procédures d'élaboration secondaire alors que l'évitement physique ou cognitif des situations menaçantes ne permet pas le passage à ce stade. Toutes ces procédures peuvent, par ailleurs, progressivement infléchir les processus automatiques et en rendre la critique plus aisée.

L'efficacité des TCC

Le projet de la thérapie comportementale et cognitive pour les anxieux consiste à modifier leurs perceptions des problèmes et à accroître leurs sentiments de contrôle dans des situations anxiogènes en les aidant à mieux maîtriser leurs réponses émotionnelles, à avoir une attitude plus appropriée face aux situations redoutées et à envisager plus sereinement des stratégies de solutions. Le patient anxieux comprend que le but du traitement n'est pas d'éliminer l'anxiété, mais d'apprendre à en mieux définir les sources, ce qui oriente son énergie vers un objectif plus réaliste, développe et mobilise ses ressources personnelles et augmente sa confiance en soi.

La thérapie cognitive et la thérapie comportementale sont indissociables dans la prise en charge de l'anxiété généralisée. En effet, lorsqu'un danger est anticipé, le système cognitif favorise la prudence au moyen de doutes, d'évaluations négatives et de prédictions négatives. Les manifestations somatiques de ces prévisions se traduisent par un éventail de sensations variées — faiblesse ou douleurs diverses —, qui orientent le comportement vers des stratégies d'autoprotection. Certaines de ces réponses sont contre-productives dans la mesure où elles maintiennent la préoccupation anxieuse et empêchent la correction d'hypothèses ou de pensées dysfonctionnelles.

Les « conduites de sécurité » jouent un rôle significatif dans le maintien de l'anxiété. Par exemple, la non-survenue des conséquences redoutées peut être attribuée à des attitudes précises plutôt qu'au fait que cette catastrophe, de toute façon, ne serait pas arrivée. Par ailleurs, certaines conduites de sécurité entraînent d'autres soucis. Ainsi, une personne anxieuse qui cherche à tout prix à être rassurée sur le plan médical peut consulter plusieurs médecins, qui n'émettront pas forcément le même avis sur la conduite à tenir, ce qui va entraîner des doutes chez le patient quant à la confiance qu'il peut mettre dans le corps médical et engendrer d'autres soucis.

En modifiant les comportements de sécurité, on agit sur la dimension cognitive. Inversement, en travaillant sur les pensées automatiques, on modifie les comportements qui en résultent. Les deux composantes, cognitives et comportementales, sont donc indissociables.

Les thérapies cognitives et comportementales, par leur approche concise et directe, sont particulièrement utiles pour les anxieux confrontés à la nature diffuse et complexe de l'anxiété. Elles visent à induire un changement d'attitude dans la façon dont les anxieux perçoivent leurs problèmes, mais aussi leurs ressources. Leur but est d'aider les anxieux à trouver une nouvelle liberté en proposant des alternatives pour réagir et agir.

Chapitre 8

LA PRISE EN CHARGE PHARMACOLOGIQUE DU TROUBLE ANXIEUX GÉNÉRALISÉ

Certains sont d'emblée pour ou contre les médicaments, qu'il s'agisse de tranquillisants ou d'antidépresseurs. En fait, la seule vraie question ne concerne pas les médicaments qui constituent un immense progrès, mais leur bon usage. Pour toute prescription, il existe forcément des avantages et des inconvénients qui doivent être pesés pour chaque patient. Comment faut-il donc utiliser les médicaments contre l'anxiété ? Existe-t-il d'autres types de traitements aussi efficaces ? Et si oui, lesquels ? Quels sont les risques associés à une prise en charge au long cours par des médicaments pour l'anxiété ? Quand une thérapie par médicament est-elle indiquée et quel médicament faut-il choisir ?

Les médicaments

Un certain nombre de médicaments ont démontré leur efficacité lors d'un traitement du TAG. Qu'en est-il du maintien de cette prise en charge pharmacologique ? Est-elle indiquée au-delà d'une phase aiguë de traitement ? Et quelle est son efficacité ?

LES BENZODIAZÉPINES

C'est en 1960, avec l'introduction de la première benzodiazépine, la chlordiazépoxide, qu'est né un traitement plus adapté pour le trouble anxieux généralisé. L'efficacité rapide de cette classe de médicaments, et leur acceptation facile par le patient ont largement contribué à leur développement. Victimes de leur succès, les benzodiazépines ont été prescrites comme une sorte de panacée pouvant traiter aussi bien l'anxiété, la dépression, l'insomnie...

On estime que 40 % des patients qui prennent des benzodiazépines ne perçoivent plus aucun symptôme anxieux, tandis que 30 % restent toujours légèrement anxieux. Parmi ceux qui ne sont pas améliorés avec les benzodiazépines, il se peut que la dose quotidienne n'ait pas été adéquate. Cependant, l'augmentation de la dose peut entraîner des effets secondaires sédatifs qui sont souvent mal tolérés. La majorité des personnes réagissent à des doses quotidiennes comprises entre 15 et 25 mg. L'amélioration est alors très rapide, pratiquement dans la première semaine qui suit le traitement. Si cette amélioration ne survient pas après deux ou trois semaines de traitement, il faut reconsidérer le diagnostic de trouble anxieux afin de voir si la comorbidité avec d'autres pathologies, comme un état dépressif ou un trouble de personnalité, ne permet pas d'envisager une autre gamme d'anxiolytiques, voire des antidépresseurs.

L'autre problème qui se pose avec les benzodiazépines tient au fait que les patients traités et qui répondent au médicament ont du mal à envisager l'arrêt de ces médicaments. Or, certains effets associés à ces médicaments méritent quelque prudence. Des amnésies passagères peuvent être observées, la mémoire être différée et les facultés d'apprentissage être amoindries. On a même remarqué, alors que les benzodiazépines ont tendance à réduire l'hostilité chez la majorité des patients anxieux, un effet totalement inverse d'agressivité (Lucki, Rickels et Geller, 1986). Le traitement par benzodiazépines doit être initié à faible dose pour réduire le risque d'effets indésirables, notamment la somnolence dont la fréquence diminue progressivement au cours du traitement.

Une durée de traitement par benzodiazépines de 4 semaines est recommandée car, après la quatrième semaine, leur effet anxiolytique n'est pas statistiquement différent de celui d'un placebo. Aussi, la durée maximale de prescription des anxiolytiques recommandée par les experts est de 12 semaines, incluant la réduction progressive des benzodiazépines. Lors de l'arrêt du traitement, les patients peuvent présenter des signes de sevrage de type agressivité-irritabilité, paresthésies-engourdissements, diarrhées-constipations, insomnies-cauchemars, agoraphobie-phobies, vertiges-troubles sensitifs...

La moitié des patients sont concernés par ce syndrome de sevrage (Frattola *et al.*, 1994). Ces effets de sevrage ou de rebond sont d'autant plus importants quand la personne a pris le médicament pendant une longue période de temps. On considère généralement que 50 % des patients ayant un trouble anxieux généralisé présentent un rebond de l'anxiété six semaines après l'arrêt du traitement par benzodiazépines et 25 % dès la première semaine après l'arrêt (Rickels *et al.*, 1983). Le sevrage progressif des benzodiazépines réduit ce risque de rebond. Par ailleurs, le patient qui prend ce type de médicaments peut être piégé par l'effet bénéfique qu'il ressent et développer au bout de quelques semaines une dépendance à ces médicaments, c'est-à-dire qu'il lui faudra une plus grande dose de médicaments pour obtenir la même réduction des symptômes. Afin de réduire cette dépendance, les laboratoires pharmaceutiques ont travaillé à d'autres molécules anti-anxieuses sans benzodiazépine. C'est ainsi qu'est née la Buspirone.

LA BUSPIRONE

Si les benzodiazépines ont un effet anxiolytique surtout sur les signes somatiques de l'anxiété, l'effet anxiolytique de la Buspirone concerne aussi bien les signes somatiques que les signes psychiques de l'anxiété.

— *Les signes psychiques* recouvrent tout ce qui a trait à l'humeur anxieuse : l'inquiétude, l'appréhension anxieuse, l'irritabilité, mais aussi la fatigabilité, l'impossibilité de se détendre, le fait de pleurer facilement ou d'être incapable de rester en place. L'anxiété psychique se manifeste également par différentes peurs (peur du noir, peur d'être abandonné tout seul) et entraîne des troubles du sommeil, que ce soient des difficultés d'endormissement, ou un sommeil interrompu ou non satisfaisant avec des rêves pénibles, voire des cauchemars. De même, certaines fonctions intellectuelles sont gênées par l'anxiété, c'est le cas notamment de la concentration, de la mémorisation. Souvent une humeur dépressive vient compléter le tableau anxieux avec une perte d'intérêt, une difficulté à prendre plaisir aux passe-temps habituels et des variations de l'humeur dans la journée...

— *Les symptômes somatiques* recouvrent des symptômes somatiques généraux de type musculaire : douleurs, courbatures, raideur musculaire, grincement des dents. Ces symptômes somatiques généraux peuvent aussi être d'ordre sensoriel avec des tintements d'oreille (acouphènes), des sensations de bouffées de chaleur ou de froid, des sensations de picotement, le sentiment d'avoir une vision brouillée... Ces symptômes physiques sont parfois d'ordre cardio-vasculaire (tachycardie, palpitations, douleurs dans la poitrine), mais également d'ordre respiratoire (sensation d'avoir un poids sur la poitrine, sensation de constriction, d'étouffement). Ils peuvent aussi être d'ordre gastro-intestinal avec des douleurs avant ou après le repas, des ballonnements, des brûlures, des nausées... Ces symptômes physiques peuvent parfois se manifester sous une forme génito-urinaire avec des mictions fréquentes ou une urgence de la miction, l'apparition d'une aménorrhée, d'une frigidité, d'une éjaculation précoce ou d'une impuissance... Enfin, des symptômes de type bouche sèche, accès de rougeurs, pâleur, tendance à la sudation, vertiges, céphalées peuvent également apparaître.

L'effet anxiolytique de la Buspirone sur les signes psychiques et somatiques de l'anxiété est significatif comparé à un placebo, après 4 à 8 semaines de traitement administré à la dose de 10 mg à 20 mg/j. Cet effet débute dès la deuxième semaine de traitement. Cependant, même si la Buspirone est bien tolérée en général, un dosage immédiat de 10 mg peut entraîner des effets indésirables qui vont se manifester sous forme de troubles gastriques, de troubles intestinaux, de sensations vertigineuses, de somnolence, de fatigue, de céphalées, de sensation de tête vide... Ces effets sont précoces pour la majorité d'entre eux, c'est-à-dire qu'ils apparaissent dans les 4 à 7 premiers jours de traitement. Aussi est-il recommandé de commencer par un dosage de 5 mg puis d'accroître progressivement le dosage.

Comparée aux benzodiazépines, la Buspirone ne produit pas de syndrome de sevrage ou de rebond de l'anxiété à l'arrêt du traitement. En revanche, les benzodiazépines ont un effet sédatif et relaxant plus rapide que celui obtenu plus graduellement avec la Buspirone.

La Buspirone doit être préférée aux benzodiazépines dans les situations cliniques suivantes :

— Lorsque l'on cherche à préserver la fonction psychomotrice, l'attention, la vigilance, la mémoire (par exemple, chez les personnes âgées, ou les personnes qui conduisent des véhicules).

— Lorsqu'il y a un risque de la potentialisation de l'effet du traitement tranquillisant par les effets sédatifs d'autres médicaments ou la prise d'alcool.

— Lorsque l'agressivité ou l'irritabilité sont dominantes dans le tableau clinique.

— Lorsqu'il y a un risque potentiel de surconsommation du médicament.

— Lorsqu'il y a un risque de dépendance physique et de syndrome de sevrage.

— En revanche, les benzodiazépines seront préférées à la Buspirone lorsque le trouble anxieux généralisé est accompagné d'attaques de panique ou lorsque les symptômes adrénergiques sont dominants (Schweizer et Rickels, 1997). Dans les traitements de courte durée, les benzodiazépines seront choisies dans la mesure où elles agissent rapidement, notamment sur les problèmes d'insomnie et les symptômes somatiques adrénergiques (hypertension, tachycardie, sueurs, dilatation des pupilles). Dans les problèmes d'anxiété chronique sévère, la Buspirone ou les antidépresseurs devront plutôt être privilégiés. Il est important que le patient perçoive un soutien psychologique de la part du médecin traitant qui prescrit les médicaments et qu'il sente que le médicament n'est pas une panacée qui va résoudre tous ses problèmes mais plutôt une aide pour se sentir un peu mieux et ainsi avoir plus de force pour résoudre ses difficultés.

LES ANTIDÉPRESSEURS

L'efficacité de l'Imipramine et de la Paroxétine dans le contrôle des signes psychiques de l'anxiété est supérieure à celle des benzodiazépines dès la première ou la deuxième semaine de traitement. En revanche, l'efficacité des benzodiazépines reste supérieure sur les signes somatiques d'anxiété, comparée à de l'Imipramine et celle de la Paroxétine et cet effet est précoce, dès la première semaine. Cependant, le rapport bénéfice/risque des antidépresseurs doit être pris en compte en raison des contre-indications et du risque d'effets secondaires qu'ils présentent.

— Les effets indésirables les plus fréquents de l'Imipramine sont des effets anticholinergiques : sécheresse de la bouche, constipation, sueurs, nervosité, irritabilité... Ces effets sont précoces et s'atténuent, en général, dans le temps. Par ailleurs, le risque de sédation, de confusion et de chutes doit également être considéré. Le surdosage de ce médicament peut être fatal par arythmie cardiaque.

— La Paroxétine ne présente pas les mêmes risques de syndrome anticholinergique. Les effets indésirables les plus couramment trouvés sont les troubles du sommeil, les troubles gastro-intestinaux, la confusion surtout chez le sujet âgé et la baisse de libido.

Les trois grandes familles d'antidépresseurs

1. Les agents antidépresseurs tricycliques (TCA) dont font partie l'Imipramine et l'Amitriptyline. Ces antidépresseurs tricycliques sont au moins aussi efficaces que les benzodiazépines dans le traitement du trouble anxieux généralisé et peuvent se montrer supérieurs dans les traitements à long terme avec une efficacité particulière sur la réduction des symptômes psychiques.

2. Les inhibiteurs sélectifs de la recapture de la sérotonine (SSRI) : la Paroxétine fait partie de cette famille et améliore plutôt les symptômes psychiques comparée à des benzodiazépines qui restent plus efficaces dans la résolution des symptômes somatiques.

3. Les inhibiteurs de la recapture de la sérotonine et de la norépinéphrine (SNRI) dont fait partie la Venlafaxine. La Venlafaxine contrôle à la fois les manifestations somatiques et les manifestations psychiques du TAG.

— La Venlafaxine a montré son efficacité chez les patients souffrant de trouble anxieux généralisé. Si les doses habituellement données pour la Paroxétine sont de 20 mg par jour et pour l'Imipramine entre 50 et 100 mg par jour, la Venlafaxine LP est recommandée à la posologie de 75 à 225 mg par jour dans le trouble anxieux, en raison de son effet anxiolytique significatif, en particulier sur les signes psychiques et sur l'amélioration globale du patient. Cet effet anxiolytique est d'autant plus important que l'on va vers la dose maximale de 225 mg par jour. La Venlafaxine LP n'a pas d'effet significatif sur les signes somatiques de l'anxiété. Le délai d'action de la Venlafaxine LP est de une à trois semaines. Les effets indésirables les plus fréquemment rencontrés avec la Venlafaxine LP sont les nausées, l'insomnie, la sécheresse de la bouche, la somnolence, des vertiges et une asthénie. La survenue de ces effets secondaires est très précoce et peut être réduite si l'on démarre le traitement à faibles doses (75 mg par jour) avant de l'augmenter par palier de 75 mg par semaine.

LES BÊTABLOQUANTS

Beaucoup de personnes prennent des bêtabloquants pour réduire leur pression sanguine ou réguler leur rythme cardiaque. Ces médicaments jouent sur un récepteur spécifique, le récepteur bêta qui a un rôle dans l'activation de la réponse physiologique. De ce fait, les bêtabloquants sont parfois prescrits pour éviter cette augmentation de la réponse physiologique, notamment dans des situations où quelqu'un redoute d'être trop tendu, et donc moins efficace, par exemple pour passer l'oral d'un concours important… Cependant, si ce médicament peut avoir un effet occasionnel, il n'y a aucune preuve qu'il puisse avoir un effet à long terme sur l'anxiété. C'est pour cette raison que ce médicament est rarement prescrit dans le traitement de l'anxiété en tant que tel. Si l'ensemble des médicaments, que nous venons de décrire, présentent sans aucun doute des avantages, ils présentent également de nombreux inconvénients, notamment au niveau de leurs effets secondaires.

ET LA PHYTOTHÉRAPIE ?

La question reste posée de la nécessité d'un traitement pharmacologique pour le trouble anxieux. La seule nécessité est lorsque les symptômes sont tellement persistants et entraînent un tel état de détresse qu'ils interfèrent par trop dans la vie quotidienne. Les benzodiazépines sont particulièrement efficaces pour les patients qui ont besoin d'un traitement à court terme (une à deux semaines). En revanche, la Buspirone et les antidépresseurs sont davantage adaptés à ceux qui sont dans une dimension plus chronique de l'anxiété ou quand la dimension anxieuse, du fait de ses conséquences sur la vie quotidienne, entraîne des éléments dépressifs concomitants. Le rapport bénéfices/risques de tous les médicaments que nous venons de présenter doit être considéré en raison des contre-indications et du risque d'effets secondaires ou d'interactions médicamenteuses dont la liste exhaustive est donnée dans le Vidal. L'Euphytose est un médicament qui combine six extraits secs de Crataegus, Balloia, Passiflora, Valeriana, Cola et Paullinia. À raison de deux comprimés trois fois par jour, pendant quatre semaines, l'Euphytose a montré des propriétés anxiolytiques sur les plans psychique et somatique, significatives comparée à un placebo, dès la fin de la première semaine de traitement chez des patients anxieux (Bourin, 1997). Quelques effets indésirables sont associés : bouche sèche, céphalées, constipation, somnolence.

L'efficacité à long terme des traitements pharmacologiques

Une revue des études réalisées chez des patients présentant un trouble anxieux généralisé et recevant un traitement pharmacologique a porté sur neuf études : trois études placebo contrôlées, deux études avec un comparateur actif et quatre études ouvertes (Mahé, 2001). Les patients recrutés au cours de ces études remplissaient les critères DSM-III pour sept d'entre elles et les critères DSM-IV pour deux d'entre elles — en ce qui concerne le trouble anxieux généralisé, le DSM-IV diffère du DSM-III dans la mesure où pour le DSM-IV, le trouble anxieux généralisé se définit comme tel si la durée minimale du trouble est de six mois alors que dans le DSM-III, la durée minimale du trouble doit être de trois mois.

Il faut savoir que le contrôle placebo s'avère indispensable, car une amélioration spontanée peut être possible et seul le contrôle placebo permet de détecter cette amélioration spontanée. Aussi, le résultat des études ne comportant pas de contrôle placebo reste-t-il discutable. Par ailleurs, les pourcentages de sorties d'essai sont relativement élevés dans la plupart des études, ce qui peut donc limiter leurs conclusions. L'échelle la plus couramment utilisée pour évaluer l'amélioration de la symptomatologie anxieuse à la fin des traitements a été l'échelle d'anxiété de Hamilton (voir en annexe du chapitre sur la mesure de l'anxiété) qui tient compte à la fois des symptômes psychiques et somatiques de l'anxiété. Par ailleurs, il est parfois difficile de distinguer les symptômes anxieux des symptômes dépressifs qui souvent s'associent dans le trouble anxieux généralisé, aussi aurait-il été nécessaire d'avoir des précisions pour l'ensemble de ces études sur la comorbidité et son impact sur les résultats.

Études à long terme (durée supérieure à 3 mois) réalisées chez des sujets souffrant de TAG

(MAHÉ, 2001)

P* < 0,05

Auteur	Critères d'inclusion	Durée (mois)	Produits testés	Nombre de patients	Sorties d'essai	Critères d'évaluation	Résultats
Double-aveugle/Placebo-contrôlé							
Cohn 1984	TAG DSM-III	4	Alprazolam : 3,3 mg/j Lorazépam : 5,4 mg/j Placebo	200	A : 42,5 % L : 58,7 % P : 92,5 %	HAM-A	Alprazolam > placebo (*) Lorazépam > placebo (*)
Sheehan 1999	TAG DSM-III	6	Venlafaxine Placebo	399		HAM-A	Venlafaxine > placebo (*)
Allgulander 2001	TAG DSM-IV	6	Venlafaxine Placebo	130	V : 50 % P : 70 %	HAM-A	Venlafaxine > placebo (*)
Double-aveugle/Comparateur							
Murphy 1989	TAG DSM-III	3	Buspirone : 7,5-11,5mg/j Diazépam : 7,5-11,5mg/j	51	22 %	BSA	Buspirone > Diazépam (*)
Rickels 1988	TAG DSM-III	6	Clorazépate : 15-60 mg/j Buspirone : 10-40mg/j	134	59 %	HAM-A	Clorazépate = Buspirone

Études ouvertes							
Rickels 1983	TAG DSM-III	3,5 à 5,5	Diazépam : 15-40mg/j	180	28 %	HAM-A-	Amélioration du score HAM-A total entre la baseline et la dernière évaluation
Feighner 1987	TAG DSM-III	12	Buspirone : 5-60 mg/j	700	84,8 %	HAM-A	Amélioration du score HAM-A total entre la baseline et la dernière évaluation
Rakel 1990	TAG DSM-III	12	Buspirone : 5-75 mg/j	852	50 %-69 %	HAM-A	Amélioration du score HAM-A total entre la baseline et la dernière évaluation
Rocca 1997	TAG DSM-IV	1	Paroxétine, Imipramine 2'-Chlordé-méthyl-diazépam	81	33 %	HAM-A	Paroxétine > 2'-Chlordé-méthyldiazépam Imipramine > 2'-Chlordé-méthyldiazépam

Compte tenu de tous ces biais méthodologiques, l'ensemble des études montre toute une supériorité du produit testé sur le placebo et montre une amélioration du score total de l'échelle d'anxiété de Hamilton à la fin des études par rapport à l'état initial. Les produits testés sont les benzodiazépines, la Buspirone et les antidépresseurs.

Les benzodiazépines testées sont : l'Alprazolam, le Lorazépam, le Diazépam, le Clorazépate, le Chlordéméthyldiazépam. Les échelles d'avaluation sont : l'échelle d'anxiété de Hamilton (HAM-A) : et l'échelle brève d'anxiété (BSA).

Les traitements pharmacologiques

Alprazolam = Xanax
Lorazépam = Témesta
Diazépam = Valium
Clorazépate = Tranxène
Chlordéméthyldiazépam = Délorazépam (non commercialisé en France mais commercialisé sous le nom de Briantum en Suisse et de EN en Italie)
Buspirone = Buspar
Imipramine = Tofranil
Paroxétine = Déroxat
Venlafaxine = Effexor

Comment choisir entre psychothérapie et pharmacothérapie ?

L'élément central reste la préférence du patient. Les contraintes en temps et les contraintes financières jouent également. Par ailleurs, malgré la bienveillance du médecin et son écoute efficace, un certain nombre de personnes anxieuses refusent de prendre des médicaments de peur des conséquences liées aux effets secondaires. La plupart du temps, les traitements pharmacologiques et psychologiques sont combinés dans le traitement du TAG. Quel que soit le choix du patient, celui-ci restera guidé par la confiance qu'il a dans son thérapeute, par la compréhension du traitement qu'on lui propose et par son attirance personnelle pour le choix psychothérapique, le choix pharmacologique ou la combinaison des deux.

Depuis une quarantaine d'années, l'évaluation des effets et des résultats des psychothérapies s'est particulièrement développée. Paul, en 1969, a présenté l'ensemble des questions que soulève l'évaluation des effets et des processus en jeu dans les psychothérapies : « Quel traitement par quel thérapeute, pour quel sujet, dans quel problème, dans quelles circonstances, et comment est-il le plus efficace ? » Cette longue phrase interrogative peut donner lieu à sept grandes directions de recherche :

1. Définir avec précision les traitements.
2. Définir l'efficacité thérapeutique.
3. Définir en termes opérationnels les problèmes psychologiques.
4. Définir les sujets en termes opérationnels.
5. Définir les comportements et les attitudes psychothérapiques.
6. Comment agissent les traitements : quels sont les processus thérapeutiques ?
7. Dans quelles circonstances de milieu agissent les traitements ?

Le problème qui se pose sur le plan épistémologique est celui de la pertinence d'une évaluation des phénomènes psychothérapiques qui, par nature, sont subtils, individuels, souvent intersubjectifs et, de ce fait, se prêtent peu à une quantification sur le modèle des sciences expérimentales (Cottraux, 2001). En effet, on peut se demander si la psychothérapie et ses différents modèles ne peuvent pas être classés dans des sciences idiographiques, soit les sciences qui s'occupent de phénomènes uniques, non répétables, et dont on ne peut donner qu'une description individualisée. À l'inverse, les sciences nomothétiques s'efforcent de définir des lois, d'établir des relations répétables, de tester des hypothèses de plus en plus générales et de proposer des modèles du fonctionnement psychologique et des modèles d'intervention. En fait, la recherche en psychothérapie oscille entre ces deux pôles nomothétique et idiographique. D'une manière générale, elle fait appel à une méthodologie qui consiste, de la manière la plus objective possible, à poser des questions, à élaborer un protocole qui permettra de répondre à ces questions, en sélectionnant des mesures fiables et adaptées à la question. Le noyau dur de la recherche reste représenté par des études comparatives contrôlées, études comparatives de médicaments, études comparatives de thérapies, études comparatives de thérapies et de médicaments.

THÉRAPIES COGNITIVO-COMPORTEMENTALES OU PRISE EN CHARGE PHARMACOLOGIQUE ?

On entend par études contrôlées des études au cours desquelles sont comparés des groupes de patients pris en charge dans un cadre thérapeutique différent, ou des patients recevant une modalité thérapeutique (médicament ou psychothérapie) alors que d'autres sont en attente d'une prise en charge. Les groupes de patients sont évalués régulièrement à différents intervalles de temps par quelqu'un qui ne fait ni le traitement pharmacologique, ni le traitement psychothérapique. Il en va de même pour le groupe de personnes en attente d'une prise en charge.

Les thérapies cognitivo-comportementales ont été les plus étudiées dans leur comparaison aux traitements médicamenteux. Gould *et al.*, en 1997, ont fait une analyse portant sur une sélection de 35 études contrôlées publiées entre 1974 et 1996. Leur but était de comparer les thérapies cognitivo-comportementales et les traitements médicamenteux dans leurs effets anxiolytiques à court terme (inférieur à 4 mois) et à moyen terme (6 mois). Au total, 13 études réalisées pour des patients anxieux et suivis en thérapie comportementale ont ainsi été comparées à 22 études pour des patients anxieux suivis par traitements médicamenteux. Les traitements médicamenteux incluaient des molécules commercialisées et habituellement prescrites dans le trouble anxieux aux États-Unis, à savoir des benzodiazépines dans la majorité des études, de la Buspirone dans quelques études, et plus rarement des antidépresseurs ou des bêtabloquants. La comparaison a été faite à partir d'échelles que remplissaient les patients avant et après leur prise en charge. Ces échelles concernaient d'une part les troubles anxieux et d'autre part les troubles dépressifs. Parmi les échelles mesurant les troubles anxieux, figuraient l'échelle d'anxiété de Hamilton, l'inventaire de l'anxiété état-trait de Spielberger, l'échelle d'anxiété de Covi et le questionnaire des inquiétudes de Pennsylvanie — l'ensemble de ces échelles se trouve en annexe à la fin du chapitre sur la mesure de l'anxiété. Les critères de jugement de l'effet antidépresseur étaient les réponses données par les patients avant et après la prise en charge, qui était soit une thérapie comportementale et cognitive, soit un traitement médicamenteux, sur l'inventaire de dépression de Beck et l'échelle de dépression de Hamilton.

Les résultats de cette analyse montrent que la thérapie cognitivo-comportementale s'avère aussi efficace que le traitement par médicaments sur les mesures de l'anxiété. En effet, la taille de l'effet* anxiolytique de la thérapie cognitivo-comportementale (moyenne du groupe traité — moyenne du groupe contrôle/écart type poolé des deux groupes ou écart type du groupe-contrôle) est de 0.70 ; la taille de l'effet anxiolytique est de 0.70 pour les benzodiazépines, de 0.39 pour la Buspirone et de 0.57 pour les antidépresseurs (dont l'Imipramine). Par ailleurs, la thérapie cognitivo-comportementale se montre plus efficace que les médicaments en ce qui concerne la réduction de la dépression et permet un maintien du gain thérapeutique 6 mois au moins après la thérapie, ce qui est supérieur au maintien des gains généralement acquis après un traitement médicamenteux. Il est également intéressant de noter dans l'ensemble de ces études que très peu de patients ont quitté l'essai dans lequel ils s'étaient engagés : seulement 10,6 % des patients ont abandonné la thérapie cognitivo-comportementale, et 15,2 % des patients ont refusé de poursuivre la prise du traitement pharmacologique.

Une autre étude, celle de Power *et al.* en 1990, a comparé 101 patients souffrant de trouble anxieux généralisé répartis en 4 groupes. Le premier groupe recevait une thérapie cognitivo-comportementale pendant 7 séances réparties sur 9 semaines ; le deuxième groupe recevait une thérapie cognitivo-comportementale associée à une benzodiazépine, le Diazépam, à raison de 15 mg par jour pendant les 6 premières semaines, puis 10 mg pendant la 7e semaine et 5 mg pendant la 8e semaine ; le troisième groupe recevait une thérapie cognitivo-comportementale associée à un placebo pendant 7 séances et enfin le dernier groupe recevait uniquement un placebo pendant ces 7 séances. Il est à noter dans cette étude que le sevrage du Diazépam n'a entraîné aucun syndrome de sevrage ou de rebond de l'anxiété dans les groupes traités. Les meilleurs résultats sont obtenus à court et long terme avec la thérapie cognitivo-comportementale, qu'elle soit proposée seule ou associée à un médicament ou à un placebo. En effet, la réévaluation qui a eu lieu 10 semaines après le début de tous les traitements montre que sur le score de l'échelle d'anxiété de Hamilton, 85,7 % des patients répondent positivement à la thérapie cognitivo-comportementale seule, 90,5 % à la thérapie cognitivo-comportementale associée au Diazépam, 83,3 % à la thérapie cognitivo-comportementale associée au placebo contre 68,2 % des patients mis sous Diazépam et 36,8 % des patients sous placebo. Dans le suivi de 6 mois, 71,4 % des patients répondeurs à la thérapie cognitivo-comportementale n'ont pas eu besoin d'un traitement complémentaire ; il en a été de même pour 71,4 % des patients répondeurs à la thérapie cognitivo-comportementale associée au Diazépam, pour 66,7 % des patients répondeurs à la thérapie cognitivo-comportementale associée à un placebo. En revanche, seulement 40,9 % des patients répondeurs au Diazépam et 21 % des patients répondeurs au placebo n'ont pas eu besoin de traitement complémentaire.

Ainsi, les thérapies cognitivo-comportementales donnent des résultats tout à fait satisfaisants par rapport aux traitements médicamenteux, et en particulier aux benzodiazépines. Par ailleurs, beaucoup d'études contrôlées montrent qu'en fin de thérapie comportementale et cognitive, les patients qui souffrent d'un trouble anxieux généralisé et qui ont été mis sous traitements médicamenteux pour ce trouble réduisent significativement leur consommation de psychotropes. Le tableau suivant résume différentes études montrant les effets de la prise en charge en thérapie cognitivo-comportementale sur la consommation de psychotropes dans le trouble anxieux généralisé.

Réduction de la consommation de psychotropes après une thérapie cognitive ou comportementale pour le TAG		
AUTEUR	TYPE D'INTERVENTION	RÉSULTATS
Ost 2000 TAG-DSM-III-R N = 36.	Relaxation *versus* Thérapie cognitive 12 séances/12 semaines.	Efficacité de la relaxation non significativement différente de la thérapie cognitive. Réduction de la consommation de psychotropes comparativement au début de l'étude (p < 0.01).
Barlow 1992 TAG-DSM-III N = 44. 42 % des patients sont sous médication psychotrope à l'entrée dans l'étude.	Thérapie cognitive N = 13 *versus* Relaxation-exposition N = 10 *versus* Combinaison des deux N = 11 *versus* Liste d'attente N = 10.	En post-thérapie, efficacité de Relaxation-exposition = Thérapie cognitive = Combinaison > Liste d'attente (p < .05). Réduction du pourcentage de consommateurs de psychotropes de 26 %, 15 %, 10 % et 6 % en post-thérapie pour chaque groupe respectif.
Butler 1991 TAG-DSM-III-R N = 57. 47 % sont sous médication psychotrope à l'entrée dans l'étude.	Thérapie cognitivo-comportementale N = 19 *versus* Thérapie comportementale N = 19. En thérapie individuelle, moyenne de 10 séances/ 3 mois. *versus* Liste d'attente N = 19.	En fin de thérapie et à 6 mois : Thérapie cognitivo-comportementale plus efficace sur anxiété (p < .05) et dépression (p < .01) *versus* Thérapie comportementale. Réduction du pourcentage de consommateurs de psychotropes de 47 à 24 % en post-thérapie puis à 15 % à 6 mois de suivi dans les deux groupes traités. À 18 mois de suivi, seuls 3 patients sont encore sous psychotropes.
DSM-III : Manuel diagnostique et statistique des troubles mentaux.		

THÉRAPIES COGNITIVO-COMPORTEMENTALES OU AUTRES PSYCHOTHÉRAPIES ?

On peut choisir de faire une autre démarche psychothérapique qu'une thérapie cognitivo-comportementale pour lutter contre son problème d'anxiété. Parmi les autres démarches possibles, citons la thérapie non directive de Rogers (1968) qui est une thérapie ne comportant ni conseil, ni instruction ou suggestion : le thérapeute aide le patient à clarifier ses concepts en utilisant une technique de reformulation de ses propos. D'autres patients optent pour une thérapie d'orientation analytique dont le projet est de permettre de mieux identifier les conflits inconscients qui sous-tendent les conduites provoquant de l'anxiété : ces conflits inconscients sont en lien avec des traumatismes précoces dont il faut chercher l'origine dans les expériences relationnelles précoces. Enfin la thérapie interpersonnelle peut être également conseillée dans le traitement du TAG.

Des études ont cherché à comparer l'efficacité des différentes prises en charge psychothérapiques pour le trouble anxieux généralisé, mais ces études restent très rares. Dans le tableau suivant est comparée la thérapie cognitivo-comportementale à la thérapie non directive de Rogers et à la thérapie d'orientation psychanalytique. L'efficacité des thérapies est estimée en fonction d'une diminution d'au moins 20 % des scores sur des échelles mesurant l'anxiété et la dépression. Parmi ces échelles, on trouve dans toutes les études l'inventaire d'anxiété état-trait de Spielberger, l'échelle d'anxiété de Hamilton, le questionnaire sur les inquiétudes du Penn State, l'inventaire de dépression de Beck, l'échelle de dépression de Hamilton (ces échelles se trouvent en annexe du chapitre suivant sur la mesure de l'anxiété).

Thérapie cognitivo-comportementale vs *thérapie non directive de Rogers* *et* vs *thérapie analytique*		
AUTEUR	TYPE D'INTERVENTION	RÉSULTATS
Stanley 1996 TAG-DSM-III-R avec un trouble comorbide dans 48 % des cas N = 48 Âge > 55 ans.	Par groupes de 4 à 6, 14 séances/14 semaines. Thérapie cognitivo-comportementale N = 26 *versus* Thérapie de soutien non directive de Rogers N = 20.	Sorties d'étude 33 % dans les deux groupes traités. Pas de différence significative entre la thérapie cognitivo-comportementale et la thérapie de soutien de Rogers en postthérapie. Maintien du gain thérapeutique à 6 mois de suivi. Réduction comparable des troubles comorbides sous thérapie cognitivo-comportementale et sous thérapie de soutien non directive de Rogers.
Borkovec 1993 TAG-DSM-III-R N = 55.	Thérapie individuelle 12 séances pendant 6 semaines. Thérapie cognitivo-comportementale *versus* thérapie comportementale *versus* thérapie non directive de Rogers.	La thérapie cognitivo-comportementale et la thérapie comportementale montrent une efficacité significative *versus* la thérapie non directive de Rogers. 58 % de répondeurs à la thérapie cognitivo-comportementale, 72 % à la thérapie comportementale *versus* 22 % à la thérapie non directive de Rogers. À 6 mois et 1 an : 84 % de répondeurs à la thérapie cognitivo-comportementale, 68 et 66 % à la thérapie comportementale *versus* 46 et 38 % à la thérapie non directive de Rogers. N.B. : entre 6 mois et 1 an, des traitements pharmacologiques ont été nécessaires pour 16 % des patients du groupe thérapie cognitivo-comportementale, 17 %

		des patients du groupe thérapie comportementale et 61 % des patients en thérapie non directive de Rogers.
Durham 1994 TAG-DSM-III-R N = 110 dont 80 % avec un trouble comorbide de l'axe I et 46 % avec un trouble de la personnalité. 66 % sont sous psychotropes à l'entrée dans l'étude.	Thérapie cognitive 8-10 ou 16-20 séances pendant 6 mois N = 40 *versus* psychothérapie analytique 8-10 ou 16-20 séances pendant 6 mois N = 45 *versus* thérapie comportementale (gestion de l'anxiété) : 8 séances (1/15 jours) N = 25.	Sorties d'étude 10 % pour la thérapie cognitive, 24 % pour la thérapie analytique et 27 % pour la gestion de l'anxiété. Thérapie cognitive > psychothérapie analytique à court (posttraitement) et long terme (6 mois), que les patients aient reçu 8-10 séances ou 16-20 séances. À court terme (après la fin de la thérapie), thérapie cognitive = thérapie comportementale. À 6 mois, thérapie cognitive > thérapie comportementale.

L'alliance patient-thérapeute

Les conférences de consensus organisées depuis 1989 par l'Organisation mondiale de la santé cherchent à évaluer les effets des méthodes de traitement pour les troubles psychologiques et leur prévention. L'OMS recommande l'inclusion des sept composantes suivantes dans l'évaluation d'une technique de traitement :

1. Efficacité : réduction des symptômes ; capacité à s'inscrire dans une dimension sociale et professionnelle ; qualité de vie des patients et de leur famille.
2. Sécurité.
3. Effets secondaires.
4. Problèmes éthiques.
5. Coût/efficacité comparé à des alternatives de traitement.
6. Possibilité d'appliquer ce traitement dans différents environnements et par différents personnels de la santé mentale.
7. Possibilité de problèmes inhérents au traitement.

En France, l'ANAES (Agence nationale d'accréditation et d'évaluation en santé) organise des débats entre experts afin de publier des recommandations pour la prise en charge de patients présentant des problèmes de santé psychologique ou physique. Les recommandations de l'ANAES concernant la prise en charge des patients présentant un trouble d'anxiété généralisée, tant sur le plan pharmacologique que sur le plan psychothérapique, sont présentées en annexe de cet ouvrage.

Ainsi, les personnes souffrant d'un trouble anxieux généralisé pourront trouver des solutions diverses en fonction de leurs attentes. De fait, il n'y a pas un traitement adéquat unique pour le trouble anxieux généralisé et les programmes thérapeutiques associeront souvent les approches pharmacologiques et psychothérapiques dans le but de trouver un traitement sur mesure en fonction de la sévérité du trouble anxieux, de sa durée, de la présence d'autres troubles anxieux ou dépressifs, ou de la persistance de certains traits de personnalité. C'est alors tout le rapport collaboratif entre le patient et son thérapeute qui permettra d'étayer telle ou telle décision thérapeutique.

ÉPILOGUE

Le propre de l'anxiété pathologique tient à ce que l'état d'alerte n'est pas directement lié aux difficultés ou dangers réels. Il se déclenche sans raison objective et peut, du coup, être source de désadaptation. Une personne en état d'alerte, alors qu'elle ne repère pas de motifs de s'alarmer, va continuer de chercher ce qui l'inquiète dans l'espoir de trouver ce qui a déclenché l'alarme. Elle va ainsi basculer dans une suite de « et si... », qui alimente le doute et l'insécurité. Comment faire face, en effet, à une menace qui n'est localisée ni dans le temps ni dans l'espace, dont les ingrédients sont imprécis et dont on ne peut appréhender les conséquences ? Les ressources dont chacun dispose ne suffisent évidemment pas dans ce genre de situations, et cette insuffisance s'accompagne de son lot de perplexité, de préoccupation, de malaise, de tension, d'inquiétude, d'appréhension, de souci, d'affolement...

Dans le traitement de l'information, on peut opposer la dimension automatique à la dimension stratégique qui implique une nuance intentionnelle et un effort. Le traitement stratégique est relativement lent et, donc, plus facile à réguler. Il nécessite une attention importante et une procédure de traitement de l'information étape par étape. Les situations nouvelles ou difficiles sont ainsi plus aisément gérées grâce à une capacité de synthèse qui permet de les interpréter le plus rationnellement possible. En revanche, la dimension automatique implique un traitement de l'information rapide, difficile à arrêter ou à réguler et qui fait peu appel à l'attention. C'est également un processus assez stéréotypé qui repose sur des expériences connues, familières et n'exige pas de synthèse. Aider un anxieux, c'est lui permettre de repérer ses modalités de traitement de l'information, rendre plus stratégiques certains processus automatiques qui induisent l'anxiété et l'aider à développer les ressources dont il dispose pour mieux évaluer les situations et y faire face.

Mais rendre un anxieux plus rationnel, n'est-ce pas, d'une certaine façon, l'empêcher de penser à son gré ? L'obliger à voir les choses telles qu'elles sont ? N'est-ce pas limiter les efforts qu'il fait pour les transformer ? De fait, les anxieux cherchent à découvrir, derrière toute situation, toute expression, un « possible » à explorer qui puisse les conduire, au gré de leur imagination, dans différents univers émotionnels. Il est facile, en général, pour les anxieux de créer des situations angoissantes, à rebondissements multiples. En revanche, il semble qu'il leur soit plus difficile de terminer les histoires de manière positive et rassurante, de favoriser l'apaisement de la tension entretenue tout au long du drame. Difficulté à choisir la solution la plus appropriée ? Ambivalence ? Sentiment que les problèmes sont insolubles ? Forme de superstition suivant laquelle on ne peut rien pour éviter que des événements négatifs se produisent ?

Finalement, les anxieux ne seraient-ils pas d'excellents scénaristes de films à suspens ou de films d'horreur, même s'ils se prennent à leur propre scénario ? D'où viennent alors ces scénarios catastrophe ? D'influences familiales ? De modèles sociaux ? D'expériences traumatiques personnelles ? Espérons que la lecture de ce livre leur permettra, sans trop perdre en imagination, de repérer un peu mieux les stratégies qui peuvent les aider à résoudre les vrais problèmes et à contrôler leurs émotions. Peut-être alors l'histoire finira-t-elle bien...

ANNEXES

Annexe 1

MESURER L'ANXIÉTÉ

Les échelles d'évaluation se sont beaucoup développées dès les années 1950 avec les débuts de la psychométrie. C'est surtout sous l'influence des laboratoires pharmaceutiques et notamment pour évaluer les effets des médicaments psychotropes que de nombreuses échelles mesurant l'anxiété ont vu le jour. Ces instruments de mesure facilitent l'identification des facteurs qui peuvent être les cibles du traitement et permettent d'évaluer les résultats du traitement en fonction du changement du tableau clinique. Mesurer l'anxiété n'est pas facile dans la mesure où l'anxiété ne correspond pas à un syndrome homogène ; des composantes somatiques ou psychiques peuvent dominer le tableau clinique. Il est donc utile et nécessaire de disposer de différents instruments de mesure, certains faisant appel au jugement synthétique du clinicien, d'autres étant plutôt le reflet de l'appréciation personnelle du patient sur son état.

Présentation générale

Un certain nombre d'ouvrages traitant de l'évaluation en psychiatrie sont parus ces dernières années et nous nous aiderons du livre de M. Bouvard et J. Cottraux (1998) intitulé *Protocoles et échelles d'évaluation en psychiatrie et en psy-*

chologie, ainsi que du livre publié sous la direction de J.-D. Guelfi (1993), *L'Évaluation clinique standardisée en psychiatrie*, pour les différentes échelles visant à évaluer l'anxiété généralisée.

L'échelle d'appréciation de l'anxiété (Hamilton Rating Scale Anxiety, 1959)

Cette échelle comporte 14 items qui sont cotés par le thérapeute ou un évaluateur indépendant. Ces 14 items évaluent :

1. l'humeur anxieuse,
2. la tension,
3. les peurs,
4. l'insomnie,
5. les fonctions intellectuelles,
6. l'humeur dépressive,
7. les symptômes somatiques généraux musculaires,
8. les symptômes somatiques généraux sensoriels,
9. les symptômes cardio-vasculaires
10. les symptômes respiratoires,
11. les symptômes gastro-intestinaux,
12. les symptômes génito-urinaires,
13. les symptômes du système nerveux autonome,
14. le comportement lors de l'entretien.

Ainsi, l'ensemble des items cherche à couvrir les secteurs de l'anxiété psychique, somatique, musculaire et viscérale, les troubles cognitifs et du sommeil, l'humeur dépressive.

Le cotateur a le choix entre la note 0 qui correspond à l'absence de manifestations des symptômes, la note 1 qui correspond à des manifestations d'intensité légère, la note 2 à des manifestations d'intensité moyenne, la note 3 à des manifestations d'intensité forte et la note 4 à des manifestations d'intensité extrême, très invalidantes. Cette cotation est déterminée par la symptomatologie actuelle, c'est-à-dire le comportement au cours de l'entretien ou des symptômes d'une durée maximale d'une semaine. On obtient ainsi une note d'anxiété psychique qui correspond aux items 1, 2, 3, 4, 5, 6, 14 et une note d'anxiété somatique qui correspondra à la somme des items 7 à 13.

De nombreuses études de validation ont été réalisées sur la version française de l'échelle à partir de populations cliniques (Von Frenckell, 1980 ; Pichot *et al.*, 1981 ; Duizabo, 1984 ; Lépine *et al.*, 1985). La sensibilité de l'échelle aux changements est excellente chez des sujets anxieux ou dépressifs (Maeir *et al.*, 1988 ; Duizabo, 1984). D'après Bech *et al.* (1989), un score de 0 à 5 équivaut à une absence d'anxiété, de 6 à 14 à une anxiété mineure et lorsqu'il est supérieur ou égal à 15, à une anxiété majeure.

RÉFÉRENCES

BECH P., KASTRUP M., RAFAELSEN O.J., *Échelles d'anxiété, de manie, de dépression, de schizophrénie,* 1989, Masson, Paris.

BOBON D.P., LECOMTE J., « Proposition de regroupement des manifestations de l'anxiété mesurées par l'échelle de Hamilton », *Les Feuillets psychiatriques de Liège,* 1981, 14/4, 469-476.

DUIZABO P.H., « Étude multicentrique extensive de 177 observations de sujets anxieux traités par le Clotiazépam », *J. Psychiat. Biol. Thera.,* 1984, n° 13, 26-36.

HAMILTON M., « Diagnosis and rating of anxiety », *Brit. Journal of Psychiatry.* Special Publication, 1969, n° 3, 76-79.

HAMILTON M., « The assessment of anxiety states by rating », *Brit. J. Med. Psychol.,* 1959, 32, 50-55.

LÉPINE J.-P., GODCHAU M., BRUN P., LEMPERIERE T., « Évaluation de l'anxiété et de la dépression chez des patients hospitalisés dans un service de médecine interne », *Ann. Méd. Psychol.,* 1985, 143, n° 2, 175-189.

MAEIR W., BULLER R., PHILIPP M., HAISER I., « The Hamilton Anxiety Scale : reliability, validity and sensivity to change in anxiety and depressive disorders », *J. Affective Disord.,* 1988, 14, 61-68.

PELLET J., « L'échelle d'anxiété de Hamilton », *in L'Évaluation clinique standardisée en psychiatrie,* sous la direction de Guelfi J., 1993, Éditions médicales Pierre Fabre, tome I, 297-302.

PICHOT P., PULL C.B., VON FRENCKELL R., PULL M.C., « Une analyse factorielle de l'échelle d'appréciation de l'anxiété de Hamilton », *Psychiatria Fennica*, 1981, 183-189.

VON FRENCKELL R., « Reparamétrisation et analyse de l'échelle d'anxiété de M. Hamilton », *Psychologie médicale*, 1980, 12, 13, 2769-2772.

L'échelle de gravité de l'anxiété (Covi, 1979)

Cette échelle se compose de 3 items qui sont cotés par le thérapeute ou un investigateur indépendant et qui décrivent l'anxiété du sujet à travers le discours qu'il tient, son comportement et les plaintes somatiques qu'il exprime. C'est une échelle d'évaluation globale dont la sensibilité est bonne (Lecrubier *et al.*, 1983). Chaque item est coté de 0 (absent) à 4 (énormément) ; un score supérieur ou égal à 6 dénote une dimension anxieuse.

RÉFÉRENCES

COVI L., LIPMAN M.C., NAIR D.M., CRELINSKY T., « Symptomatic volonteers in multicenter drug trials », *Progr. Neuropsychopharmacol. Biol. Psychiat.*, 1979, 3, 521-528.

LECRUBIER Y., STERM L., LANCRENON S., LAVOISY J. *et al.*, « Les déprimés — ambulatoire en pratique de ville : une enquête épidémiologique », *Actualités psychiatriques*, 1983, 2 A, 19-26.

L'inventaire d'anxiété état-trait (Spielberger, 1983)

Cette échelle a été traduite par M. Bruchon-Schweitzer et I. Paulhan et est disponible aux éditions du Centre de psychologie appliquée, 25, rue de la Plaine, 75980 Paris Cedex 20. L'intérêt de cette échelle est de quantifier, d'une part, l'anxiété actuellement perçue par la personne qui consulte (anxiété-état) et d'autre part, le tempérament anxieux habituel du sujet (anxiété-trait). L'échelle se compose donc de 40 items, 20 correspondant à l'anxiété-état et 20 correspondant à l'anxiété-trait, items que le patient cote directement en fonction de leur fréquence et de leur intensité. La validité de cette échelle ainsi que sa sensibilité aux changements ont été largement documentées.

RÉFÉRENCES

SPIELBERGER C.D., *Manual for the State. Trait Anxiety Inventory (Form Y) (« Self Evaluation Questionnaire »)*, Consulting Psychologists Press, Palo Alto, CA, 1983.

SCHWEITZER M.B., PAULHAN I., *Manuel pour l'inventaire d'anxiété état-trait (Forme Y)*, Laboratoire de psychologie de la santé, université de Bordeaux-II, 1990.

L'échelle brève d'anxiété (Tyrer, 1984)

Cette échelle composée de 10 items couvrant les symptômes psychiques et somatiques de l'anxiété est remplie par le thérapeute ou un évaluateur indépendant lors d'un entretien avec le patient. C'est une échelle qui essaie de couvrir la dimension anxieuse dans l'ensemble de la psychopathologie, et n'est donc pas spécifique du trouble anxieux généralisé. Elle a été construite à partir de la *Comprehensive Psychiatric Rating Scale* (CPRS) qui est une échelle d'évaluation psychopathologique générale.

Les 10 items évaluent différentes dimensions anxieuses dont la tension intérieure, l'hypocondrie, des sentiments hostiles, une inquiétude disproportionnée, des phobies, des troubles neurovégétatifs exprimés, des troubles neurovégétatifs observés, des troubles du sommeil, des douleurs et une tension musculaire. Cette échelle est souvent utilisée pour apprécier l'effet des traitements psychotropes proposés aux patients.

RÉFÉRENCE

TYRER R., OWEN R.T., CICCHETTI D.V., « The brief scale for anxiety : A subdivision of the Comprehensive Psychopathological Rating Scale », *J. Neurol. Neurosurg. Psychiatry*, 1984, 47, 970-975.

Le diagramme FARD (Ferreri, 1988)

Le diagramme FARD *(Ferreri Anxiety Rating Diagram)* est constitué de 12 items gradués de 0 à 6, cotés par le thérapeute ou un évaluateur indépendant, et dont le but est de mesurer l'anxiété généralisée, mais aussi d'apprécier son retentissement sur l'activité du sujet et le handicap qu'il représente pour lui.

Cette échelle se subdivise en quatre facteurs principaux qui constituent :

1. Un pôle somatique : attitudes, troubles neurovégétatifs, douleurs.
2. Un pôle relationnel : tension interne, appréhension, difficultés de contact.
3. Un pôle cognitif : concentration, lassitude, doute-indécision.
4. Un pôle vigilance : troubles sensoriels, irritabilité, troubles du sommeil.

Ces quatre facteurs, ou pôles, sont représentés sur un diagramme qui permet une visualisation géométrique et facilite l'appréciation des différentes dimensions sémiologiques. Ce diagramme permet également d'apprécier l'activité globale mais également sélective des médicaments anxiolytiques et donc d'ajuster le traitement dans un souci de réduire la symptomatologie anxieuse mais aussi d'optimiser les capacités cognitives et de vigilance du patient.

RÉFÉRENCE

FERRERI M., VON FRENCKELL R., MIRABEL V., TAWIL S., ALBY J.-M., « Une nouvelle échelle d'évaluation quantitative et qualitative de l'anxiété : le FARD », *L'Encéphale*, 1988, 15, 365-393.

Le questionnaire d'anxiété BATE (De Bonis, 1973)

Le questionnaire d'anxiété-trait et d'anxiété-état de M. De Bonis (Bonis Anxiété Trait-État) explore les manifestations de l'anxiété à l'aide de deux listes de 37 items cotés en 5 points.

Cette échelle est remplie directement par le patient qui doit évaluer d'une part l'anxiété psychique, d'autre part l'anxiété somatique et enfin des peurs spécifiques qu'il ressent. Les notes moyennes des sujets-contrôles se situent autour de 42 pour ce qui concerne le questionnaire anxiété-trait et de 38 pour ce qui concerne l'anxiété-état.

RÉFÉRENCES

BONIS M. de, « Étude de l'anxiété par la méthode des questionnaires. I – Problèmes généraux », *Rev. Psychol. Appl.*, 1973, 23, 31-47.

BONIS M. de, « Étude de l'anxiété par la méthode des questionnaires. II – Travaux expérimentaux », *Rev. Psychol. Appl.*, 1973, 23, 105-131.

L'échelle d'évaluation de l'inhibition dans les troubles anxieux (échelle WP2, Widlöcher et Pull, 1988)

Cette échelle représente un outil de cotation du handicap lié à l'anxiété et permet d'estimer rapidement les effets de l'inhibition anxieuse sur les plans physique, psychique, intellectuel, individuel ou social du patient, ainsi que les efforts disproportionnés que le patient doit fournir pour faire face à ces différents domaines d'activité. Cette échelle est constituée de 10 items que le thérapeute ou l'évaluateur indépendant aura à scorer entre 0 et 4 selon l'importance de la perturbation appréciée. Un score entre 14 et 15 est le signe d'une anxiété pathologique.

RÉFÉRENCE

WIDLÖCHER D., PULL C.B., « La WP, une échelle d'évaluation de l'inhibition anxieuse », *L'Encéphale*, 1988, XIV, 139-146.

Le questionnaire sur les inquiétudes du Penn State (Penn State Worry Questionnaire, Meyer et al., *1990)*

Ce questionnaire d'auto-évaluation des inquiétudes évalue à partir de 16 items les intrusions cognitives ou les inquiétudes excessivement irréalistes dont souffre le patient présentant un trouble anxieux généralisé. Pour la correction, le score de 5 items doit être inversé : il s'agit des items 1, 3, 8, 10 et 11.

La validité de cette échelle et sa sensibilité sont considérées comme bonnes. Les sujets non anxieux ont un score autour de 46 (écart type : 10) (Ladouceur *et al.*, 1992). Les sujets anxieux ont un score autour de 67.5 (écart type : 8.8) (Molina et Borkovec, 1994).

RÉFÉRENCES

LADOUCEUR R., FREESTON M.H., DUMOND J., LETARTE H., RHEAUME J., THIBODEAU N., GAGNON F., « The Penn State Worry Questionnaire : psychometric prosperties of a French translation ». Paper presented at the Annual Convention of the Canadian Psychological Association, Quebec City Canada, June 1992.

MEYER T.J., MILLER M.L., METZGER R.L., BORKOVEC T.D., « Development and validation of the Penn State Worry Questionnaire », *Behav. Res. Ther.*, 1990, vol 28, n° 6, 487-495.

MOLINA S., BORKOVEC T.D., « The Penn State Worry Questionnaire : psychometric properties and associated characteristics », *in Worrying : Perspectives on Theory, Assessment and Treatment,* eds by Davey G.C.L. and Tallis F., 1994, John Wiley and Sons, Ltd, 265-283.

Pourquoi s'inquiéter ? (Rhéaume, 1993)

Le but de ce questionnaire est d'essayer de mieux comprendre les raisons de l'inquiétude des sujets souffrant d'un trouble anxieux généralisé. Le sujet score 20 items sur une échelle en 5 points, correspondant au fait que chacun des énoncés traduit nullement ou tout à fait sa façon d'être lorsqu'il s'inquiète. L'ensemble des items se subdivise en deux facteurs : « l'inquiétude prévient ou minimise les résultats négatifs » (items 1, 2, 4, 5, 6, 7, 10, 12, 14, 15, 17, 19) et « l'inquiétude permet de trouver une solution » (items 3, 8, 9, 11, 13, 16, 18, 20).

La validité de cette échelle pour des populations cliniques et sa sensibilité aux changements n'ont pas encore été étudiées. Une étude portant sur des étudiants-contrôles et des étudiants ayant une anxiété généralisée donne pour les étudiants-contrôles un score moyen de 30.4 (écart type : 6.9) à 32.8 (écart type : 7.9) et pour les étudiants présentant une anxiété généralisée, un score moyen de 43.3 (écart type : 7.9) à 46.2 (écart type : 17.7).

RÉFÉRENCE

RHÉAUME J., FREESTON M.H., DUGAS M., LETARTE H., LADOUCEUR R. : Laboratoire de thérapie béhaviorale, École de psychologie, Université Laval, 1993.

L'intolérance à l'incertitude (I-I) *(Freeston* et al., *1993)*

Cet autoquestionnaire essaie également de comprendre les raisons de l'inquiétude des sujets souffrant de trouble anxieux généralisé. L'ensemble des items se subdivise en 5 facteurs : le refus de l'incertitude, l'incertitude donne une mauvaise image de soi, la frustration à l'incertitude, l'incertitude donne un stress, l'incertitude paralyse l'action. Le patient utilisera une échelle en 5 points pour exprimer son degré d'accord ou de désaccord avec l'énoncé des 27 items composant cette échelle. Cette échelle demande à être validée sur une population clinique ; les études de validation actuelles portent sur une population étudiante. Les étudiants-contrôles ont un score moyen de 43.8 (écart type : 10.8) à 44.3 (écart type : 10.5) alors que les étudiants souffrant d'un trouble anxieux généralisé ont un score moyen de 63.3 (écart type : 14.8) à 63.3 (écart type : 18.3).

RÉFÉRENCE

FREESTON M.H., RHÉAUME J., LETARTE H., DUGAS M., LADOUCEUR R., « Why do people worry? », *Personality and Individual Differences,* 1994, 17, 791-802.

Échelles d'anxiété et questionnaires

De nombreux instruments de mesure essaient de cerner la complexité du phénomène anxieux. Devant la difficulté à définir le concept « anxiété », ces instruments de mesure essaient de mieux en analyser ses sources, ses manifestations, ses conséquences, leur projet essentiel restant une clarification de la souffrance des personnes harcelées par l'inquiétude et le souci, à la recherche d'une aide visant à apaiser leur état de tension psychique et physique sollicité par excès.

Échelle d'appréciation de l'anxiété

(TRADUCTION FRANÇAISE : P. PICHOT)

0 : absent – 1 : léger – 2 : moyen – 3 : fort – 4 : maximal

1. HUMEUR ANXIEUSE :
Inquiétude – Attente du pire – Appréhension (anticipation avec peur) – Irritabilité.

2. TENSION :
Sensations de tension – Fatigabilité – Impossibilité de se détendre – Réaction de sursaut – Pleurs faciles – Tremblements – Sensation d'être incapable de rester en place.

3. PEURS :
Du noir – Des gens qu'on ne connaît pas – D'être abandonné seul – Des gros animaux – De la circulation – De la foule.

4. INSOMNIE :
Difficultés d'endormissement – Sommeil interrompu – Sommeil non satisfaisant avec fatigue au réveil – Rêves pénibles – Cauchemars – Terreurs nocturnes.

5. FONCTIONS INTELLECTUELLES (COGNITIVES) :
Difficultés de concentration – Mauvaise mémoire.

6. HUMEUR DÉPRESSIVE :
Perte des intérêts – Ne prend plus plaisir à ses passe-temps – Dépression – Insomnie du matin – Variations de l'humeur dans la journée.

7. SYMPTÔMES SOMATIQUES GÉNÉRAUX (MUSCULAIRES) :
Douleurs et courbatures dans les muscles – Raideurs musculaires – Sursauts musculaires – Secousses cloniques – Grincements des dents – Voix mal assurée.

8. SYMPTÔMES SOMATIQUES GÉNÉRAUX (SENSORIELS) :
Tintements d'oreilles – Vision brouillée – Bouffées de chaleur ou de froid – Sensations de faiblesse – Sensations de picotements.

9. SYMPTÔMES CARDIO-VASCULAIRES :
Tachycardie – Palpitations – Douleurs dans la poitrine – Battement des vaisseaux – Sensations syncopales – Extrasystoles.

10. SYMPTÔMES RESPIRATOIRES :
Poids sur la poitrine ou sensation de constriction – Soupirs – Sensations d'étouffement – Dyspnée.

11. SYMPTÔMES GASTRO-INTESTINAUX :
Dyspepsie : douleur avant ou après le repas, sensations de brûlure, ballonnement, pyrosis, nausées, vomissements, creux à l'estomac – Borborygmes – Diarrhée – Perte de poids – Constipation.

12. SYMPTÔMES GÉNITO-URINAIRES :
Mictions fréquentes – Urgence de la miction – Aménorrhée – Difficultés pour avaler – Vents – « Coliques » abdominales – Ménorragies – Apparition d'une frigidité – Éjaculation précoce – Absence d'érection – Impuissance.

13. SYMPTÔMES DU SYSTÈME NERVEUX AUTONOME :
Bouche sèche – Accès de rougeur – Pâleur – Vertiges – Tendance à la sudation – Céphalée de tension – Horripilation.

14. COMPORTEMENT LORS DE L'ENTRETIEN :
GÉNÉRAL :
Tendu, non à son aise – Agitation nerveuse : des mains, tripote ses doigts, serre les poings, tics, serre son mouchoir – Instabilité va-et-vient – Tremblement des mains – Front plissé – Faciès tendu – Augmentation du tonus musculaire – Respiration haletante – Pâleur faciale.
PHYSIOLOGIQUE :
Avale sa salive – Éructations – Tachycardie au repos – Rythme respiratoire à plus de 20/mn – Réflexes tendineux vifs – Tremblement – Dilatation pupillaire – Exophtalmie – Sudation – Battements des paupières.

Échelle de gravité de l'anxiété

Coter selon l'intensité les trois rubriques ci-après :
La présence d'un seul des symptômes proposé suffit pour effectuer la cotation.
Si plusieurs de ces symptômes sont présents, la cotation sera effectuée sur le plus sévère.

		Pas du tout *1*	*Un peu* *2*	*Modérément* *3*	*Beaucoup* *4*	*Énormément* *5*
Discours du sujet	Nerveux, pas dans son assiette, agité, effrayé sans raison, peureux, tendu, noué, doit éviter certaines conduites, certains lieux, difficultés à se concentrer.					
Comportement	Semble effrayé, mal à l'aise, agité, angoissé.					
Plaintes somatiques	Sudation, tremblements, sensation de striction cardiaque, tachycardie, oppression respiratoire, sensation de chaud ou froid, sommeil agité, estomac noué, boule dans la gorge.					

Inventaire d'auto-évaluation de l'anxiété état-trait Forme Y-A

	Non	*Plutôt Non*	*Oui*	*Plutôt Oui*
1. Je me sens calme				
2. Je me sens en sécurité, sans inquiétude, en sûreté.				
3. Je me sens tendu(e), crispé(e).				
4. Je me sens surmené(e).				
5. Je me sens tranquille, bien dans ma peau.				
6. Je me sens ému(e), bouleversé(e), contrarié(e).				
7. L'idée de malheurs éventuels me tracasse en ce moment.				
8. Je me sens content(e).				
9. Je me sens effrayé(e).				
10. Je me sens à mon aise.				
11. Je sens que j'ai confiance en moi.				
12. Je me sens nerveux (nerveuse), irritable.				
13. J'ai la frousse, la trouille (j'ai peur).				
14. Je me sens indécis(e).				
15. Je suis décontracté(e), détendu(e).				
16. Je suis satisfait(e).				
17. Je suis inquiet, soucieux (inquiète, soucieuse).				
18. Je ne sais plus où j'en suis, je me sens déconcerté(e), dérouté(e).				
19. Je me sens solide, posé(e), pondéré(e), réfléchi(e).				
20. Je me sens de bonne humeur, aimable.				

Inventaire d'auto-évaluation de l'anxiété état-trait Forme Y-B

	Presque jamais	*Parfois*	*Souvent*	*Presque toujours*
21. Je me sens de bonne humeur, aimable.				
22. Je me sens nerveux (nerveuse) et agité(e)				
23. Je me sens content(e) de moi.				
24. Je voudrais être aussi heureux (heureuse) que les autres semblent l'être.				
25. J'ai un sentiment d'échec.				
26. Je me sens reposé(e).				
27. J'ai tout mon sang-froid.				
28. J'ai l'impression que les difficultés s'accumulent à un tel point que je ne peux plus les surmonter.				
29. Je m'inquiète à propos de choses sans importance.				
30. Je suis heureux (heureuse).				
31. J'ai des pensées qui me perturbent.				
32. Je manque de confiance en moi.				
33. Je me sens sans inquiétude, en sécurité, en sûreté.				
34. Je prends facilement des décisions.				
35. Je me sens incompétent(e), pas à la hauteur.				
36. Je suis satisfait(e).				
37. Des idées sans importance trottant dans ma tête, me dérangent.				
38. Je prends les déceptions tellement à cœur que je les oublie difficilement.				
39. Je suis une personne posée, solide, stable.				
40. Je deviens tendu(e) et agité(e) quand je réfléchis à mes soucis.				

Échelle brève d'anxiété

(TRADUCTION FRANÇAISE TH. LEMPERIÈRE ET L. WAINTRAUB)

NOM : .... PRÉNOM : ....

SEXE : .... ÂGE : .... DATE : ....

EXAMINATEUR : ....

CONSIGNES

La cotation doit se fonder sur l'entretien clinique allant de questions générales sur les symptômes à des questions plus précises qui permettent une cotation exacte de la sévérité. Le cotateur doit décider si la note est à un des points nettement définis de l'échelle (0, 2, 4, 6) ou à un point intermédiaire (1, 3, 5). On encouragera d'abord le sujet à décrire ses symptômes dans son propre langage, de manière aussi détaillée que possible. L'évaluateur doit ensuite repérer les items qui n'ont pas été abordés. Des questions formulées de la façon la plus claire et la plus neutre possible doivent alors permettre d'apporter les informations manquantes. Si cela ne s'avère pas suffisant, il peut être nécessaire de poser ensuite des questions plus précises. Lors d'entretiens répétés chez un même patient, destinés à apprécier un changement, le premier examen constitue, en quelque sorte, un « entraînement » à la cotation, pour l'observateur comme pour le patient. Cet entretien peut recouvrir une période beaucoup plus longue que celle à laquelle s'applique la cotation. Cela permet à l'examinateur de s'assurer que les questions sont bien comprises par le sujet et de se familiariser avec son histoire. Cela permet aussi de formuler directement les questions pertinentes lors des entretiens suivants. L'utilisation d'une feuille séparée pour chaque cotation est recommandée. La période de temps prise en considération pour la cotation des symptômes rapportés par le patient doit être standardisée. Pour la plupart des études, elle doit correspondre à la symptomatologie de l'épisode actuel (les sept derniers jours en règle générale).

Symptômes exprimés par le patient

Tension intérieure. Correspond aux sentiments de malaise mal défini, d'irritabilité, d'agitation intérieure, de tension nerveuse allant jusqu'à la panique, l'effroi ou l'angoisse. Coter selon l'intensité, la fréquence, la durée, le degré de réassurance nécessaire. À distinguer de la tristesse, de l'inquiétude pour des « riens », et de la tension musculaire.

0 Calme. Tension intérieure seulement passagère.
1
2 Sentiments occasionnels d'irritabilité et de malaise mal défini.
3
4 Sentiments continuels de tension intérieure ou panique intermittente que le malade ne peut maîtriser qu'avec difficultés.
5
6 Effroi ou angoisse sans relâche. Panique envahissante.

Sentiments hostiles. Correspond à la colère, à l'hostilité, à des sentiments agressifs avec ou sans manifestations actives.
Coter selon l'intensité, la fréquence et le niveau de provocation toléré.
Coter zéro l'incapacité à ressentir de la colère.

0 Ne se met pas facilement en colère.
1
2 Se met facilement en colère. Exprime des sentiments hostiles qui sont aisément dissipés.
3
4 Répond aux provocations par une hostilité ou une colère disproportionnée.
5
6 État persistant de colère, de fureur, ou de haine intense, difficile ou impossible à contrôler.

Hypocondrie. Correspond à une préoccupation exagérée ou une inquiétude injustifiée concernant la santé ou les maladies.
À distinguer de l'inquiétude pour des « riens », des douleurs et des troubles sensori-moteurs.

0 Absence de préoccupation particulière concernant la santé.
1
2 Réagit avec appréhension au moindre signe de désordre physique. Peur exagérée de la maladie.
3
4 Convaincu qu'il est atteint d'une maladie, mais peut être rassuré au moins temporairement.
5
6 Convictions hypocondriaques invalidantes ou absurdes (conviction que le corps est en train de se décomposer, que les intestins ne fonctionnent plus depuis des mois).

Phobies. Correspond à des sentiments de peur injustifiée dans des situations spécifiques que le sujet évite s'il le peut (autobus, grands magasins, foule, espace clos, être seul).

0 Pas de phobies.
1
2 Sentiment confus de malaise dans des situations particulières, qui peut être maîtrisé sans aide extérieure ou bien en prenant des précautions simples, comme éviter les heures d'affluence si possible.
3
4 Certaines situations provoquent immanquablement un malaise marqué et sont évitées sans que cela porte gravement atteinte à l'activité.
5
6 Phobies invalidantes qui limitent gravement l'activité. Par exemple, le sujet est complètement incapable de sortir de chez lui.

Inquiétudes pour des « riens ». Correspond à une appréhension et à un souci démesuré pour des « riens », difficiles à faire disparaître.
À distinguer de la tension intérieure, des pensées pessimistes, de l'hypocondrie, des pensées obsédantes, des phobies et de l'indécision.

0 Pas d'inquiétude particulière.

1
2 Inquiétude injustifiée pouvant être dissipée.
3
4 Inquiet et tracassé par des vétilles et les menus faits de la vie quotidienne.
5
6 Inquiétude envahissante et souvent douloureuse. Les tentatives pour rassurer le sujet sont sans effet.

Réduction du sommeil. Correspond à une réduction de la durée ou de la profondeur du sommeil par comparaison avec le sommeil du patient lorsqu'il n'est pas malade.

0 Dort comme d'habitude.
1
2 Légère difficulté à s'endormir ou sommeil légèrement réduit, léger ou agité.
3
4 Sommeil réduit ou interrompu au moins deux heures.
5
6 Moins de deux ou trois heures de sommeil.

Troubles neurovégétatifs. Correspond à des symptômes tels que : palpitations, difficultés respiratoires, vertiges, sueurs abondantes, froideur des extrémités, sécheresse de la bouche, troubles digestifs, diarrhées, mictions fréquentes.
À distinguer de la tension intérieure, des douleurs et des troubles sensori-moteurs.

0 Pas de troubles neurovégétatifs.
1
2 Symptômes neurovégétatifs à l'occasion d'une émotion.
3
4 Troubles neurovégétatifs fréquents ou intenses, vécus comme gênants ou affectant la vie sociale.
5
6 Troubles neurovégétatifs très fréquents, interrompant les activités ou invalidants.

Douleurs. Correspond à l'expression d'une gêne ou d'une douleur physique.
Coter selon l'intensité, la fréquence, la durée et aussi la demande de soulagement. Ne tenir compte d'aucune opinion quant à une organicité éventuelle.
À distinguer de l'hypocondrie, des troubles neurovégétatifs et de la tension musculaire.

0 Absence de douleurs ou douleurs passagères.
1
2 Douleurs précises mais occasionnelles.
3
4 Douleurs prolongées et pénibles. Demandes d'un traitement antalgique efficace.
5
6 Douleurs intenses ou invalidantes.

Symptômes observés
Troubles neurovégétatifs. Correspond aux signes de dysfonctionnement neurovégétatif : hyperventilation, bouffées vasomotrices, sueurs, mains froides, dilatation pupillaire, bouche sèche, évanouissements.

0 Pas de troubles neurovégétatifs observés.
1
2 Troubles neurovégétatifs discrets : rougit, blêmit ou se couvre de sueurs à l'occasion d'une émotion.
3
4 Signes neurovégétatifs évidents même en dehors des situations de stress.
5
6 Troubles neurovégétatifs obligeant à interrompre l'entretien.

Tension musculaire. Correspond à une tension musculaire telle qu'on peut l'observer dans la mimique, la posture et les mouvements.

0 Paraît détendu.

1

2 Légère tension dans le visage et la posture.

3

4 Tension modérée dans la posture et la face, que l'on remarque facilement au niveau des mâchoires et des muscles du cou. Ne semble pas trouver une position détendue quand il est assis. Mouvements raides et maladroits.

5

6 Tendu d'une manière frappante. Assis, se tient souvent voûté et recroquevillé, ou bien est tendu et se tient droit et raide sur le bord du siège.

Diagramme FARD

Cocher pour chaque item la note qui paraît la plus adéquate.

Pôle somatique Attitude	Pôle vigilance Irritabilité
0 Normale. Pas de tension musculaire apparente. 1 2 Mimique, attitude légèrement tendue. Peut se détendre 3 4 Mimique, attitude manifestement tendue. Précautions maladroites pour s'asseoir au bord du siège. Recherche d'une position de détente rarement trouvée. 5 6 Importante tension posturale. Mimique tendue, attitude courbée ou raideur. Détente impossible.	0 Absente. 1 2 Agacement modéré pour des « détails » exprimé verbalement et jugé injustifié. 3 4 Irritabilité nette intermittente pour des faits banals dont témoignent les propos vifs, tranchants, emportés, inhabituels, perturbant l'atmosphère relationnelle. 5 6 Irritabilité intense permanente, incontrôlée, en paroles et en actes entraînant des difficultés relationnelles majeures.
Troubles neurovégétatifs	Troubles sensoriels
0 Pas de troubles. 1 2 3	0 Absent. 1 2 Hyperactivités auditive, visuelle, olfactive, gustative, tactile, gênantes. 3

4 Troubles neurovégétatifs spontanés, fréquents, gênants. 5 6 Troubles neurovégétatifs intenses invalidants.	4 Hyperréactivité sensorielle nette. Évitement des stimuli habituels. 5 6 Hyperréactivité importante. Intolérance handicapante aux stimuli sensoriels habituels.
Douleurs	Troubles du sommeil
0 Absentes. 1 2 Algies intermittentes, discrètes. 3 4 Algies pénibles durables, entraînant une gêne sociale. 5 6 Algies intenses, permanentes, invalidantes.	0 Sommeil normal. 1 2 Insomnie d'endormissement, sommeil insuffisamment réparateur. 3 4 Réveils fréquents. Sommeil réduit (interrompu au moins 2 heures), agité, troublé de cauchemars, non réparateur. 5 6 Moins de 3 heures de sommeil par 24 heures.
TOTAL S :	TOTAL V :

Pôle relationnel Appréhension	Pôle cognitif Concentration
0 Absente. 1 2 Inquiétude pour des faits banals, préoccupations corporelles. Peut être momentanément rassuré. 3 4 Craintes, inquiétudes, préoccupations fréquentes. Appréhension pénible. Est difficilement rassuré 5 6 Inquiétude et préoccupations permanentes. Rassurance inconstante et brève.	0 Pas de difficulté. 1 2 Concentration et mémoire requièrent un effort inhabituel. 3 4 Signale une baisse de ses capacités intellectuelles (attention, concentration, mémoire) éprouvée à la lecture, la conversation, le calcul, la télévision. 5 6 Troubles gênant l'entretien. Difficulté de compréhension et de mémorisation des informations banales.
Tension intérieure	**Lassitude**
0 Calme 1 2 Tension passagère inhabituelle. Tremblements. Agitation discrète. 3 4 Sentiment permanent de tension intérieure, incapacité à se détendre. Crise d'anxiété intermittente. Agitation stérile manifeste.	0 Absente. 1 2 Difficulté à entreprendre les activités (professionnelles, scolaires, domestiques). 3 4 Sentiment pénible d'effort pour mener à bien les activités quotidiennes. Impression intermittente d'être « bloqué ».

5 6 Anxiété majeure durable. Désarroi. Agitation importante.	5 6 Sentiment douloureux d'épuisement. Impression durable d'être « paralysé ». Incapacité à agir momentanément.
Difficulté de contact	Doute – indécision
0 Absente. 1 2 Sentiment d'inconfort engendré par certaines situations, certaines relations à autrui, qui peut être relativement contrôlé. Gêne sociale minime. 3 4 Sentiment de malaise net incontrôlé lors de certaines situations ou en présence d'autrui, qui est prévenu par des conduites d'évitement. Gêne sociale nette. 5 6 Sentiment de malaise insurmontable dans des situations banales ou en présence d'autrui qui ne peuvent être évitées. Difficulté de contact. Gêne sociale invalidante.	0 Absent(e). 1 2 Hésite longuement pour prendre des décisions. 3 4 Doute de ses capacités, perte de confiance en soi, peur de se tromper. Inconfort douloureux constant pour prendre une décision longtemps ruminée. Gêne sociale nette. 5 6 Incapacité à prendre initiatives et/ou décisions. Insécurité manifeste. Retentissement social invalidant.
TOTAL R :	TOTAL C :

SCORE TOTAL : S + V + R + C =

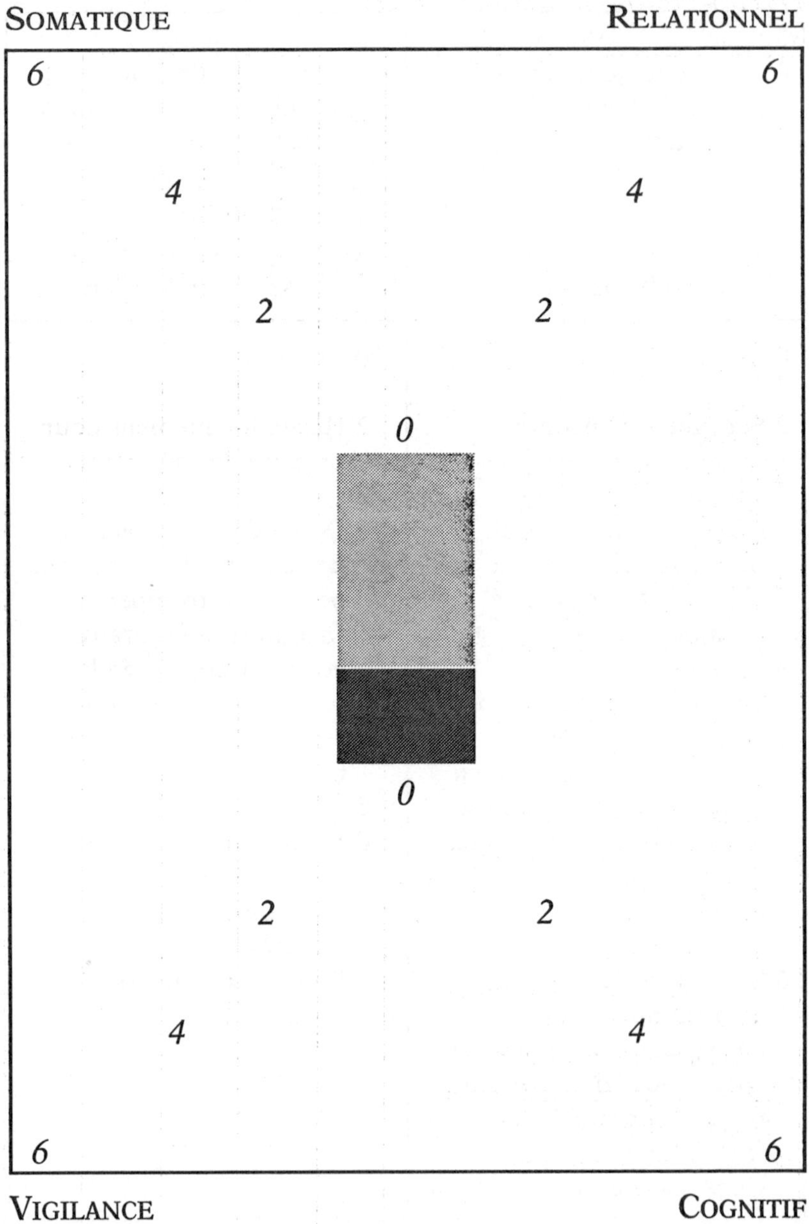

Diagramme d'anxiété FARD

Questionnaire d'anxiété BATE

	Tout à fait faux, jamais	Quelquefois ou un peu	Assez vrai ou assez souvent	Vrai ou souvent	Tout à fait vrai ou toujours
1. Au cours de ces huit derniers jours, j'ai senti que j'avais la gorge nouée.					
2. Au cours de ces huit derniers jours, je me suis fait du souci à propos de tout et de rien.					
3. Au cours de ces huit derniers jours, j'ai ressenti une impression de tension, j'étais contracté(e), tendu(e), sur les nerfs.					
4. J'ai eu, au cours de ces huit derniers jours, la chair de poule ou des frissons qui n'étaient pas dus au froid.					
5. Au cours de ces huit derniers jours, il m'est arrivé de penser que j'étais utile et que je ne servais pas à grand-chose.					
6. Au cours de ces huit derniers jours, je me suis fait du mauvais sang pour rien.					
7. Au cours de ces huit derniers jours, j'ai été constipé(e).					
8. Au cours de ces huit derniers jours, il m'est arrivé de pleurer.					
9. Au cours de ces huit derniers jours, il m'est arrivé de faire des cauchemars.					

	Tout à fait faux, jamais	Quelquefois ou un peu	Assez vrai ou assez souvent	Vrai ou souvent	Tout à fait vrai ou toujours
10. Au cours de ces huit derniers jours, j'ai eu des palpitations qui n'étaient pas liées à un effort.					
11. En ce moment, je ne supporte pas la foule.					
12. En ce moment, je sens que je ne pourrais pas supporter la vue d'un serpent.					
13. Au cours de ces huit derniers jours, j'ai eu le vertige.					
14. Au cours de ces huit derniers jours, je me suis évanoui(e).					
15. Au cours de ces huit derniers jours, il m'est arrivé de transpirer sans que cela soit dû à une température élevée.					
16. Au cours de ces huit derniers jours, j'étais agité(e) au point de ne pouvoir rester en place.					
17. J'ai eu, au cours de ces huit derniers jours, des envies de manger.					
18. Au cours de ces huit derniers jours, je me suis senti(e) oppressé(e).					

	Tout à fait faux, jamais	Quelquefois ou un peu	Assez vrai ou assez souvent	Vrai ou souvent	Tout à fait vrai ou toujours
19. Au cours de ces huit derniers jours, il m'est arrivé de rougir.					
20. Au cours de ces huit derniers jours, j'ai été tourmenté(e) par l'opinion des autres sur moi.					
21. Au cours de ces huit derniers jours, il m'est arrivé de trembler.					
22. En ce moment, je me sens fatigué(e).					
23. En ce moment, je ne me sens pas heureux (se).					
24. En ce moment, j'ai l'impression que je ne suis bon(ne) à rien.					
25. Au cours de ces huit derniers jours, j'ai éprouvé une peur diffuse de l'avenir que je n'arrive pas à expliquer.					
26. Au cours de ces huit derniers jours, je ne pouvais pas rester seul(e), la solitude me faisait peur.					
27. Au cours de ces huit derniers jours, j'ai eu des maux d'estomac.					
28. En ce moment, je redoute de monter en voiture.					

	Tout à fait faux, jamais	Quelquefois ou un peu	Assez vrai ou assez souvent	Vrai ou souvent	Tout à fait vrai ou toujours
29. J'ai eu, au cours de ces huit derniers jours, les pieds ou les mains glacés.					
30. En ce moment, je sais que je ne pourrais pas supporter la vue d'un rat.					
31. Au cours de ces huit derniers jours, j'ai eu mal à la tête.					
32. Au cours de ces huit derniers jours, il m'est arrivé d'appréhender le pire, d'avoir le pressentiment qu'il allait m'arriver quelque chose de mauvais.					
33. Au cours de ces huit derniers jours, j'ai eu la diarrhée.					
34. En ce moment, je sens que je ne pourrais pas supporter la vue d'une araignée.					
35. Au cours de ces huit derniers jours, j'étais tellement énervé(e) que j'avais du mal à m'endormir.					
36. En ce moment, je ne peux pas rester dans l'obscurité, j'ai peur du noir					
37. Au cours de ces huit derniers jours, cela m'énervait d'être obligé(e) d'attendre.					

Questionnaire d'anxiété BATE (suite)

	Tout à fait faux, jamais	Quelquefois ou un peu	Assez vrai ou assez souvent	Vrai ou souvent	Tout à fait vrai ou toujours
1. J'ai peur des rats.					
2. J'ai tendance à être tellement énervé(e) que j'ai du mal à m'endormir					
3. J'ai tendance à me faire du souci à propos de tout et de rien.					
4. J'ai tendance à être constipé(e).					
5. J'ai peur des araignées.					
6. J'éprouve habituellement une peur diffuse de l'avenir que je n'arrive pas à expliquer.					
7. Je suis habituellement fatigable.					
8. Je suis sujet(te) à des tremblements.					
9. J'ai toujours envie de manger.					
10. Enfant, j'étais d'une santé fragile.					
11. J'ai tendance à m'évanouir facilement.					
12. J'ai tendance à penser qu'il va arriver quelque chose de mauvais ; j'appréhende le pire.					
13. J'ai tendance à me tourmenter à propos de ce que les gens pensent de moi.					

	Tout à fait faux, jamais	Quelquefois ou un peu	Assez vrai ou assez souvent	Vrai ou souvent	Tout à fait vrai ou toujours
14. Lorsque j'étais petit(e), mes parents étaient sévères avec moi.					
15. Je suis sujet(te) à des périodes d'agitation au cours desquelles je suis incapable de rester en place.					
16. J'ai tendance à me faire du mauvais sang pour rien.					
17. Je ne me sens pas heureux (se) en général.					
18. J'ai tendance à avoir peur de la foule.					
19. J'ai facilement des maux d'estomac.					
20. Je suis habituellement tendu(e) et contracté(e), sur les nerfs.					
21. J'ai tendance à transpirer facilement même lorsqu'il ne fait pas très chaud.					
22. Je suis facilement oppressé(e).					
23. Lorsque j'étais petit(e), mes parents souhaitaient que je fasse du sport.					
24. J'ai tendance à me dire que je ne suis bon(ne) à rien.					
25. J'ai tendance à avoir la diarrhée.					

	Tout à fait faux, jamais	Quelquefois ou un peu	Assez vrai ou assez souvent	Vrai ou souvent	Tout à fait vrai ou toujours
26. J'ai tendance à avoir la gorge nouée (serrée).					
27. J'ai tendance à avoir les pieds ou les mains glacés.					
28. Je suis prédisposé(e) à avoir des maux de tête.					
29. J'ai peur des serpents.					
30. J'ai tendance à avoir le vertige.					
31. En général, j'ai peur en voiture.					
32. En général, je pleure facilement.					
33. J'ai tendance à faire des cauchemars.					
34. En général, cela m'énerve d'être obligé(e) d'attendre.					
35. En général, je n'aime pas l'obscurité, j'ai peur du noir.					
36. J'ai tendance à avoir la chair de poule ou des frissons même s'il ne fait pas froid.					
37. J'ai tendance à penser que je ne sers pas à grand-chose, que je suis inutile.					
38. Je rougis facilement.					
39. Habituellement, je n'aime pas rester seul(e), la solitude me fait peur.					
40. J'ai tendance à avoir des palpitations sans que cela s'explique par un effort.					

Échelle d'évaluation de l'inhibition dans les troubles anxieux

NOM : .... PRÉNOM : ....

SEXE : .... ÂGE : .... DATE : ....

EXAMINATEUR : ....

Cette échelle doit permettre d'évaluer le degré d'inhibition physique, psychique et sociale chez les sujets anxieux.

Remarques : il s'agit d'une échelle d'inhibition et non d'anxiété. L'anxiété elle-même est à évaluer à l'aide d'une échelle appropriée. Cette échelle ne doit pas être utilisée pour mesurer un autre trouble affectif (ralentissement dépressif), ou psychotique, une maladie physique, ou un trouble mental organique.

Cotations : évaluer uniquement les symptômes qui sont survenus ou se sont aggravés depuis que le sujet est anxieux.

Coter tous les items suivant l'intensité :
0 = perturbation absente,
1 = perturbation légère,
2 = perturbation moyenne,
3 = perturbation importante,
4 = perturbation très importante-invalidante
Le patient se sent bloqué, entravé, empêché dans son fonctionnement usuel et doit faire des efforts hors de proportion avec les difficultés réelles :

1. Pour toutes ou presque toutes les activités impliquant un effort physique (se sent fatigué, épuisé, sans énergie...).
2. Pour toutes ou presque toutes les activités impliquant un effort intellectuel (a l'impression que sa pensée est traînante, laborieuse...).

3. Pour fixer son attention sur une occupation ou un objet (se plaint de ne pouvoir se concentrer).
4. Pour entrer en contact avec les autres (n'arrive pas à prendre une initiative, par exemple téléphoner, prendre rendez-vous ou aller voir quelqu'un...).
5. Pour s'impliquer dans ses passe-temps avec les autres (sport, loisirs...).
6. Pour s'affirmer face aux autres (se sent insécurisé, peut être irritable, a du mal à défendre ses positions et ses intérêts de façon efficace...).
7. Pour prendre des décisions (hésite constamment entre les termes d'une alternative...).
8. Pour terminer ou entreprendre un projet (se sent incapable de prendre des initiatives...).
9. Pour chasser de son esprit des idées à tonalité pénible (lorsqu'il est assailli par des soucis, le patient a du mal à les dépasser et à diriger ses pensées vers d'autres thèmes d'intérêt...).
10. Pour faire une activité suivie, efficace et productive (passe d'une activité à une autre sans coordination ni but précis, s'agite inutilement, est entravé dans ses activités...).

Questionnaire sur les inquiétudes du Penn State

Veuillez utiliser l'échelle ci-dessous pour exprimer jusqu'à quel point chacun des énoncés suivants correspond à vous. Écrivez le numéro vous représentant en tête de chacun des énoncés*.

1	2	3	4	5
Pas du tout caractéristique	Un peu caractéristique	Assez caractéristique	Très caractéristique	Extrêmement caractéristique

1. Si je n'ai pas assez de temps pour tout faire, je ne m'en inquiète pas.
2. Mes inquiétudes me submergent.
3. Je n'ai pas tendance à m'inquiéter à propos des choses.
4. Plusieurs situations m'amènent à m'inquiéter.
5. Je sais que je ne devrais pas m'inquiéter, mais je n'y peux rien.
6. Quand je suis sous pression, je m'inquiète beaucoup.
7. Je m'inquiète continuellement à propos de tout.
8. Il m'est facile de me débarrasser de pensées inquiétantes.
9. Aussitôt que j'ai fini une tâche, je commence immédiatement à m'inquiéter au sujet de toutes les autres choses que j'ai encore à faire.
10. Je ne m'inquiète jamais.
11. Quand je ne peux plus rien faire au sujet d'un souci, je ne m'en inquiète plus.
12. J'ai été un inquiet tout au long de ma vie.
13. Je remarque que je m'inquiète pour certains sujets.
14. Quand je commence à m'inquiéter, je ne peux plus m'arrêter.
15. Je m'inquiète tout le temps
16. Je m'inquiète au sujet de mes projets jusqu'à ce qu'ils soient terminés.

(*The Penn State Worry Questionnaire*: Meyer, T.J., Miller, M.L., Metzger, R.L., Borkovec, T.D. (1990), « Development and validation of the Penn State Worry Questionnaire », *Behaviour Research and Therapy*, 28, 487-495: tous droits réservés, Université Laval, 1991, traduit par Hélène Letarte, Mark H. Freeston, Robert Ladouceur.)

Pourquoi s'inquiéter ?

Voici ne série d'énoncés qui peuvent se rapporter aux inquiétudes*. Veuillez utiliser l'échelle ci-dessous pour exprimer jusqu'à quel point chacun des énoncés suivants vous correspond (écrivez le numéro vous représentant devant chacun des énoncés).

1	2	3	4	5
Pas du tout caractéristique	Un peu caractéristique	Assez caractéristique	Très caractéristique	Extrêmement caractéristique

1. Lorsque je m'inquiète, j'ai l'impression d'être la seule personne à éprouver des difficultés.
2. M'inquiéter de choses moins importantes me distrait des sujets plus émotionnels auxquels je ne veux pas penser.
3. Si je m'inquiète, je peux trouver une meilleure façon d'être comme individu.
4. Je m'inquiète parce que je suis habitué(e) à le faire.
5. Je m'inquiète parce qu'on m'a toujours appris à m'attendre au pire.
6. Je m'inquiète parce que si le pire arrive, je me sentirais coupable de ne pas m'être inquiété(e).
7. Je m'inquiète pour essayer de protéger le monde.
8. Si je m'inquiète, je peux trouver une meilleure façon de faire.
9. Je m'inquiète pour essayer de mieux me protéger.
10. Si je ne m'inquiète pas et que le pire arrive, ce serait de ma faute.
11. Je m'inquiète au sujet du passé dans le but d'apprendre quelque chose de mes erreurs.
12. Lorsque je m'inquiète, je pense que la vie semble beaucoup plus facile pour les autres que pour moi.
13. Je m'inquiète pour essayer d'avoir un meilleur contrôle sur ma vie.
14. Je m'inquiète parce que si le pire arrivait, je serais incapable d'y faire face.
15. Je m'inquiète dans le but d'éviter les déceptions.

16. Lorsque je m'inquiète, je me dis qu'il doit toujours y avoir une solution à tous les problèmes.
17. Je m'inquiète d'une multitude de petites affaires pour ne pas penser aux choses plus importantes.
18. En m'inquiétant, je peux empêcher les malheurs d'arriver.
19. Même si je sais que cela n'est pas vrai, j'ai l'impression que le fait de m'inquiéter aide à diminuer le risque que la pire chose arrive.
20. Si je m'inquiète moins, j'ai moins de chance de trouver une meilleure solution.

Intolérance à l'incertitude

Voici une série d'énoncés qui représentent comment les gens peuvent réagir à l'incertitude dans la vie. Veuillez utiliser l'échelle ci-dessous pour exprimer jusqu'à quel point chacun des énoncés suivants vous correspond. Écrivez le numéro vous représentant devant chacun des énoncés*.

1	2	3	4	5
Pas du tout correspondant	Un peu correspondant	Assez correspondant	Très correspondant	Extrêmement correspondant

1. L'incertitude m'empêche de prendre position.
2. Être incertain(e) veut dire qu'on est une personne désorganisée.
3. L'incertitude rend la vie intolérable.
4. C'est injuste de ne pas avoir de garanties dans la vie.
5. Je ne peux pas avoir l'esprit tranquille tant que je ne sais pas ce qui va arriver le lendemain.
6. L'incertitude me rend mal à l'aise, anxieux (anxieuse) ou stressé(e).
7. Les imprévus me dérangent énormément.
8. Ça me frustre de ne pas avoir toute l'information dont j'ai besoin.
9. L'incertitude m'empêche de profiter pleinement de la vie.
10. On devrait tout prévenir pour éviter les surprises.
11. Un léger imprévu peut tout gâcher, même la meilleure des planifications.
12. Lorsque c'est le temps d'agir, l'incertitude me paralyse.
13. Être incertain(e) veut dire que je ne suis pas à la hauteur.
14. Lorsque je suis incertain(e), je ne peux pas aller de l'avant.
15. Lorsque je suis incertain(e), je ne peux pas bien fonctionner.
16. Contrairement à moi, les autres semblent toujours savoir où ils vont dans la vie.
17. L'incertitude me rend vulnérable, malheureux (malheureuse) ou triste.
18. Je veux toujours savoir ce que l'avenir me réserve.

19. Je déteste être pris(e) au dépourvu.
20. Le moindre doute peut m'empêcher d'agir.
21. Je devrais être capable de tout organiser à l'avance.
22. Être incertain(e), ça veut dire que je manque de confiance.
23. Je trouve injuste que d'autres personnes semblent certaines face à leur avenir.
24. L'incertitude m'empêche de bien dormir.
25. Je dois me retirer de toute situation incertaine.
26. Les ambiguïtés de la vie me stressent.
27. Je ne tolère pas d'être indécis(e) au sujet de mon avenir.

Annexe 2

RECONNAÎTRE LE TROUBLE ANXIEUX GÉNÉRALISÉ

L'anxiété et le souci font partie intégrante de notre vie. Un certain niveau d'anxiété peut même motiver des personnes à préparer des examens, à affronter des entretiens délicats, à réaliser des tâches difficiles... Cependant, l'anxiété excessive est un réel problème qui peut être perçu comme un véritable handicap dans la mesure où elle interfère dans la vie quotidienne et entraîne un mal-être général. Lorsque cette anxiété dure depuis six mois ou plus, on parle alors de « trouble anxieux généralisé » (TAG). Lorsque l'on a une anxiété réaliste due à des soucis financiers, alors que l'on est au chômage, ce n'est pas un signe de trouble anxieux généralisé. Mais lorsque le souci chronique et excessif concerne des événements qui n'ont que peu de probabilité de survenir et que ce souci entraîne des symptômes physiques comme des tremblements, des douleurs musculaires, une très grande fatigue, des troubles du sommeil, des troubles abdominaux, des vertiges, des difficultés émotionnelles se traduisant souvent par de l'irritabilité, ainsi que des difficultés cognitives telles que des troubles de la concentration, on parlera de trouble anxieux généralisé. Ce qui caractérise l'anxiété généralisée, c'est cette difficulté, voire cette impossibilité à contrôler ses pensées inquiétantes, qui peuvent véritablement empêcher de se concentrer sur d'autres tâches.

Par ailleurs, ce trouble anxieux généralisé s'accompagne souvent d'autres difficultés telles que dépression, trouble panique, addictions (alcool, drogue, etc.).

Quelles sont les causes du trouble anxieux généralisé et qui en souffre ?

Plus de 5 % des personnes vont développer un trouble anxieux généralisé à un certain moment de leur vie. Les chercheurs n'ont pas identifié de cause précise, mais des facteurs biologiques, un certain environnement familial et des expériences de vie vont contribuer à l'organisation de ce trouble. Les personnes qui vont être élevées par des parents anxieux vont apprendre à voir le monde comme dangereux et incontrôlable, et à percevoir une vulnérabilité en eux dans cette incapacité à y faire face. Certains chercheurs pensent même à une prédisposition génétique. Le trouble anxieux généralisé apparaît généralement vers l'âge de 20 ans, mais il peut commencer dans l'enfance ou vers l'âge de 30 ans. Dans les mois ou les années qui précèdent la survenue du trouble, beaucoup notent une augmentation des événements stressants tels que le décès de quelqu'un de cher, une maladie, la perte d'un emploi, un divorce… Parfois, des stress liés à des événements positifs tels que le mariage, une naissance ou un tournant dans la carrière peuvent également précéder le trouble anxieux généralisé – le stress étant essentiellement un catalyseur, non la cause, du trouble anxieux généralisé.

Comment savoir si l'on souffre d'un trouble anxieux généralisé ?

Si vous répondez « oui » à la majorité des questions ci-dessous, n'hésitez pas à chercher de l'aide auprès d'un professionnel de santé afin que vous trouviez ensemble une solution à ce qui pourrait bien être un trouble anxieux généralisé*.

* Questionnaire proposé par l'Association psychiatrique américaine (APA), 2001.

Êtes-vous gêné(e) par :	oui	non
Un souci excessif qui apparaît très fréquemment depuis au moins six mois ?	❑	❑
Un souci sans raison à propos d'un certain nombre d'événements ou d'activités tels que l'activité professionnelle ou l'activité scolaire ou un souci concernant la santé ?	❑	❑
L'impossibilité de contrôler ce souci ?	❑	❑
Ressentez-vous au moins trois des symptômes suivants :		
Le fait d'être tendu(e) en permanence, d'être tout le temps sous pression ?	❑	❑
Le fait de se sentir facilement fatigué(e) ?	❑	❑
Le fait d'avoir des difficultés pour vous concentrer ?	❑	❑
Le fait d'être irritable ?	❑	❑
Le fait d'être impatient(e), toujours en alerte ?	❑	❑
Le fait de ne pas pouvoir s'endormir ou rester endormi(e), ou de ne pas avoir une nuit suffisamment réparatrice ?	❑	❑
Le sentiment que votre anxiété perturbe votre vie quotidienne ?	❑	❑
Souvent, le trouble anxieux généralisé est associé à d'autres troubles tels qu'une dépression ou une addiction (utilisation de drogue, d'alcool, de tabac...). Aussi, pour repérer des éléments dépressifs, pouvez-vous répondre aux questions suivantes :		
Avez-vous récemment perçu des changements dans votre sommeil ou dans vos habitudes alimentaires ?	❑	❑
La plupart du temps, vous sentez-vous :		
Triste ou déprimé(e) ?	❑	❑
Sans aucun intérêt dans la vie ?	❑	❑
Sans valeur ou coupable ?	❑	❑

	oui	non
Au cours de l'année précédente, avez-vous consommé de l'alcool ou d'autres drogues :		
Du fait de vos difficultés à remplir vos responsabilités sur le plan professionnel, scolaire ou familial ?	❑	❑
Cette consommation vous a-t-elle mis(e) dans une situation dangereuse telle que conduire en état d'ivresse ?	❑	❑
Avez-vous eu des démêlés avec la police ou avec la justice du fait de cette consommation ?	❑	❑
Vous est-il impossible d'arrêter cette consommation malgré les problèmes qu'elle cause à vous et à votre entourage ?	❑	❑

Annexe 3

DIAGNOSTIC ET PRISE EN CHARGE EN AMBULATOIRE DU TROUBLE ANXIEUX GÉNÉRALISÉ DE L'ADULTE

Recommandations pour la pratique clinique
Service des recommandations
et références professionnelles
(Anaes, mars 2001)

Les recommandations pour la pratique clinique sur le thème « Diagnostic et prise en charge en ambulatoire du trouble anxieux généralisé de l'adulte » ont été élaborées par l'Agence nationale d'accréditation et d'évaluation en santé à la demande de la Fédération française de psychiatrie, avec la participation de représentants de :

— la Fédération française de psychiatrie ;
— le Collège national des généralistes enseignants ;
— l'Association pédagogique nationale pour l'enseignement de la thérapeutique ;
— la Société française de médecine générale ;
— la Société de formation thérapeutique du généraliste.

La méthode utilisée est celle décrite dans le guide d'élaboration des *Recommandations pour la pratique clinique, Base méthodologique pour leur réalisation en France,* publié par l'ANAES en 1999.

L'ensemble du travail a été coordonné par le Dr Nafissa ABDELMOUMENE, sous la responsabilité du Dr Patrice

DOSQUET, responsable du service des recommandations et références professionnelles.
La recherche documentaire a été réalisée par Mme Nathalie DUNIA, documentaliste, avec l'aide de Mme Laurence FRIGÈRE, sous la responsabilité de Mme Rabia BAZI.
Le secrétariat a été réalisé par Mme Catherine SOLOMON-ALEXANDER.
L'Agence Nationale d'Accréditation et d'Évaluation en Santé tient à remercier les membres du comité d'organisation, les membres du groupe de travail, les membres du groupe de lecture et les membres du conseil scientifique qui ont participé à la réalisation de ce travail.

Comité d'organisation

Pr Alain BRACONNIER, psychiatre, Paris
Pr Max BUDOWSKI, Collège national des généralistes enseignants, Paris
Dr Jean COTTRAUX, psychiatre, Lyon
Pr Patrice QUENEAU, président de l'Association pédagogique nationale pour l'enseignement de la thérapeutique, Saint-Étienne

Groupe de travail

Dr Jean COTTRAUX, président du groupe de travail, psychiatre, Lyon
Dr Nafissa ABDELMOUMENE, chargée de projet, ANAES, Paris
Pr Philippe CHEVALIER, cardiologue, Lyon
Dr Nathalie DUMARCET, AFSSAPS, Saint-Denis
Pr Jean-Pierre LÉPINE, psychiatre, Paris
Dr Michèle LETALLEC-LEFÈVRE, gérontologue, Blois
Dr Philippe MATHIEU, médecin généraliste, Callian
Dr Jean-Michel ORIOL, médecin généraliste, Septèmes
Dr Michel RÉOCREUX, psychiatre, Albi
Dr Dominique SERVANT, psychiatre, Lille
Dr Danielle YATIM, médecin urgentiste, Nantes

Groupe de lecture

Dr Christophe André, psychiatre, Paris
Dr Jean Becchio, médecin généraliste, Chevilly-Larue
Pr Paul-André Befort, médecin généraliste, Strasbourg
Pr Jean-Philippe Boulenger, psychiatre, Montpellier
Pr Michel Bourin, psychiatre, Nantes
Dr Martine Bouvard, psychologue, Lyon
Pr Alain Braconnier, psychiatre, Paris
Pr Max Budowski, Collège national des généralistes enseignants, Paris
Dr Bruno Ceccarelli, médecin généraliste, Paris
Pr Quentin Debray, psychiatre, Issy-les-Moulineaux
Dr Didier Deroche, psychiatre, Joué-lès-Tours
Dr Aude Develay, conseil scientifique, ANAES
Dr Cyril Estienne, médecin généraliste, Fayence
Mme Martine Favreau, psychologue, Neuilly-sur-Seine
Dr Sylvie Froment, médecin généraliste, Tours
Dr Karina Gattegno, psychiatre, AFSSAPS, saint-Denis
Pr Régis Gonthier, gérontologue, Saint-Étienne
M. Marc Gross, kinésithérapeute, Mulhouse
Dr Bruno Harribey, gériatre, Saint-Jean-de-Luz
Pr Roland Jouvent, psychiatre, Paris
Pr François Lang, psychiatre, Saint-Étienne
Dr Philippe Lesieur, psychiatre, Paris
Dr Pierre-Michel Llorca, psychiatre, Clermont-Ferrand
Dr Mireille Masdupuy, psychiatre, Cournon-D'Auvergne
Dr Jean-Claude Montigny, psychiatre, Annecy
Dr Philippe Nuss, psychiatre, Paris
Dr Patrick Ouvrard, médecin généraliste, Angers
Dr Guy Parmentier, psychiatre, Albi
Dr Antoine Pelissolo, psychiatre, Paris
Dr Jérôme Pellerin, psychiatre, Paris
Pr Jacques Pellet, psychiatre, Saint-Étienne
Pr Charles-Siegfried Peretti, psychiatre, Reims
Pr Patrice Queneau, rhumatologue, Saint-Étienne
Dr Guy Recorbet, médecin généraliste, Marseille
M. Jean-Paul Rolland, psychologue, Alès, en collaboration avec Mme Martine Giel-Gonzalvo, psychologue, Nîmes

Pr Jean-Louis SENON, psychiatre, Poitiers
Dr Christian SPADONE, psychiatre, Paris
Pr Jean TIGNOL, psychiatre, Bordeaux
Dr Jean-Michel THURIN, psychiatre, Paris
Dr Marie-Jeanne TRICOIRE, médecin généraliste, Nice

Recommandations

I. PRÉAMBULE

Thème des recommandations

Les recommandations suivantes traitent du diagnostic et de la prise en charge en ambulatoire du trouble anxieux généralisé (TAG) de l'adulte.

Cible des recommandations

Les recommandations sont destinées à tous les professionnels de santé impliqués dans la prise en charge de cette pathologie, en particulier les médecins généralistes, les psychiatres, les psychologues cliniciens et les infirmiers de psychiatrie.

Niveau de preuve des recommandations

Les propositions sont classées en grade A, B ou C selon les modalités suivantes :

— une recommandation de grade A est fondée sur une preuve scientifique établie par des études de fort niveau, par exemple essais comparatifs randomisés de forte puissance et sans biais majeur, méta-analyse d'essais contrôlés randomisés, analyse de décision basée sur des études bien menées ;

— une recommandation de grade B est fondée sur une présomption scientifique fournie par des études de niveau intermédiaire de preuve, par exemple essais comparatifs randomisés de faible puissance, études comparatives non randomisées bien menées, études de cohorte ;

— une recommandation de grade C est fondée sur des études de moindre niveau de preuve, par exemple études cas-témoins, séries de cas.

En l'absence de précision, les recommandations proposées correspondent à un accord professionnel au sein du groupe de travail et du groupe de lecture.

II. QU'EST-CE QUE LE TROUBLE ANXIEUX GÉNÉRALISÉ ?

L'anxiété est une émotion normale en réponse au stress dans la vie quotidienne. Elle devient pathologique quand elle est source de détresse pour l'individu qui ne la contrôle plus.

La 4e édition du *Manuel diagnostique et statistique des troubles mentaux* élaboré par l'Association américaine de psychiatrie (DSM-IV) définit le TAG comme une anxiété et des soucis excessifs, incontrôlables, chroniques, relatifs à des situations réalistes banales, à l'origine d'un état de souffrance qui altère le fonctionnement du patient dans sa vie courante, associés à des symptômes physiques traduisant la tension motrice et l'hypervigilance.

Dans les pays occidentaux, le taux de prévalence du TAG au cours de l'année, en population générale, est estimé à 4 % avec un sex-ratio femme/homme de 2 pour 1 (grade C).

Il existe quelquefois une prédisposition génétique au TAG souvent partagée avec la dépression majeure (grade C). Le TAG est également associé aux événements de vie tels que le divorce ou la perte d'emploi (grade C).

III. QUELS SONT LES CRITÈRES DIAGNOSTIQUES DU TAG ?

En l'absence de critères diagnostiques plus performants validés, les critères du DSM-IV sont recommandés pour diagnostiquer le TAG en pratique courante : le sujet ayant un TAG présente, pendant une durée de 6 mois au moins (grade C), une anxiété sévère/des soucis excessifs, incontrôlables, chroniques avec impression permanente de nervosité, tension (grade C) et des symptômes physiques à l'origine d'une détresse importante.

En plus de l'anxiété/soucis chroniques, 3 symptômes au moins sur les 6 des groupes tension motrice et hypervigilance sont requis pour le diagnostic (grade B) :

1. tension motrice : fatigue, tension musculaire, agitation ou surexcitation ;

2. hypervigilance : difficultés de concentration, troubles du sommeil, irritabilité ;

3. troubles associés : mains froides et humides, bouche sèche, sueurs, nausées ou diarrhée, pollakiurie, difficultés à avaler ou sensation de boule dans la gorge, tremblements, contractions, douleurs, endolorissement musculaire, syndrome du côlon irritable, céphalées.

Les scores d'intensité et de fréquence des symptômes additionnels du TAG, à savoir fatigue, tension musculaire, agitation ou surexcitation, difficultés de concentration, troubles du sommeil et irritabilité, permettent de mieux différencier le TAG des autres troubles anxieux que les scores des symptômes neurovégétatifs (dits troubles associés) (grade B). En ce qui concerne la distinction du TAG de la dépression, les scores d'intensité et de fréquence des signes neurovégétatifs sont discriminatifs contrairement à ceux des symptômes traduisant la tension motrice et l'hypervigilance (grade B).

Le critère de 3 symptômes au moins sur 6, indépendamment des soucis, confère au diagnostic de TAG une bonne sensibilité (0,986). Ce critère a par contre une faible spécificité par rapport aux autres troubles anxieux (0,307) et surtout par rapport à la dépression (0,071) (grade C). L'usage du DSM-III-R comme standard de référence, l'étude d'une population recrutée dans un centre spécialisé d'anxiété et l'absence de sujets-témoins sains limitent la portée de ces données.

Il est recommandé de rechercher l'association au TAG d'un autre trouble psychiatrique tel que dépression sous toutes ses formes, autres troubles anxieux, abus/dépendance à l'alcool/drogues psychoactives, retrouvés chez 2/3 des patients en population générale et 3/4 des patients en soins primaires et/ou des traits de personnalité pathologique évitante et/ou dépendante (grade B).

IV. DIAGNOSTIC DIFFÉRENTIEL DU TAG

Selon la classification DSM-IV, le TAG doit être différencié :

— de l'anxiété normale qui n'est pas perçue comme une souffrance par le sujet qui a le sentiment de garder le contrôle des soucis ;

— de l'anxiété due à la prise de café ou de médicaments anxiogènes, à l'abus de substances psychoactives dont l'alcool ou à leur sevrage ;

— de l'anxiété due à une affection médicale générale : hyperthyroïdie, phéochromocytome, hypoglycémie, hyperparathyroïdie ;

— de l'anxiété secondaire à une maladie organique grave (cancer par exemple), à un événement stressant ou à un trouble de l'adaptation ;

— de l'anxiété liée à un autre trouble anxieux : trouble panique, phobies, trouble obsessionnel-compulsif ;

— de l'anxiété habituelle des états dépressifs : dans le TAG il n'y a ni tristesse, ni perte d'intérêt ou de plaisir dans les activités (anhédonie), ni ralentissement psychomoteur ;

— de l'anxiété habituelle des troubles psychotiques ;

— de l'anxiété liée à l'anorexie mentale, aux troubles somatoformes, à l'hypocondrie ou à l'anxiété de séparation.

Le diagnostic de TAG peut être difficile en raison de la comorbidité aux troubles cités. En cas de facteur de comorbidité complexe ou de doute diagnostique, le recours au spécialiste est recommandé.

V. EXISTE-T-IL DES OUTILS DE MESURE DE L'ANXIÉTÉ EN PRATIQUE COURANTE ?

De nombreuses échelles et des questionnaires dont la version française est plus ou moins validée sont proposés pour mesurer l'anxiété. Ces outils, en particulier l'échelle de Hamilton, sont surtout utilisés en recherche clinique. L'échelle d'anxiété et de dépression utilisée à l'hôpital (échelle HAD) ou l'échelle de Covi peuvent aider en pratique courante.

VI. QUELS SONT LES MOYENS DE LA PRISE EN CHARGE DU TAG ?

Mesures générales

Une intervention psychothérapique d'accompagnement, non spécialisée, est recommandée dès la première consultation. Elle comporte une écoute et des conseils en fonction des situations anxiogènes (grade C). Elle inclut l'explication au patient des symptômes somatiques, des causes et des différents traitements du TAG. Cette approche contribue à établir une relation de confiance entre le thérapeute et le patient, base de l'alliance thérapeutique.

Des mesures hygiéno-diététiques comportant l'arrêt de l'alcool et du tabac, la diminution de la consommation de café, la pratique régulière de l'exercice physique à type de marche, course, natation ou cyclisme (grade A dans l'anxiété en général) sont recommandées.

Le plan de traitement est personnalisé. Il comporte une psychothérapie structurée en fonction de son accessibilité et du choix du patient et/ou un traitement médicamenteux.

En ce qui concerne les médicaments, le médecin doit informer le patient de leurs avantages et inconvénients : délai d'action, effets secondaires, signes éventuels de sevrage et signes de rebond de l'anxiété.

L'objectif de la prise en charge du TAG est l'amélioration symptomatique, la réapparition du bien-être et la réduction du handicap social.

Psychothérapies

— *Les thérapies cognitivo-comportementales*. Parmi les psychothérapies structurées, les thérapies cognitivo-comportementales ont été les plus étudiées dans le TAG.

Les thérapies cognitivo-comportementales visent à clarifier les circonstances de survenue des troubles, identifier les pensées irrationnelles afin de les évaluer et de les modifier par la réorganisation des attitudes inadaptées. Elles associent la relaxation musculaire appliquée, des expositions répétées à des situations évitées et une restructuration cognitive des interprétations catastrophiques sur les soucis surévalués. Tout en étant soutenu par le thérapeute, le patient est responsabilisé et actif.

Les thérapies cognitivo-comportementales produisent un effet thérapeutique significatif avec maintien du gain thérapeutique 6 mois après la thérapie (grade A). Cet effet est plus fréquent en thérapie individuelle *versus* la thérapie de groupe (grade A).

Compte tenu de la difficulté d'accès des thérapies cognitivo-comportementales, un livret du type stresspac (grade C) ou une cassette audio contenant le programme de thérapie cognitivo-comportementale peuvent être proposés comme alternative.

Les thérapies cognitivo-comportementales sont aussi efficaces que les traitements médicamenteux (grade A) et représentent une alternative aux traitements médicamenteux, en particulier aux benzodiazépines (majoritairement évaluées dans ce cadre) dont elles pourraient faciliter le sevrage (grade B).

Sous thérapie cognitivo-comportementale, une réduction significative de la consommation de psychotropes est observée (grade B).

— *La psychothérapie analytique.* Elle a pour but d'aider les patients, candidats à cette thérapie, à identifier les conflits inconscients sous-jacents aux conduites générant l'anxiété et à préciser les traumatismes précoces des premières expériences interpersonnelles.

En dépit de la quasi-absence d'études randomisées comparatives de la psychothérapie analytique dans le TAG, l'expérience clinique suggère que certains patients ayant une anxiété handicapante peuvent être significativement améliorés par la psychothérapie analytique, en particulier lorsqu'il existe des troubles de la personnalité.

— *La thérapie non directive de Rogers.* Les patients parlent d'eux-mêmes et explorent de nouvelles façons d'agir et de percevoir les événements. Le thérapeute les aide à clarifier leurs sentiments dans une atmosphère d'empathie sans donner de conseils, instructions ou suggestions. Cette technique s'est avérée moins efficace que les thérapies cognitivo-comportementales (grade B).

— *Les techniques alternatives.* L'acupuncture et surtout sa combinaison à la thérapie comportementale se sont avérées efficaces (grade C).

Traitements médicamenteux

De nombreuses molécules ont été évaluées dans le TAG. Parmi elles, seules les benzodiazépines, la Buspirone et la Venlafaxine LP ont l'AMM dans l'indication « anxiété généralisée ».

— *Les benzodiazépines,* quelle que soit leur demi-vie, sont recommandées dans le traitement du TAG. Elles ont un effet anxiolytique rapide sur les signes somatiques d'anxiété (grade B). Les experts soulignent leur efficacité.

Elles exposent au risque de somnolence dès le début du traitement et de dépendance à l'arrêt (grade A).

Le sevrage progressif des benzodiazépines, quelle que soit leur demi-vie, est recommandé, même après un traitement de courte durée (grade A).

Il est recommandé de prescrire un traitement par benzodiazépines sur une courte durée. En l'absence de données concordantes dans la littérature précisant cette durée, la durée légale maximale de traitement préconisée est de 12 semaines, sevrage progressif inclus.

— *La Buspirone* est indiquée dans le traitement du TAG. Son effet anxiolytique, variable en fonction du critère de jugement, concerne surtout les signes psychiques d'anxiété (grade A).

Le groupe de travail souligne que les patients rapportent l'inconstance de cet effet.

Le délai d'action de la Buspirone peut atteindre 3 semaines (grade A).

Les effets indésirables de la Buspirone sont les sensations vertigineuses et un effet sédatif inférieur à celui des benzodiazépines (grade A). L'arrêt de la Buspirone n'entraîne pas de syndrome de sevrage ou de dépendance (grade A).

— *La Venlafaxine LP* est indiquée depuis l'année 2000 dans le traitement du TAG. Elle est efficace dans le contrôle des signes psychiques d'anxiété du TAG dans les traitements de 28 semaines (grade A). Son effet anxiolytique est moins net dans les traitements de 8 semaines (grade B).

Son effet anxiolytique débute entre la première et la troisième semaine de traitement (grade A).

Ses effets indésirables les plus fréquents sont les étourdissements en début de traitement, les nausées plus étalées dans le temps, la sécheresse de la bouche, l'asthénie, l'insomnie, la somnolence et les troubles sexuels (grade A).

— *Médicaments efficaces dans le TAG et n'ayant pas l'AMM dans cette indication :* ce sont l'Hydroxyzine (antihistaminique H1), l'Imipramine (antidépresseur tricyclique) et la Paroxétine (inhibiteur sélectif de la recapture de la sérotonine).

L'Hydroxyzine est efficace dans le TAG en traitement de 5 semaines ou 3 mois (grade B). Son effet est rapide (grade B). D'après les études, l'arrêt de l'Hydroxyzine produit peu de dépendance et de rebond de l'anxiété (grade B). Son efficacité par rapport à celle des benzodiazépines est peu documentée.

Ses effets secondaires significatifs sont le syndrome anticholinergique et la sédation (grade B).

L'Imipramine et la Paroxétine, administrées pendant 8 semaines, sont actives sur les signes psychiques d'anxiété du TAG (grade B). L'Imipramine est également efficace sur les signes associés de dépression (grade B).

Il est recommandé de tenir compte du délai d'action de 3 à 4 semaines de ces deux antidépresseurs, de leurs contre-indications et de la possibilité d'interactions médicamenteuses/effets indésirables (grade A).

— *La phytothérapie* par l'Euphytose (grade B) qui n'a pas l'AMM dans le TAG s'est avérée efficace dans les états anxieux en général.

VII. QUELQUES PRINCIPES DE STRATÉGIE THÉRAPEUTIQUE

Les mesures générales incluant les règles hygiéno-diététiques, à savoir réduction de la prise de café, arrêt de l'alcool et du tabac, pratique régulière de l'exercice physique (grade A) et une psychothérapie non spécialisée sont indispensables.

Les psychothérapies structurées, en particulier les thérapies cognitivo-comportementales, en fonction de leur accessibilité et du choix du patient, doivent être privilégiées par rapport aux traitements médicamenteux (grade A).

La durée de traitement du TAG est de 6 mois au moins. Quelles que soient les modalités de traitement, une réévaluation est recommandée 1 à 2 semaines après la première consultation puis toutes les 6 semaines.

Parmi les traitements médicamenteux, plusieurs options sont possibles :

— les benzodiazépines (grade B) dont la prescription ne peut être envisagée que sur une courte période, de 12 semaines au maximum, incluant la période de sevrage progressif ;
— la Venlafaxine LP (grade A) ou la Buspirone (grade A) ;
— l'Imipramine (grade B) ou la Paroxétine (grade B).

À l'exception des benzodiazépines dont l'effet anxiolytique est rapide, toutes les molécules citées ont un délai d'action de 1 à 3 semaines.

Les formes modérées de TAG peuvent bénéficier d'un traitement par l'Hydroxyzine (grade B) ou de la phytothérapie par Euphytose (grade B). La combinaison de l'acupuncture à la thérapie comportementale est une alternative (grade C).

En cas d'anxiété associée à un trouble de la personnalité, la thérapie cognitive (grade C) ou la psychothérapie analytique sont conseillées, en fonction des attentes du patient.

La combinaison du traitement médicamenteux à la thérapie cognitivo-comportementale ou à la psychothérapie analytique constitue une alternative, selon les experts.

Chez le sujet âgé, le traitement du TAG est peu documenté. Le risque de toxicité des traitements médicamenteux est majoré (grade B). La prescription à demi-dose des benzodiazépines est recommandée. Leur usage dans ce groupe d'âge doit être limité en raison du risque de chutes (grade B). Les thérapies cognitivo-comportementales ou la thérapie non directive de Rogers sont conseillées seules (grade C) ou associées à un anxiolytique. Une activité physique régulière est recommandée. La prise en charge par l'entourage et le soutien social sont indispensables.

Chez l'alcoolique, il est indispensable de réévaluer le TAG après obtention de l'abstinence ou d'une tempérance avant d'envisager un traitement complémentaire.

Il est recommandé d'éviter les benzodiazépines hors sevrage thérapeutique. Le risque de sensations vertigineuses sous Buspirone limite son indication chez l'alcoolique. En plus du soutien psychosocial au long cours, l'Hydroxyzine peut être conseillée. Les thérapies cognitivo-comportementales sont recommandées en fonction de leur accessibilité, de leur faisabilité et du choix du patient*.

* Nous remercions l'Agence Nationale d'Accréditation et d'Évaluation en Santé (ANAES) de nous avoir autorisés à reproduire ce texte de recommandations. Le rapport complet est disponible sur le site www.anaes.fr rubrique « Publications ».

Annexe 4

EXERCICES DE RELAXATION

Exercices de relaxation type training autogène de Schultz

Les origines du training autogène remontent à l'expérience de l'hypnose qui est un état de détente obtenu par pure suggestion psychique. Le training autogène, qui est un processus d'autodécontraction, permet un état de relaxation sans recours à une suggestion étrangère. À mesure que l'on progresse dans l'entraînement et dans la maîtrise des différents exercices, « on aboutit à un état rappelant celui que l'on ressent lorsque le corps repose dans l'agréable chaleur d'un bain, alors que la tête est au frais. Il convient de s'y abandonner passivement comme on se laisse aller aux sensations bienfaisantes du bain » (Schultz, 1965).

Le training autogène s'exerce dans 6 domaines :

1. Les muscles.
2. Le système vasculaire.
3. Le cœur.
4. La respiration.
5. Les organes abdominaux (plexus solaire).
6. La tête.

Voici présenté, dans les lignes qui suivent, le texte d'une séance adaptée à partir de la méthode de training autogène de Schultz. Pour plus de détails, le lecteur peut se référer au *Manuel pratique du training autogène* de J.H. Schultz (PUF, 1965).

La personne est allongée sur le dos, la tête légèrement surélevée, les bras le long du corps, les paumes retournées vers le bas. La relaxation se déroule dans une pièce insonorisée au mieux, tempérée, les volets légèrement baissés pour ne pas être gêné(e) par une trop grande luminosité. Si la personne ne souhaite pas s'allonger, elle peut tout à fait s'installer confortablement dans un fauteuil.

Texte d'une séance

Vous fermez les yeux et vous essayez de penser à une image calme, tranquille, une image reposante. Vous respirez bien calmement, bien lentement, tout en pensant à cette image calme, tranquille, qui représente un paysage calme, un lieu tranquille où vous vous sentez bien, en parfaite sécurité.

Vous respirez bien calmement, bien lentement, tout en pensant à cette image calme, reposante, et vous sentez que votre corps devient lourd, de plus en plus lourd. Votre main droite est lourde, pesante, et tous vos doigts sont lourds. Comme cette main droite est lourde, plus vous vous dites qu'elle est lourde, plus vous la sentez devenir lourde, pesante. Comme cette main droite est lourde. Votre poignet droit devient lourd également ainsi que votre bras droit et votre épaule droite. Tout votre bras droit est lourd, pesant. Votre nuque devient très lourde également, puis tout votre visage est lourd : vos paupières, vos mâchoires, toute votre tête est lourde, pesante. Votre épaule gauche devient lourde également ainsi que votre bras gauche et votre main gauche. Vos deux bras et votre tête sont si lourds, si pesants. Votre buste devient lourd également. Dans votre dos, au niveau des épaules, vos muscles se relâchent, se détendent. Puis, vos jambes sont lourdes, votre jambe gauche et votre pied gauche ; votre jambe droite et votre pied droit. Tout votre corps est lourd, pesant, lourd comme du plomb... Tout votre corps est lourd, pesant, lourd comme du plomb...

Vous respirez bien calmement, bien lentement, et à cette sensation de pesanteur, de lourdeur, vient s'ajouter une sensation de chaleur qui se diffuse dans tout votre corps. Votre main droite est chaude, lourde et chaude, et tous vos doigts sont chauds. Comme cette main droite est chaude, et plus vous vous dites qu'elle est chaude, plus vous la sentez devenir chaude. Votre poignet droit devient chaud également ainsi que votre bras droit et votre épaule droite. Tout votre bras droit est lourd et chaud. Votre nuque devient très chaude à son tour puis tout votre visage est chaud, vos paupières, vos joues ; toute votre tête est lourde et chaude. Votre épaule gauche devient chaude également ainsi que votre bras gauche et votre main gauche. Vos deux bras et votre tête sont si lourds, si chauds. Votre buste devient chaud également, dans votre dos, au niveau des épaules, vos muscles se relâchent, se détendent. Puis vos jambes sont chaudes, votre jambe gauche et votre pied gauche ; votre jambe droite et votre pied droit. Tout votre corps est lourd et chaud, calme, lourd et chaud... Tout votre corps est lourd et chaud, calme, lourd et chaud.

Vous respirez bien calmement, bien lentement, et à chaque inspiration, votre ventre se gonfle comme si c'était un ballon. Vous essayez de bien percevoir chaque fois les mouvements de l'air frais qui entre dans votre corps, et de l'air chaud qui en sort, bien calmement, bien lentement. Vous respirez bien calmement, bien lentement, au rythme d'une vague qui va et vient bien calmement, bien lentement. Vous respirez bien calmement, bien lentement, et vous essayez de bien percevoir les mouvements de l'air frais qui entre dans votre corps et de l'air chaud qui en sort, bien calmement, bien lentement.

Tout votre corps est lourd et chaud, calme, lourd et chaud. Vous respirez bien calmement, bien lentement au rythme d'une vague qui va et vient bien lentement, bien progressivement. Et vous essayez de bien percevoir les mouvements de l'air frais qui entre dans votre corps et de l'air chaud qui en sort, bien calmement, bien lentement. Vous respirez bien calmement, bien lentement, tout en gonflant votre ventre à chaque inspiration. Votre corps est lourd et chaud, calme, lourd et chaud.

Vous respirez toujours bien calmement, bien lentement, et doucement, progressivement, lorsque vous vous sentirez suffisamment bien, suffisamment détendu, vous remuerez doucement vos doigts, ouvrirez doucement vos yeux, mais prenez bien tout votre temps.

Vous prenez bien tout votre temps, et vous n'hésiterez pas à bien vous étirer avant de vous asseoir très progressivement (on demande à la personne qui est allongée de se tourner sur le côté avant de s'asseoir pour éviter un changement trop brusque entre l'état de détente et la position assise).

L'entraînement à la relaxation par cette méthode se fait progressivement. Lors de la première et de la deuxième séance, on évoquera uniquement la sensation de lourdeur ; lors de la troisième et de la quatrième séance, on évoquera les sensations de lourdeur et chaleur ; lors de la cinquième séance, on évoquera l'ensemble des éléments de cette relaxation. Le thérapeute peut enregistrer les séances de relaxation qu'il fait avec son patient et lui proposer, si ceci peut l'aider, d'écouter cette cassette à la maison. Idéalement, il est conseillé au patient de se relaxer une à deux fois par jour.

Relaxation type Jacobson

La spécificité de la méthode d'Edmond Jacobson réside dans la focalisation de l'attention sur des sensations provoquées par des contractions et des décontractions de groupes musculaires. Il a appelé sa méthode, la méthode de « relaxation progressive » dans la mesure où d'une part la personne détend graduellement des groupes musculaires (mains, bras, jambes, ventre...) et dans la mesure où l'exercice quotidien de cette technique permet une meilleure qualité de relaxation et l'obtention de cet état de relaxation beaucoup plus rapidement. Il est recommandé à la personne qui souhaite se relaxer de choisir un endroit calme et agréable, de veiller à ce que la pièce dans laquelle elle se trouve soit ni trop froide, ni trop chaude, et d'essayer de neutraliser au maximum les sources possibles de tension (lumière, bruits...). Il est important également de desserrer ses vêtements, d'enlever ses chaussures, d'ôter ses lunettes...

Une fois que la personne est confortablement installée sur un divan ou dans un fauteuil, on lui conseille de fermer les yeux et de se centrer sur sa respiration en essayant de respirer un peu plus lentement et un peu plus profondément que d'habitude.

On demande par la suite à la personne de centrer son attention sur le contraste entre l'état de tension et de détente de différents groupes musculaires. La contraction d'un groupe musculaire coïncide avec une inspiration suivie d'une courte apnée. Il est demandé à la personne de se contracter musculairement en étant en apnée pendant environ 5 à 12 secondes pour chaque groupe musculaire concerné. La décontraction se fait en même temps qu'une expiration qui s'effectue lentement tout en pensant « je me détends, je suis calme ».

Les différents groupes musculaires concernés sont :

1. Main dominante et avant-bras.
2. Bras dominant (concentration sur le biceps).
3. Autre main et avant-bras.
4. Autre bras.
5. Jambe et pied dominants (si l'on est assis, il s'agit d'appuyer fortement le pied sur le sol, la jambe contractée ; si l'on est couché, il faut contracter la cuisse puis le mollet, le pied incliné dans le prolongement de la jambe, les orteils vers le sol).
6. Autre jambe et pied.
7. Ventre.
8. Épaules et haut du dos.
9. Nuque et arrière de la tête.
10. Gorge.
11. Bouche et joues.
12. Yeux et paupières.
13. Front.

Texte d'une séance

Fermez les yeux, essayez de vous détendre, de vous laisser aller.

Centrez-vous sur votre respiration ; observez bien le mouvement de va-et-vient ; respirez calmement par le ventre, un peu plus lentement que d'habitude. Inspirez amplement et soufflez comme un soupir de soulagement. Remplissez vos poumons au maximum, bloquez l'air quelques secondes, et expirez en relâchant tous vos muscles. Recommencez ceci à plusieurs reprises en prenant une forte inspiration puis expirez comme dans un profond soupir.

Maintenant, centrez toute votre attention sur votre main droite (ou gauche) et votre avant-bras droit (ou gauche). Vous allez contracter votre poing en même temps que vous inspirez. Maintenez cette contraction pendant tout le temps où vous gardez l'air dans vos poumons (5 à 12 secondes), puis vous soufflerez en même temps que vous détendrez la main et l'avant-bras. Inspirez, fermez la main, serrez le poing et l'avant-bras ; gardez le poing bien serré, sans respirer, et concentrez-vous dans la tension que vous ressentez au niveau du poing et de votre avant-bras. Maintenant, soufflez lentement et décontractez votre main et votre bras, ouvrez la main comme si vous laissiez tomber un objet, laissez-la se détendre en pensant « je suis calme, je me détends ». Respirez calmement, concentrez-vous sur ce qui se passe au niveau de votre main et de votre bras ; sentez la différence entre la tension et la détente. Vous sentez que votre main et votre bras s'engourdissent, deviennent chauds... s'engourdissent, deviennent chauds...

Maintenant, essayez d'orienter votre attention sur le bras droit (ou gauche selon le bras dominant). Vous allez contracter ce bras jusqu'à l'épaule en vous concentrant sur le biceps. Vous inspirez et en même temps vous contractez votre bras, votre biceps, votre épaule tout en retenant votre souffle et en maintenant l'attention... puis vous soufflez en décontractant votre bras et en pensant « je suis calme, détendu », en même temps que vous détendez votre bras, votre avant-bras, votre main. Respirez lentement et essayez de vous détendre davantage. Vous sentez la tension qui diminue dans votre bras jusqu'au bout de vos doigts. Vous sentez bien le contraste entre l'état de tension et cette détente. Votre bras, votre avant-bras, votre main, vos doigts deviennent chauds, s'engourdissent et deviennent chauds... Vous respirez calmement, lentement, votre bras, votre avant-bras, votre main et vos doigts deviennent chauds, s'engourdissent... deviennent chauds, s'engourdissent.

Et ainsi de suite pour l'ensemble de tous les autres groupes musculaires, sachant que seul un groupe musculaire fera l'occasion d'un exercice en début de cette technique de relaxation.

Lorsque la personne se sera bien exercée avec l'ensemble des groupes musculaires, elle pourra obtenir un état de relaxation très rapidement en faisant l'exercice suivant :

On demande à la personne de s'installer sur une chaise, le dos bien tenu par le dossier. Puis, on lui propose d'inspirer abondamment dans la mesure où pour la suite, elle devra rester en apnée. Une fois que la personne a pris une grande inspiration, on lui demande de tendre ses jambes à la verticale comme pour repousser un obstacle devant elle et de la même manière, on lui demande de tendre ses bras devant elle comme pour repousser également cet obstacle résistant. Elle devra donc se mettre dans une tension musculaire maximale, en repoussant cet obstacle imaginaire, jambes et bras tendus à l'avant, en crispant les mâchoires, en serrant son front et tenir ainsi tant qu'elle peut, toujours sans respirer. Après quelques minutes de cet effort intense, la personne s'épuise et le but est de lui laisser repérer petit à petit toute cette détente musculaire.

On demande ensuite à la personne de recommencer cette opération de tension maximale, le dos bien collé au dossier de la chaise, les jambes et les bras tendus vers l'avant au maximum pour repousser cet obstacle invisible, les mâchoires crispées, le front crispé. Tout cet effort se fait en apnée, après que la personne a pris une bonne inspiration au début de ce deuxième exercice. Lorsque la personne se sent épuisée au bout de quelques minutes de cet effort constant, de nouveau, on lui laisse repérer toute la détente qui se met en jeu dans son corps à la suite de cet épuisement musculaire.

On peut faire une troisième fois cet exercice au cours d'une séance.

Tous les exercices se terminent de la manière suivante :

1. Respirez un peu plus lentement.
2. Bougez vos mains, vos bras, vos jambes, vos pieds...
3. Étirez l'ensemble de votre corps, en particulier le dos, et tendez bien les bras, les doigts...
4. Ouvrez vos yeux.
5. Relevez-vous lentement.
6. Pendant quelques minutes, faites des activités qui n'impliquent pas un fort état de tension.

Il est ensuite demandé à la personne de s'exercer régulièrement chez elle à reproduire cet exercice quotidiennement pour mieux gagner en repérage de l'état de tension et de l'état de détente*.

* Pour plus d'informations concernant les méthodes de relaxation, Herbert Beason et Miriam Z. Klipper, *The Relaxation Response*, N. Y., Morrow, Londres, Collins, 1976 ; nouvelle éd., 2000.

Annexes 5

DIX SÉANCES DÉTAILLÉES D'UNE THÉRAPIE COGNITIVE CENTRÉE SUR LA DIMENSION ÉVITANTE

Séance 1

Lorsque Julien est venu me voir, il ne travaillait plus depuis cinq ans et avait des relations limitées avec les autres. Les stratégies d'évitement qu'il avait mises en place pour se protéger de son angoisse devenaient de véritables pièges qui l'isolaient de plus en plus du monde. Ce qui l'angoisse, c'est l'image qu'il peut donner de lui aux autres ainsi que son devenir personnel et professionnel. Il a le profond sentiment d'être toujours en désaccord avec lui-même, de se sentir en disharmonie avec le monde, se réfugiant dans le rêve plutôt que d'oser affronter la réalité. Il a le sentiment d'évoluer dans un monde de paradoxes et de contradictions qui l'habite en permanence et qui bloque tout projet.

Avant d'entreprendre cette thérapie cognitivo-comportementale pour ce problème anxieux, Julien avait déjà suivi une psychanalyse pendant deux ans et une première thérapie comportementale et cognitive, sans résultat. Le collègue cognitivo-comportementaliste qui suivait alors Julien lui avait conseillé de participer à un groupe d'entraînement à la communication que j'animais dans le cadre de l'Unité de traitement de l'anxiété que dirige le Dr Cottraux à l'hôpital neurologique de Lyon.

C'est à la suite de ce travail de groupe que Julien a souhaité poursuivre ses efforts dans le sens d'une évolution personnelle. La procrastination semble être le problème principal sur lequel nous envisageons de travailler, ainsi que sur la dimension évitante de sa personnalité.

Julien est constamment aux prises avec des dilemmes dus à son ambivalence dans sa vie personnelle et professionnelle. Il rêve d'une vie de famille et en même temps, redoute de rencontrer une personne de sexe féminin ; il est au chômage depuis plusieurs années et a le sentiment de perdre son temps, mais c'est parce qu'il redoute justement de ne plus avoir assez de temps qu'il ne cherche pas de travail. Nous avons donc proposé à Julien une approche cognitive et comportementale à son problème et je lui demande de noter pour la séance suivante toutes les situations où cette ambivalence se manifeste.

Séance 2

Julien a noté :

— Je m'achète des vêtements et des chaussures que je ne porte pas et je mets toujours les mêmes habits.

— Je fais des économies pour m'acheter une voiture et au moment de la choisir, je trouve toutes les bonnes raisons pour en prendre une qui ne me plaît pas (si elle est trop puissante, je vais faire des excès de vitesse et je me ferai retirer mon permis, je vais devoir mettre beaucoup d'essence, je vais me la faire voler...).

Je fais remarquer à Julien qu'il s'arrange systématiquement pour annuler l'action qu'il engage en n'en repérant que les inconvénients ou les dangers. Je lui fais également remarquer qu'il semble se refuser un certain « droit au plaisir » et l'on discute de cette notion.

Julien me fait remarquer alors : « J'ai toujours cherché à refuser le plaisir, c'est la base même de l'éducation que j'ai reçue. » Il m'explique qu'une grande partie de son éducation a été faite par sa grand-mère qui refusait tout plaisir, toute relation avec autrui, toute facilité, toute perte de temps non consacré à l'étude... Aussi, Julien en était-il arrivé à conclure : « Je dois transformer le plaisir en corvée pour y avoir droit » – phrase qui reflète le paradoxe dans lequel Julien se place continuellement. On entame alors une discussion sur le risque de se faire plaisir et Julien donne les arguments suivants :

— « Derrière le plaisir, je vois le danger : je vais me laisser aller dans la fornication et les orgies. »

— « Pour ne pas être déçu, je n'exprime plus mon désir. »

Ainsi, Julien associe la notion de plaisir à celle de débauche et donc au risque de ne pas avoir de limites. Par ailleurs, la non-expression du désir protège de la déception. Le plaisir est annulé par la surestimation d'un risque à ne pas se mettre de limites et parallèlement, la sous-estimation par Julien de ses capacités à se contrôler.

Tout comme Julien met des obstacles au plaisir, on est amené à se demander ce qui l'empêche de chercher du travail. On lui demande d'y réfléchir d'ici à la séance suivante.

Séance 3

Julien note les obstacles suivants :

— « Je n'ai pas été accepté pour les premiers emplois auxquels j'ai postulé et cela m'a découragé. »

— « Je ne veux pas choisir un emploi que je trouverai subalterne et qui me ferait honte. »

— « Je ne veux pas me dévaloriser. »

— « Je n'aime pas demander. »

— « Le processus de recherche d'emploi me semble long et fastidieux. »

— « Je n'ai que peu d'enthousiasme pour les emplois que l'on me propose. »

— « Si je travaille, j'ai peur de passer à côté de quelque chose d'important. »

— « Si je travaille, j'ai peur de passer à côté d'un job intéressant. »

— « J'ai des pensées négatives sur le travail : c'est avilissant, c'est réservé aux esclaves. »

— « J'ai peur de me faire avoir. »

On demande alors à Julien de réfléchir aux avantages qu'il aurait à travailler. Spontanément, Julien dit qu'il ne trouve pas d'idées positives qui pourraient l'amener à travailler. La seule chose qu'il peut exprimer concernant le fait de travailler est de nouveau dans la dimension du risque, risque de malversation, risque d'une perte de temps libre :

— « Cela demande un important investissement en temps. »

— « Je ne voudrais pas faire quelque chose de malhonnête qui me mette dans une situation délicate pour l'avenir. »

Un autre risque est l'enjeu important que met Julien dans le travail :

— « Je juge les autres sur leur profession. Pour moi, le travail est le reflet d'une personne. »

Finalement, Julien a de bonnes raisons pour ne pas travailler et peu de raisons pour se mobiliser. Le fait qu'il mette beaucoup plus d'obstacles que d'avantages en évidence corrobore l'attitude des personnes anxieuses qui ont beaucoup plus de facilité pour rechercher les problèmes plutôt que des solutions. Je fais donc remarquer à Julien cette tendance à envisager plutôt les problèmes que les solutions à ses problèmes. Il répond : « Je ne vois pas comment trouver une stratégie aux obstacles que j'entrevois. Je ne me suis pas préparé à une stratégie particulière pour surmonter les obstacles que j'ai rencontrés. Je ne me suis pas préparé à mettre en place des stratégies. » J'explique alors à Julien qu'il serait intéressant de réfléchir ensemble à des « techniques de résolution de problèmes » et que, pour cela, il faudrait envisager des buts, d'une part à court terme, d'autres à moyen terme et, enfin, des buts à long terme, afin de diriger l'action en fonction des étapes qui y mèneront.

Mais, avant de s'orienter vers la résolution de problèmes, il faut que l'on réfléchisse avec Julien aux avantages et aux inconvénients à agir. C'est ce que je lui demande de faire pour la prochaine entrevue.

Séance 4

Julien a noté les risques suivants :

— « Pour la création d'activités, le risque serait d'être entraîné dans une spirale de dépenses et de se retrouver en faillite. »

— « Pour les rencontres, le risque serait de ne pas me présenter sous mon meilleur jour et de tout rater par précipitation. »

— « Pour le travail, le risque serait de passer à côté de quelque chose d'important et de me disperser. »

On demande alors à Julien de noter les avantages à agir. Julien nous dit alors qu'il n'en voit pas, il en voit plutôt même à ne pas agir :

— « Les privations sont bonnes puisqu'elles sont prescrites par la religion. »

— « Les privations rendent plus fort (résistance au froid, rusticité...). »

— « Les privations libèrent car elles rendent moins dépendant des contraintes extérieures. »

De nouveau, Julien s'arrange pour retourner la situation « agir » sous l'angle le plus défavorable par l'entremise d'obstacles cognitifs qui sont de deux ordres :

— Une dimension perfectionniste (ne pas se présenter sous son meilleur jour).

— Une surdimension du danger (entreprendre une activité conduit à une spirale de dépenses et fait que l'on peut se retrouver en faillite).

Une discussion s'engage avec Julien sur ces deux dimensions et il reconnaît : « Si j'attaque quelque chose, je dois faire parfait. » Julien me donne notamment l'exemple d'un surf des neiges qu'il avait réalisé. « J'ai réfléchi à sa solidité, choisi du contreplaqué marine, des résines très chères, j'ai soigné la décoration alors que d'autres faisaient beaucoup plus simple. Et quand on s'est aperçu qu'il fallait modifier la forme du surf pour le rendre plus efficace, j'ai hésité car cela allait déranger la décoration. Bref, quand j'ai fini de le réaliser, les autres en avaient déjà fait plusieurs. » Julien remarque à cette occasion qu'effectivement le but de ce surf était de construire une planche qui lui permette de descendre en poudreuse et non pas de réaliser une œuvre d'art. Ainsi, un des éléments qui empêche de mener l'action jusqu'à son terme n'est peut-être pas dans l'agir, mais dans le fait de changer d'objectif en cours de route, donc de ne pas suffisamment clarifier l'objectif visé. Un autre élément qui empêche l'action de se réaliser est la perfection avec laquelle elle doit être réalisée, comme si l'erreur n'était pas admise, comme si le premier essai devait toujours être le bon. Aussi, Julien en conclut-il : « La procrastination évite d'être jugé et maintient une distance avec autrui. »

Nous avons alors une discussion sur la dimension protectrice à court terme de la procrastination, à savoir le non-jugement sur les performances ; mais notre conversation se poursuit sur les désavantages de la procrastination, à savoir la non-réalisation de projets dans sa vie personnelle et professionnelle.

Un autre point important de notre discussion ce jour-là est la surdimension du risque, et le fait qu'une action pouvait engendrer une situation dramatique et peu contrôlable (la création d'entreprise pourrait entraîner une spirale de dépenses qui ferait qu'on se retrouverait en faillite). Nous retrouvons là le thème de la peur de perdre le contrôle que nous avions déjà évoqué au cours des séances précédentes. Ainsi, la procrastination éviterait le dyscontrôle. Je demande donc à Julien s'il serait d'accord pour que l'on se centre sur ce thème lors de la séance suivante et qu'il réfléchisse à des situations où il a eu réellement ce sentiment de ne pas pouvoir contrôler une situation.

Séance 5

Julien se souvient de deux ou trois situations dans lesquelles il s'était mis en colère sur son lieu professionnel, dont une situation dans laquelle il avait pris un tabouret et il avait frappé par terre, de rage.

THÉRAPEUTE. — « Y a-t-il d'autres situations où vous avez été emporté par vos émotions ? »

JULIEN. — « Je ne crois pas... peut-être. Mais je pense que si je franchis la limite une fois, c'est dangereux car rien ne va m'arrêter et je risque de la franchir tout le temps. »

THÉRAPEUTE. — « Qu'est-ce qui vous amène à penser ça ? »

JULIEN. — « Je suis honnête, mais il m'est arrivé d'avoir fait des choses malhonnêtes et je me suis dit qu'il fallait que j'arrête car cela pourrait prendre de mauvaises proportions. »

THÉRAPEUTE. — « Donc, il semble que vous repérez bien où est la limite ? »

JULIEN. — « Oui, mais beaucoup de personnes très malhonnêtes peuvent très bien réussir, à l'instar de certains hommes politiques. J'ai déjà fait des choses malhonnêtes et il faut reconnaître que c'est facile, sans risque si on prend toutes les précautions et, en fin de compte, c'est tentant. Une fois, ma mère m'avait demandé ce que je voulais faire plus tard et j'ai répondu voleur. J'en ai pleuré car je savais que c'était mal et que cela l'avait blessée. Il y a quelque chose qui me bloque. Je me demande souvent : si je dis ça, qu'est-ce que cela va entraîner ? Comment cela va-t-il être interprété ? »

THÉRAPEUTE. — « Le problème, c'est qu'on est face à quelque chose que l'on ne peut pas contrôler, les émotions des autres, leurs interprétations. Est-ce pour garder le contrôle que l'on évite de se mettre dans des situations relationnelles, professionnelles ? »

JULIEN. — « Quand j'étais en classe de terminale, mes parents m'ont fait passer un test psychologique pour m'aider à choisir une orientation après le baccalauréat. En conclusion, le psychologue m'a dit : “Tu as beaucoup de capacités, mais tu roules les freins serrés.” Je repense souvent à cette phrase. »

THÉRAPEUTE. — « Comme s'il y avait un point de non-retour qu'il ne faut surtout pas dépasser, donc on freine ? »

JULIEN. — « Les choses n'étant pas parfaites, je me dis qu'il suffit d'attendre, que ce sera mieux demain. Et pour le travail, c'est pareil. »

THÉRAPEUTE. — « Le fait de poser des limites bien avant, est-ce comme si en approchant les choses un peu plus, vous risquez d'être engagé dans un système sans possibilité de faire marche arrière ? »

JULIEN. — « Pour les femmes, j'aurais beaucoup de mal à interrompre une relation de mon propre chef. Donc ça doit me freiner pour entamer une relation. Pour le travail, ça doit jouer aussi car j'ai peur qu'après avoir commencé un job, je m'en contente quel qu'il soit et que je ne fasse plus aucun effort pour en changer. C'est ce qui s'est déjà passé une fois. J'ai donc très peur d'être coincé et j'accepte mal cette situation. Ce qui fait que je me laisse un large champ de possibilités. Mais, en fait, je ne fais que rêver. »

THÉRAPEUTE. — « Le problème, c'est que, pour vous, l'engagement suppose immédiatement "être coincé" ? »

JULIEN. — « Oui, il y a une situation où je me suis trouvé pris au piège. C'est quand je suis rentré au collège. J'ai très vite été très malheureux et il aurait fallu que je change d'école car en seconde, je n'avais plus aucun ami. Quand j'ai eu mon baccalauréat et que je suis rentré à l'université, ma situation a alors totalement changé. Avoir changé d'école m'offrait des possibilités phénoménales. »

THÉRAPEUTE. — « En aviez-vous parlé à vos parents ? »

JULIEN. — « Je ne m'en souviens pas. Mais ils devaient bien le voir. Le lundi matin, je partais en traînant les pieds. Je pense que je n'en parlais pas ou que j'en parlais de façon détournée. Je disais qu'on mangeait très mal, je trouvais des prétextes rationnels. »

THÉRAPEUTE. — « Avez-vous souvenir de ce qui avait posé problème dans ce collège ? »

JULIEN. — « Tout m'a posé problème. J'étais mal adapté. J'étais souvent seul, sans ami. Je ne savais pas ce qu'il fallait faire à la récréation. Je traînais sans but. Quand j'étais avec d'autres, j'avais le sentiment quelquefois que je perdais mon temps. Mais j'ai aussi d'autres souvenirs lorsque j'étais en cinquième, où l'on a dû me changer de classe au bout de quinze jours car je ne faisais que rigoler. Peut-être je me suis enfermé dans une certaine image. »

THÉRAPEUTE. — « Quand vous avez pu changer d'école, vous avez dit : "J'étais soulagé. J'étais dans une autre image. Je pouvais être différent car les gens ne me connaissaient pas d'avant." Faut-il rester dans le "provisoire" tout le temps, ne pas s'engager ni avec une femme, ni dans un travail pour pouvoir se dégager et ne pas être enfermé dans un carcan ? »

JULIEN. — « Oui, c'est exactement ça. Quand personne ne se connaît, les gens sont un peu timides, alors que moi je le suis moins. J'ai changé totalement ma façon de me comporter et le regard des autres à mon égard était différent. Cela a duré une année puis je me suis rendu compte que les études que je faisais ne me plaisaient pas et petit à petit, je me suis mis sur la touche. »

THÉRAPEUTE. — « Pourquoi n'avez-vous pas alors songé à changer de voie ? »

JULIEN. — « Les études, on les choisit avant de les commencer, je ne crois pas qu'il y ait beaucoup de personnes qui les interrompent pour changer d'orientation. À l'université, je me suis vite rendu compte que je n'étais pas fait pour le métier auquel je me destinais. Je me disais que cela ne m'intéressait pas mais que si j'entamais d'autres études, cela signifierait que j'avais perdu un ou deux ans. Parce que j'avais commencé, il me fallait aller jusqu'au bout. »

THÉRAPEUTE. — « Est-ce que le fait d'éviter de s'engager dans une action existerait parce que vous êtes "jusqu'au-boutiste" ? Parce que vous vous dites que si vous vous engagez dans une action, vous devrez alors aller jusqu'au bout ? Y a-t-il d'autres situations où vous avez mis le doigt et où vous vous êtes fait prendre le bras ? »

JULIEN. — « Oui, la gymnastique. J'ai commencé de la rééducation après un accident et j'y ai pris goût progressivement. »

THÉRAPEUTE. — « Et maintenant, pourriez-vous faire machine arrière si vous le vouliez ? »

JULIEN. — « Non, je ne peux plus faire marche arrière car sinon je me dirais que tout le temps que j'ai passé dans les salles de sport n'aura servi à rien. Quand j'étais enfant, je me suis aperçu qu'on pouvait continuer des choses qui ne présentent plus aucun intérêt, simplement parce qu'on y avait investi du temps. »

THÉRAPEUTE. — « Donc, vous me dites que si l'on s'engage dans une action, on s'y engage de manière définitive ? Qu'il n'y a pas d'échappatoire possible à un moment donné ?

Si l'on a le sentiment qu'on s'engage dans une situation et qu'on ne pourra plus jamais faire machine arrière, ne pensez-vous pas qu'on va éviter de s'engager dans quoi que ce soit ? »

JULIEN. — « Je ne sais pas si cela a un rapport mais au collège, je voulais changer d'établissement et je n'ai pas su le dire… »

THÉRAPEUTE. — « Peut-être aurions-nous intérêt à réfléchir sur la façon possible de demander, mais cette loi "il n'y a pas de marche arrière possible" impose une grande réflexion avant de s'engager, et risque de faire ressentir comme un échec le fait de ne pas être allé jusqu'au bout. »

JULIEN. — « Oui, il est vrai que les retours en arrière ou les changements de cap que j'ai pu faire, par exemple, au niveau professionnel, se sont avérés des échecs. »

THÉRAPEUTE. — « Oui, c'est un problème ; le fait que ces tentatives de changement de cap se sont mal passées ont confirmé la loi, et on comprend mieux votre difficulté à vous engager car comment s'engager, si, dans notre tête, il y a un signal de danger qui s'allume. D'autant plus que l'on est toujours incertain du devenir des choses. Vous semblez pris dans un conflit : "Si je m'engage, je sais que je n'ai aucun droit à l'erreur et aucun droit à faire marche arrière. Donc, je dois être absolument sûr de ma direction. Mais en même temps, où dois-je m'engager ? Comment être sûr de la direction à prendre ?" Quelque chose freine l'engagement et on comprend mieux alors votre blocage et cette procrastination. »

JULIEN. — « Oui, donc, je dois supprimer cette loi de mon esprit. »

THÉRAPEUTE. — « Il faudrait simplement essayer de la voir différemment. Même si on comprend bien qu'il y a des expériences qui ont amené puis confirmé cette loi, il faut qu'on réfléchisse à la façon dont elle peut être mobilisable. Si on reprend la situation du collège :

— Qu'est-ce que cela aurait représenté de faire marche arrière ?

— Quels obstacles ont été posés pour ne pas pouvoir faire marche arrière ?

— Est-ce que ces obstacles étaient réels (liés à l'environnement…) ?

— Est-ce que ces obstacles étaient cognitifs (ça ne se fait pas, ce n'est pas bien...) ?

— Est-ce qu'on avait d'autres règles qui ont empêché de faire marche arrière ?

Peut-être qu'il serait intéressant de repérer les obstacles et d'étudier comment l'on aurait pu faire différemment. »

JULIEN. — « Je ne vois pas le mot "obstacle" comme un rocher sur une route tracée qu'il suffit de pousser ou de contourner, mais comme quelque chose qui fait en sorte que les choses deviennent impossibles. »

THÉRAPEUTE. — « C'est peut-être là le problème qui fait que l'on freine plus vite que les autres : le fait qu'il y ait un obstacle rend-il les choses impossibles ? »

JULIEN. — « Il faudra que je réfléchisse car d'un côté, je vois ce que vous voulez dire et d'un autre, mon esprit contourne l'obstacle si je puis dire. Vous voyez, je ne peux pas me concentrer longtemps sur un dossier. Si les choses ne m'intéressent pas, je rêve ou je fais autre chose. »

THÉRAPEUTE. — « Donc, un des moyens de contourner l'obstacle est de partir dans le monde des rêves plutôt que de se centrer sur la réalité et d'y chercher des solutions ? L'avantage du monde rêvé, même s'il n'est pas forcément beau, est-il que vous restez maître du scénario ? Et ce qui vous gêne dans la vie ne serait pas que vous n'êtes pas le maître de tous les scénarios ? Il y a d'autres acteurs et des événements qui vous échappent. En rêvant, vous contrôlez les choses, alors que dans la vie réelle, on ne peut pas tout contrôler. Si le rêve protège, quels en sont les inconvénients ? »

JULIEN. — « Au lieu de me raconter des histoires et de rester dans mon rêve, autant que je sache où j'en suis. Il faut que je vise un métier faisable et ne pas rester dans un rêve. Je suis continuellement en rêve éveillé, mais je dois accepter, à un moment ou à un autre, de prendre le risque de me lancer. »

THÉRAPEUTE. — « Le dilemme ne serait-il pas entre le monde rêvé et le monde réel ? N'y a-t-il pas une possibilité de consensus entre les deux mondes ? »

Je demande à Julien de réfléchir à cette notion de consensus en vue de la prochaine séance.

Séance 6

JULIEN. — « J'ai adopté un style de vie qui me laisse beaucoup de temps libre et je ne cherche pas de travail car j'ai peur de perdre la maîtrise de mon temps. Je voudrais gagner de l'argent tout en gardant cette maîtrise. Le consensus consisterait à trouver une activité qui me rapporte de l'argent tout en me laissant du temps libre. »

Je demande alors à Julien s'il a déjà réfléchi à une activité qui pourrait aller dans le sens de ce consensus. Julien me fait alors remarquer qu'il est retourné à l'ANPE et qu'il a accepté de rencontrer une conseillère qui doit l'aider à redéfinir des pistes pour lui permettre de retrouver du travail. Julien a réfléchi à une activité artisanale qui devrait lui permettre de garder du temps tout en gagnant de l'argent. Cette activité s'inscrit dans un domaine écologique et on va essayer d'aider Julien à réfléchir à ce projet.

THÉRAPEUTE. — « Quels sont les arguments en faveur de ce projet ? »

JULIEN. — « La législation vient d'évoluer dans ce sens, une franchise s'est développée en France et apparemment les concessionnaires se bousculent pour y entrer, ça marche bien aux États-Unis. »

THÉRAPEUTE. — « Quels seraient les arguments en défaveur de ce projet ? »

JULIEN. — « La France n'est pas les États-Unis. Je ne suis pas sûr que les Français accepteront de payer une somme importante pour engager certains travaux. Cela demande un investissement important. Il faudrait que je fasse une étude de marché, donc que j'investisse du temps et de l'énergie et ça me fait peur. D'un autre côté, j'aurais envie de construire véritablement quelque chose et de voir le résultat. Les premiers pas sont difficiles, surtout ces démarches vers d'autres personnes. Et je me dis que si je me lance, cela va être 80 heures de travail par semaine, plus de temps libre, plus de samedi, plus de dimanche et beaucoup de soucis. Et, si je me lance, je ne pourrai plus faire demi-tour. Puisque je ne fais rien maintenant, tout est possible. Mais à partir du moment où je me serai un peu engagé, j'ai l'impression que je serai coincé, que je n'aurai plus de choix et que ma vie sera alors toute tracée. »

Julien évoque alors spontanément son père : « Quand je pense à mon père, c'est ce que je vois. Il passait son temps à travailler. Je n'ai jamais su s'il était content de travailler ou s'il y était contraint. Je n'ai jamais su s'il était content d'être en famille. En le voyant, j'ai souvent pensé qu'il était coincé. Il avait fait des enfants et, à présent, il était obligé de les nourrir et donc de travailler. Le dimanche matin, il voulait faire la grasse matinée et on venait le déranger. À de tels moments, je pense qu'on lui rendait la vie impossible. Il était coincé et tout ça pour quoi ? »

THÉRAPEUTE. — « Et vous, avez-vous le sentiment d'être coincé ? »

JULIEN. — « Non, pas vraiment. Mais je m'aperçois que ne pas se faire piéger, c'est se faire piéger d'une autre façon. Oui, je suis libre. Mais je n'ai aucun moyen financier, donc c'est une fausse liberté. Si je me compare à des personnes de ma famille, je vois qu'elles ont d'autres moyens que moi, qu'elles vivent mieux. Même si elles sont moins libres en apparence. Il leur manque peut-être du temps. Moi, il me manque de l'argent. Et donc je suis piégé. Dans le système familial, l'argent était tabou d'une certaine façon : on n'en parlait pas, on en dépensait le moins possible. Mais on dépensait ce qu'il fallait pour se développer. Et papa travaillait dur pour en gagner. En définitive, c'est l'argent qui gérait nos vies. »

THÉRAPEUTE. — « Dans la famille, il y avait le souci de ne pas gaspiller ? »

JULIEN. — « Oui. Dans le système familial, on ne parlait pas d'argent, que ce soit pour le gagner ou pour le dépenser. Maintenant, j'ai une vie où je gère le minimum d'argent ; je dépense le moins possible. Je gagne le moins possible. Dans ma tête, je me salis le moins possible. Et je gaspille le moins possible. Je ne jette rien. Je me dis quelquefois qu'il me serait très agréable de me trouver une activité où je ne gagnerais pas d'argent, ou je n'en dépenserais pas non plus, mais où je profiterais de tout, simplement. Par exemple, en travaillant dans une association qui rechercherait des personnes perdues dans un pays étranger. Je ne m'occuperais pas de l'ordonnancement. Tous les frais étant payés, je me concentrerais sur les recherches en utilisant les moyens les plus variés (avion de tourisme, bateau, voiture...). »

THÉRAPEUTE. — « Le problème en fait est de savoir si c'est l'argent qui nous gère ou nous qui gérons l'argent. »

JULIEN. — « Cela me fait penser aux clochards que j'imaginais affranchis de l'argent, mais qui, en réalité, y sont très attachés puisqu'ils passent une partie de leur temps à mendier et qu'ils comptent chaque pièce. »

THÉRAPEUTE. — « C'est la question de la dépendance et de l'indépendance. Le clochard a choisi de ne pas dépendre d'un certain système, mais il devient dépendant des passants pour l'aumône. En fait, en ne voulant pas dépendre d'un système, on est forcément dépendant d'un autre ; donc il faut accepter l'idée que l'on soit dépendant de quelque chose. »

JULIEN. — « J'avais toujours gardé un vieux fond libertaire en pensant qu'un de mes principaux objectifs était la liberté. »

THÉRAPEUTE. — « Peut-être que la liberté, c'est le choix de la dépendance ? »

Je demande alors à Julien de réfléchir à ses dépendances actuelles et, notamment, à son statut de RMIste.

Par ailleurs, comme me le fait remarquer Julien, une des difficultés qu'il rencontre dans sa recherche d'emploi sont les relations à mettre en place avec les autres, ce qui supposera par la suite une reprise du travail d'entraînement à la communication par lequel Julien avait commencé sa thérapie.

Séance 7

THÉRAPEUTE. — « On devait réfléchir au thème "la liberté, c'est le choix de la dépendance" et l'on devait aujourd'hui se centrer sur vos dépendances actuelles et notamment sur celle au RMI. Quels sont les avantages d'une telle dépendance ? »

JULIEN. — « Ce qu'il y a de plus précieux, c'est le temps. Avec le RMI, j'ai tout mon temps libre. Mais ce temps libre, je le perds car je ne m'autorise pas le droit de l'utiliser comme je le souhaite. J'ai peu d'argent. Comme l'argent pollue le monde, je ne suis pas pollué. Les moines avaient une vie saine car ils ne gaspillaient rien. Mais cet argument, je le pense, est une bonne excuse. Une vie sans stress. Même si un manque de stress produit un autre stress. »

THÉRAPEUTE. — « Ce sont là des avantages à court terme. Quels sont les inconvénients d'être au RMI ? »

JULIEN. — « En ne travaillant pas, je m'étiole intellectuellement. J'ai du temps libre, donc je lis beaucoup. Mais j'oublie très vite. Car je m'aperçois qu'on ne peut être bon que sur les domaines qu'on pratique ou sur lesquels on fait des recherches. Je me prépare une vieillesse difficile. En effet, avoir peu d'argent à 50 ans est assez facile car je suis rustique et je peux profiter de tout. Mais, à 80 ans, ça sera dur si je dois vivre dans une banlieue, pauvrement, avec personne pour m'aider. Mes économies fondent et l'inflation me rendra moins aisé financièrement. Je n'aurai pas de retraite. Maintenant, le manque d'argent ne se remarque pas trop. Mais cela se verra plus quand je serai plus vieux. L'avenir est incertain. Cela me crée une gêne sociale. S'il y a des personnes auprès desquelles je me vante d'être au RMI, il y en a beaucoup à qui je ne le dirai surtout pas. »

Nous discutons alors avec Julien des avantages à court terme du RMI (avoir du temps), mais également des inconvénients à long terme (l'inconvénient financier, régression intellectuelle...). Julien reconnaît volontiers : « J'ai le choix de mon temps, mais je n'ai que ça. Je suis dépendant des autres. Si je travaillais, j'aurais moins de temps mais je serais plus autonome dans d'autres domaines. »

Nous réfléchissons alors à la notion de l'autonomie.

THÉRAPEUTE. — « Quels sont les avantages à être dépendant ? »

JULIEN. — « J'ai peut-être l'esprit tordu, mais le fait d'être dépendant des autres m'oblige à conserver de bons rapports avec eux. »

THÉRAPEUTE. — « La dépendance est moins dangereuse car elle oblige à se contrôler ? »

JULIEN. — « Oui, et elle m'a rendu modeste. »

THÉRAPEUTE. — « Vous pensez que vous avez des difficultés à vous imposer des limites ? »

JULIEN. — « Oui, au travail, je me suis mis en colère à plusieurs reprises. »

THÉRAPEUTE. — « Y a-t-il d'autres situations où vous avez été emporté par vos émotions ? »

JULIEN. — « Je ne crois pas ! »

THÉRAPEUTE. — « On se trouve devant un choix important. Quand vous vous sentez libre, vous pensez : "Tu ne maîtrises pas ton comportement. Tu vas te mettre en colère. Il y a un danger à être débordé par les émotions." Si vous ne voulez pas être débordé par vos émotions, il y a une première solution : c'est de se mettre dans la dépendance des autres. Mais il y en a une autre : c'est de travailler sur le contrôle émotionnel, tout en restant indépendant. Par ailleurs, vous suggérez l'idée qu'il faut que vous restiez dans un cadre structurant. »

JULIEN. — « J'étais en train de me dire que, dans les loisirs, ça a bien marché car j'ai fait beaucoup de formations, de stages. J'étais toujours dans un cadre. Dans un club, les choses sont prédigérées. J'ai toujours fait les choses en étant protégé. »

THÉRAPEUTE. — « Que redoutez-vous à l'idée de sortir de l'encrage classique ? »

Et je demande à Julien de réfléchir à cette notion d'ici à la séance suivante.

Séance 8

JULIEN. — « Il me semble que si je mets tant de barrières de protection, c'est parce que j'ai toujours beaucoup pensé aux femmes, et que je ne voulais pas que cela se sache. Je ne voulais pas donner cette image de moi. Je ne voulais pas passer pour un obsédé. Je ne voulais pas être comme les autres à ce sujet-là. J'agis de la sorte pour cacher ma nature profonde. »

THÉRAPEUTE. — « L'idée est qu'il ne faut pas se dévoiler ; qu'il y a plus de risques à se dévoiler qu'à ne pas se dévoiler. »

JULIEN. — « Oui, mais je crois que le plus important, c'était de ne pas passer pour un obsédé et surtout ne pas être comme les autres. »

THÉRAPEUTE. — « Être différent, est-ce que ça signifie être complètement l'inverse des autres ? »

JULIEN. — « Oui. Mais c'est un peu schématique car qu'est-ce que c'est qu'être l'inverse ? Et je reconnais qu'il faut, de toute façon, accepter d'être comme les autres car tout le monde mange, dort... C'est paradoxal : une ou deux fois, je me suis dévoilé et j'en ressentais plutôt de la fierté et l'envie d'aller plus loin. Mais, d'unc façon généralc, je ne me dévoile pas. »

THÉRAPEUTE. — « C'est toujours le jugement des autres qui poserait problème ? ("On me jugerait obsédé".) »

JULIEN. — « Oui. Il y a le regard des autres. Mais il y a aussi mon propre regard. En réalité, je ne veux pas de médiocrité ou de position intermédiaire. J'accepterais certaines situations, mais je n'accepterais pas des situations banales, moyennes. Par exemple, si une femme porte une tenue affriolante, je me dis que je pourrais lui faire un compliment. Mais je n'ose pas. Si quelqu'un d'autre lui fait des remarques agréables sur sa tenue, cela me bloque complètement car ça me fait toucher du doigt l'aspect ridicule et absurde de mon manque d'audace. Je ne peux plus rien faire car même si je le fais un ou deux mois après, il y aura toujours le risque de me comporter "comme les autres". »

THÉRAPEUTE. — « Être différent suppose donc des stratégies adaptatives différentes ? »

JULIEN. — « J'ai vu récemment à la télévision un magazine sur les relations hommes/femmes. La caméra suivait trois jeunes filles qui avaient passé leur samedi, comme tous les samedis, à rechercher l'âme sœur et qui revenaient bredouilles. Exactement comme moi. Donc je me comporte comme les autres. Ce que je voulais éviter. En ne nouant pas facilement le contact, je me comporte comme les autres. »

THÉRAPEUTE. — « Le problème, est-ce : y a-t-il plus de plaisir à imaginer les choses qu'à les concrétiser ? Si l'on voit une femme, on peut imaginer des choses, on peut fantasmer. Le contact peut être décevant. Comme si l'imaginaire était plus source de plaisir que ne pourrait être le réel. »

JULIEN. — « Je sais que ce n'est pas vrai, mais peut-être que je m'en contente. Mais maintenant, mon problème est comme celui d'un prêtre. Au début, c'est très difficile de faire abstinence puis la force de l'habitude fait que les choses deviennent plus faciles. Le désir s'émousse quand il n'est pas entretenu. Cela dit, il est quand même toujours là. Et il en faudrait peu pour que cela reparte. Mais, d'un autre côté, je ne profite pas de toutes les situations car je me méfie. Ainsi, quand j'avais travaillé à E., les circonstances étaient telles qu'il était plus facile de rencontrer des femmes. Je n'ai pas sauté sur l'occasion. Je me comporte comme ça par timidité. »

THÉRAPEUTE. — « Ou tout ce qui peut être de l'ordre du plaisir ou du désir est systématiquement annulé ? Au moment où c'est possible, on trouve une raison pour freiner le désir, pour ne pas accéder au plaisir, comme si on ne pouvait pas laisser le désir s'exprimer jusqu'au bout. On se met des limites. »

JULIEN. — « Le lendemain, je me pose la question : “Pourquoi as-tu réagi de cette façon ?” et après je me raisonne en trouvant de bonnes raisons à avoir agi ainsi. »

THÉRAPEUTE. — « Avez-vous peur alors d'aller trop loin ? Avez-vous peur de ne pas contrôler ? Et donc par peur de ne pas mettre la limite au bon moment, vous préférez la mettre tout au départ ? »

JULIEN. — « On en revient à ces fameuses questions et je ne sais pas ; je m'en rends un peu compte, comme si ce n'était pas ma vie. Les choses n'étant pas parfaites, je me dis qu'il suffit d'attendre et que ce sera mieux demain ; et pour le travail, c'est pareil. »

Attitudes attentistes ou attitudes interventionnistes ? C'est à ce thème que devra réfléchir Julien pour préparer la séance suivante.

Séance 9

Julien remarque qu'il se raconte beaucoup, mais qu'il est relativement peu attentif à la recherche de solutions à ses problèmes.

JULIEN. — « Je me suis fait cette réflexion : si le regard des autres compte autant pour moi, c'est parce que j'attends beaucoup d'eux. Ici, j'attends beaucoup de vous. Je pourrais me dire : "J'ai un problème, je vais essayer de m'en sortir tout seul." Mais non, je préfère demander l'aide de quelqu'un. Et, dans la vie, je crois que j'ai souvent compté sur les autres. Donc ma conclusion est qu'il faut que je commence par devenir autonome et que j'essaie de compter d'abord sur moi pour résoudre mes problèmes. »

THÉRAPEUTE. — « Aujourd'hui, quels sont les signes qui montreraient que vous êtes autonome ? »

JULIEN. — « Me comporter en adulte dans ma recherche d'emploi. »

THÉRAPEUTE. — « Cela voudrait dire quoi exactement ? »

JULIEN. — « Y consacrer plus d'énergie. Et je me dis aussi que si, avec les femmes, j'ai tant de problèmes, c'est que j'attends beaucoup d'elles. J'attends que ça se passe mieux lors de la première rencontre. Donc là le signe pourrait être que je n'attende rien des femmes, que j'adopte une attitude plus machiste, que je me comporte comme si ce qu'elles disent ou font ne comptait pas. Il y a peut-être une position intermédiaire, mais je ne la vois pas. »

THÉRAPEUTE. — « C'est peut-être sur ce chemin maintenant que nous devrions nous diriger, c'est-à-dire sur le chemin de la "résolution de problèmes" qui permettrait de trouver des "étapes entre le tout et le rien". Ce qui fait souvent que l'on se met en échec, ce n'est pas que l'on manque de capacités, mais c'est que l'on vise un objectif trop haut. Si l'on se fixe l'objectif de séduire telle femme et de vivre avec elle dans trois semaines, on va se mettre dans une telle dimension de réussite qu'elle va entraîner nombre de contrôles pour être sûr de ne pas gaffer, de ne pas se louper, de ne pas bafouiller... On va tellement se contrôler que l'on ne sera plus spontané et naturel. Et c'est ce manque de naturel qui va faire tout rater. On va rentrer alors dans un cercle vicieux parce que après, on se demandera pourquoi cela ne marche pas et on se sentira en situation d'échec. On va alors se déprécier, se déprimer. Par contre, si l'on se fixe un niveau d'exigences plus limité, par exemple si l'objectif est que cette personne accepte que je lui dise un mot, je serai plus décontracté et la prochaine fois, les relations seront plus détendues. Par exemple, si vous voyez une femme à l'ANPE, vous pouvez l'aborder en disant : "Vous connaissez cette agence ?" Si elle répond : "Non, c'est la première fois que je m'y rends", c'est au-delà de ce que vous pourriez espérer ; l'engagement n'était pas qu'elle vous réponde, votre but était d'oser dire les premiers mots et c'est comme cela que l'on gagne en autonomie, par le sentiment que l'on a pu atteindre son objectif.

Quand on apprend l'autonomie à un enfant, on commence progressivement et on ne le met jamais devant de grosses difficultés. Par exemple, pour lui apprendre à acheter le pain, on va faire plusieurs étapes :

— On lui dira de demander une baguette au boulanger.

— Le lendemain, il demandera la baguette et il paiera avec la monnaie juste calculée.

— Une autre fois, il rentrera tout seul dans le magasin et on le surveillera de dehors.

— La fois suivante, il rentrera tout seul, mais il devra attendre que la boulangère lui rende de la monnaie.

— La fois suivante, il traversera la rue pour rentrer dans le magasin, etc.

Si dès la première fois, on avait demandé à cet enfant de tout faire, il aurait certainement été en échec car on l'aurait placé dans une situation beaucoup trop complexe. Il aurait eu à faire face à trop d'épreuves nouvelles en même temps. Il serait intéressant de savoir si dans votre vie, vous avez eu accès à une autonomie progressive. »

JULIEN. — « Effectivement, ma famille était peu ouverte sur l'extérieur. Et donc je suis resté longtemps dans le cocon familial. Au collège, on n'avait pas le droit de sortir. Ce n'est qu'à l'université que j'ai dû me débrouiller tout seul. »

THÉRAPEUTE. — « C'est important. Passer d'un système bien fermé sur lui-même à un système d'autonomie totale est très douloureux car le changement est brutal. C'est peut-être stimulant, mais en même temps c'est angoissant car il n'y a aucune étape dans cet apprentissage de l'autonomie. Alors, il faut faire comme on peut, par essais et erreurs. Mais c'est un apprentissage beaucoup plus difficile. »

JULIEN. — « À l'université, je me suis débrouillé, mais j'ai simplifié beaucoup de choses et en particulier, mes relations avec les autres. Je n'ai certainement pas fait l'apprentissage de la façon d'aller vers les autres. Maintenant je dois bien étudier toutes les étapes. La première étape que vous m'avez décrite tout à l'heure, vous m'en aviez déjà parlé lors du travail de groupe. Je la connais et je la pratique. Et cela donne lieu à des discussions un peu anodines. Et c'est tout. »

THÉRAPEUTE. — « La première étape consiste à voir si la personne répond. On a gagné parce qu'on a osé. La deuxième étape consiste à parler de sujets banals. La troisième étape consiste à parler de sujets plus personnels, c'est-à-dire que je donne des éléments pour me faire connaître. J'emploie le “je”, “moi, je suis en train de...” ; j'aide à me situer. Après avoir parlé de moi, je peux me permettre d'avoir des questions plus directes : “Et vous, que faites-vous ?” La quatrième étape consiste à rentrer dans les émotions. Par exemple, à l'ANPE, vous abordez une femme : “C'est un peu déprimant de chercher du travail...”, ou “j'ai cette chance de ne pas être trop déprimé, mais j'en connais que ça déprime de chercher du travail...”. J'ose parler d'émotions. À partir de là, la personne va oser plus s'ouvrir à vous ; par exemple, elle peut dire : “Moi, ça m'a déprimée, mais...” On va rentrer dans son intimité et, à partir de là, on a une chance d'aller un peu plus loin. Par exemple, on peut dire : “Oui, mais il faut s'égayer un peu. Est-ce que cela vous dirait d'aller au cinéma ? Je n'y vais pas souvent car je suis seul et je n'ai pas bien envie d'y aller tout seul”, ou, par exemple : “C'est déprimant mais on a de la chance, il fait beau aujourd'hui. Il faut profiter de la vie. Si cela vous fait plaisir, on peut sortir prendre un verre. Moi, cela me ferait très plaisir.” Ainsi, le biais des émotions est une bonne clé pour entrer en contact avec l'autre : “Ce serait plus agréable de parler autour d'un verre”, “ça me ferait plaisir d'en parler avec vous”. »

JULIEN. — « Il m'arrive rarement de parler d'émotions. Dans les milieux professionnels où j'exerçais, les émotions étaient très peu de mise car c'était un milieu très technique.

Mais ceux qui réussissent, je le reconnais, mettent peut-être leurs émotions en avant. Il faut que je mette ça en application. »

THÉRAPEUTE. — « Prenez le temps d'observer les choses dans la vie de tous les jours. Par exemple, si vous rencontrez la personne de l'ANPE qui s'occupe de votre dossier et qu'elle semble en petite forme, vous pouvez lui demander si quelque chose la contrarie. En revanche, on peut répondre au "bonjour" de quelqu'un en disant : "Je vous sens enjoué, plein de gaieté, vous avez l'air en forme." La dimension émotionnelle fait exploser la communication. »

JULIEN. — « Oui, je comprends. Effectivement, j'ai l'impression que mes conversations manquent de relief, de conviction. Il faut que je parle des émotions pour les embellir. »

THÉRAPEUTE. — « Je suis sûre que, certaines fois, grâce aux émotions, vous pouvez gagner beaucoup plus, même sur le terrain professionnel. Au cours d'un entretien professionnel, vous pourriez très bien intervenir face à votre interlocuteur : "Je sens que j'ai dit quelque chose qui a l'air de vous contrarier", et un autre lien se crée. Puisque nous parlons de travail, êtes-vous sur une piste actuellement ? »

JULIEN. — « Je suis en train d'étudier la possibilité de créer une agence A. Mais des pistes comme celle-ci, j'en ai déjà étudié beaucoup. J'avais bien avancé certains projets où il ne suffisait plus que de démarrer. Mais, comme je veux tout étudier à fond, je sais que le plus difficile va être de me lancer. Actuellement, je vois tous les inconvénients. J'ai contacté des concessionnaires, dont l'un m'a dit : "Je trouve que vous vous posez beaucoup de questions. Quand j'ai démarré, je ne m'en suis pas tant posé." »

THÉRAPEUTE. — « Parce que le problème est que vous ne vous engagerez que si vous avez une certitude sur tout ? Les autres semblent s'engager avec un minimum de certitude sur une chose, et ils vont tolérer l'incertitude qui reste. Et nous pourrions travailler ensemble cette tolérance à l'incertitude, en nous engageant dans l'action plutôt qu'en la refusant. »

D'ici à la séance suivante, Julien devra essayer d'entrer en contact avec des personnes de sexe féminin. Il aura, par ailleurs, à faire des démarches concrètes pour sa recherche d'emploi.

Séance 10

JULIEN. — « J'ai laissé tomber le projet de créer une agence A. Mais cela ne m'étonne pas de moi, car je fais systématiquement comme ça. Par exemple, je passe beaucoup de temps sur Internet pour des bêtises. C'est terrible car d'un côté, je me dis que je ferais mieux de sortir, d'aller me promener, et de l'autre, je passe mon temps sur Internet ou sur mon ordinateur alors que cela ne me passionne pas, que j'y perds mon temps. »

THÉRAPEUTE. — « Le problème est toujours l'ambivalence. Quand vous êtes sur Internet, vous avez envie de vous promener, donc, vous vous privez. Et peut-être que si vous étiez dehors, vous vous diriez que vous feriez mieux d'aller sur Internet et de chercher du travail. On retrouve toujours ces deux modalités : je me prive de me faire plaisir pour être au travail et, en même temps, si je sors, je me gâche le plaisir en me culpabilisant. Je trouve le moyen d'annuler le plaisir. On retrouve chez vous ce processus d'annulation qui se met en route systématiquement. »

JULIEN. — « Oui, parce que actuellement, je suis dans une situation telle que je culpabilise systématiquement. Je me dis :

— Ce n'est pas normal que je ne travaille pas, donc il faut que je cherche du travail.

— Comme je ne trouverai pas de travail, il ne faut pas que je perde mon temps à en chercher. C'est vrai que c'est illogique. J'annule tout. »

THÉRAPEUTE. — « Dans un processus comme celui-là, les pensées qui inhibent le comportement (PIC) sont toujours prioritaires par rapport aux pensées orientées vers le comportement (POC).

Exemple de PIC : "Tu es sur Internet et tu perds ton temps." Cette pensée inhibe le comportement car elle me pousse à arrêter ce que je fais, à quitter Internet.

Exemple de POC : "Tu es sur Internet pour chercher du travail et tu trouves un site qui n'a rien à voir. Il est intéressant. Tu jettes un coup d'œil car cela peut t'aider à réfléchir à quelque chose." Cette pensée oriente l'action. J'ai le droit de me distraire. Je peux m'autoriser à me distraire. »

JULIEN. — « Oui, je comprends mais souvent, ce n'est pas pour me distraire. Je consulte Internet comme un écureuil, pour accumuler, pour stocker des informations. »

THÉRAPEUTE. — « Le problème, c'est de prendre le risque de ne pas posséder toutes les informations. Quelles seraient les conséquences de ne pas avoir toutes ces informations ? Seraient-elles graves pour vous ou non ? »

JULIEN. — « Oui, je sais. Il n'y a aucune conséquence. Un peu comme tous les livres de développement personnel que j'ai achetés et que je n'ai pas lus complètement. Pour moi, c'était juste un espoir de solutions. »

THÉRAPEUTE. — « Quand on a un projet et que l'on se trouve dans un processus d'accumulation de l'information, il y a forcément un moment où l'on arrête pour traiter cette information, la digérer et éventuellement voir ce qui nous manque pour cibler notre recherche future. La seconde phase consiste à utiliser cette information. Dans cette phase, je dois me demander ce que je fais de ces informations ; si ces informations ont validé mon projet, je peux agir. Plus je reste dans la phase de recherche et d'accumulation de l'information, moins je peux passer à la seconde phase. »

JULIEN. — « À une époque de ma vie, j'aurais su ce que j'ai appris par la suite, mon avenir professionnel aurait été totalement différent. Il est vrai que j'ai peut-être manqué de certaines informations, mais je n'ai peut-être pas fait preuve de beaucoup de dynamisme pour me renseigner. À cette époque, je me suis contenté de lire les documentations qui me tombaient sous les yeux et de les accumuler. La seule façon de faire consiste à avoir un but et de ne chercher des informations que pour l'atteindre. »

THÉRAPEUTE. — « Peut-être que vous recherchez des informations dans toutes les directions parce que vous n'avez pas de projet très précis en tête. Lorsqu'on a une idée précise de ce que l'on veut, il est beaucoup plus facile de faire un tri dans les informations que l'on peut recevoir au lieu de se laisser envahir par elles. »

JULIEN. — « Oui, quand on a un but précis. Actuellement, je n'en ai pas et tous mes problèmes viennent de là. Quelquefois je me dis que si j'avais vécu il y a deux siècles, ma profession m'aurait été imposée par mon milieu, ma femme par mes parents. Cela m'aurait bien simplifié la vie. Il vaut mieux faire des erreurs dans ses choix que de ne rien choisir du tout. Donc je devrais rapidement choisir des options, quitte à changer si cela ne me convient pas du tout. »

THÉRAPEUTE. — « La difficulté, c'est donc de vous autogérer ? »

JULIEN. — « J'en suis à un point où je ne connais pas mes propres réactions. Je ne sais pas pourquoi j'agis comme je le fais. Je n'ai jamais pu suivre le planning que je m'étais fixé. Même les cours de gymnastique que je fais ne sont pas ceux qu'il serait raisonnable de faire, je les poursuis alors que je suis en train de me détruire les genoux. »

THÉRAPEUTE. — « À force de penser les choses sans les confronter à la réalité, on ne sait plus bien comment se situer. Si on reste dans un système où on ne confronte pas ses capacités à la réalité, on ne sait plus bien quelles sont nos forces et nos faiblesses. Ce qui fait qu'on va aiguiser notre pensée, améliorer notre comportement, c'est qu'on va se confronter à la réalité. Et c'est la réalité qui va nous renseigner sur nos actes et nous permettre de nous situer. Il faut composer avec cette réalité qui nous est renvoyée. Cela doit nous servir. Si l'on prend la gymnastique, la réalité vous dit : "Attention, pas trop de cet exercice", mais vous ne l'écoutez pas. Le mal de genou est une information, mais vous n'en tenez pas compte. C'est peut-être là que réside la difficulté. Dans la vie, il y a peut-être d'autres cas où les choses se sont passées ainsi. La réalité renvoie de l'information. Et il va falloir composer avec ce qu'on pense de nous, de nos forces, de nos faiblesses. Mais vous, lorsque la réalité vous parle, vous dites : "Qu'elle parle, je fais comme j'ai décidé." Cette réalité qui me renvoie des informations est là pour me protéger, et non pour me nuire. Si je trouve un obstacle sur ma route, il doit m'amener à réfléchir à d'autres façons d'agir ou d'autres comportements que je dois adopter. Si j'entends cette réalité mais que je ne l'écoute pas, je vais passer à côté des alarmes qu'elle m'envoie. Par exemple, si j'ai mal aux genoux en pratiquant trop l'exercice de gym, la réalité me dit que je dois réduire cette pratique en remplaçant cet exercice par un autre moins traumatisant pour le genou ; cette réalité ne me dit pas d'arrêter tout effort physique, ni de ne plus faire du tout l'exercice. La réalité n'est pas là pour nous interdire, elle est là pour nous prévenir et nous aider à composer avec elle. On a l'impression que c'est un rapport de force entre vous et la réalité et il nous faudra peut-être essayer de repérer les obstacles qui vont se présenter au cours de votre recherche d'emploi, afin qu'ils ne soient plus perçus comme des freins puissants qui empêchent la continuité de l'action, mais comme des alarmes qui signalent la nécessité de changer de stratégie. Notre travail sera alors d'en adopter une nouvelle en fonction de la clarification de l'obstacle et de l'organisation d'alternatives pour atteindre le but fixé, que ce soit la rencontre d'une partenaire ou la recherche d'un emploi. »

La poursuite de la thérapie s'est engagée dans des tâches beaucoup plus concrètes, visant la mise en pratique des stratégies relationnelles, aussi bien dans le domaine sentimental que professionnel.

À l'heure actuelle, Julien a trouvé un emploi qui ne correspond pas à sa qualification, mais dans une structure importante où il essaie de prendre des contacts pour trouver un poste qui l'intéresserait davantage. Il a pu parfaitement s'adapter à cette nouvelle situation, en pouvant proposer concrètement des améliorations techniques sur le lieu même de son travail ; par ailleurs, il n'hésite pas à utiliser toutes les ressources de la structure dans laquelle il travaille pour rencontrer des personnes du sexe opposé (lors des repas pris à la cantine de l'entreprise, en se rendant dans les bibliothèques, en allant discuter dans d'autres services...), et même s'il n'a pas encore rencontré l'âme sœur, Julien gagne en sentiments d'efficacité personnelle et de confiance en lui. Le fait que Julien ait pu suivre régulièrement sa thérapie après avoir trouvé ce nouvel emploi, a également permis de rectifier les tentatives d'annulation ou de dépréciation, en permettant d'utiliser les obstacles perçus comme autant d'occasions pour repérer l'interprétation que Julien avait pu faire de la situation, et donc d'en percevoir les biais cognitifs ; d'admettre l'interprétation de Julien comme une hypothèse et non pas comme une certitude et d'aménager d'autres alternatives explicatives de cette situation. La considération de ces autres alternatives a permis d'élaborer la mise en place d'attitudes plus adaptées qui, testées dans la réalité, ont progressivement contribué à une meilleure estimation des situations et à une meilleure validation de ses capacités à faire face. Par exemple, Julien avait rencontré une jeune femme, et lors de leurs premiers échanges, la jeune femme avait beaucoup rougi. Julien en avait immédiatement conclu qu'il avait dû dire quelque chose qui avait mis cette jeune femme mal à l'aise et était donc prêt à annuler cette attitude séductrice. Peut-être que l'hypothèse de Julien était valide, mais d'autres hypothèses pouvaient être émises, parmi lesquelles la possibilité que cette jeune femme était particulièrement bouleversée émotionnellement par la prise de contact de Julien. Ce type d'hypothèse, plus rassurante, ne pouvait qu'encourager la poursuite de la relation plutôt qu'un comportement d'annulation.

Lorsque Julien aura obtenu un certain nombre de succès dans le domaine professionnel et personnel, il serait intéressant de chercher avec lui, de manière plus précise, les schémas de danger qui l'ont amené à annuler systématiquement des actions plutôt que de les poursuivre, ces mêmes schémas qui l'ont amené à une loi en « tout ou rien », et à se réfugier dans les pensées qui finissent par bloquer l'action*.

* Je remercie Julien d'avoir accepté la retranscription de certaines bandes magnétiques qu'il avait souhaité enregistrer lors de nos entretiens.

BIBLIOGRAPHIE

ABRAMSON, L. Y., SELIGMAN, M. E. P., PEASDACE, J. D. (1978), « Learned helplessness in humans ; critique and reformulation », *Journal of Abnormal Psychology,* 87, 49-74.

ADOLPHS *et al.* (1995), « Fear and the human amygdala », *J. Neursci.,* 16, 7678-7687.

AKISKAL, H.S. (1998), « Toward a definition of generalized anxiety disorder as an anxious temperament type », *Acta Psychiatr. Scand.* (suppl.), 393, 66-73.

AMERICAN PSYCHIATRIC ASSOCIATION (1987), *Diagnostic and Statistical Manual of Mental Disorders* (3rd Ed), Washington D.C.

AMERICAN PSYCHIATRIC ASSOCIATION (1991), *Diagnostic and Statistical Manual of Mental Disorders* (4th Ed), Washington D.C. ; traduction de J.-D. Guelfi, Paris, Masson, 1994.

BANDURA, A. (1969), *Principles of Behavior Modification,* New York, Holt, Rinehart and Winston.

BANDURA, A. (1989), « Perceived self-efficacy in the exercice of personal agency », *The Psychologist,* 2, 411-424.

BARLOW, D. H. (1988), *Anxiety and its Disorder. The Nature and Treatment of Anxiety and Panic,* New York, Guilford Press.

BARLOW, D. H. (1991), *The Nature of Anxiety in Chronic Anxiety* (Rapee, R.M. et Barlow, D. H. éd.), New York, The Guilford Press, 1-28.

BARLOW, D. H., RAPEE, R. M., BROWN, T. A. (1992), « Behavioral treatment of generalized anxiety disorder », *Behav. Ther.,* 23, 551-570.

BECK, A. T., EMERY, G., GREENBERG, R. L. (1985), *Anxiety Disorders and Phobias. A Cognitive Perspective,* New York, Basic Books.

BIENVENU, O. J., NESTADT, G., EATON, W. W. (1998), « Characterizing generalized anxiety : Temporal and symptomatic thresholds », *J. New Ment. Dis.,* 186, 51-56.

BISSERBE, J.-C., BOYER, P., GÉRARD, A. (1994), *Angoisse. Se soigner sans se droguer,* Paris, First.

BLACKBURN, I. M., COTTRAUX, J. (1988), *Thérapie cognitive de la dépression,* Paris, Masson.

BORKOVEC, T. D. (1992), *The Nature of Normal and Pathological Worry in Chronic Anxiety* (R. M. Rapee et D. H. Barlow éd.), New York, Guilford Press.

BORKOVEC, T. D. (1994), « The Nature, functions and origins of worry », *in* G. C. L. Devey et F. Tallis (éd.), *Worrying : Perspectives on Theory, Assessment, and Treatment,* New York, Wiley, p. 5-33.

BORKOVEC, T. D., COSTELLO, E. (1993), « Efficacy of applied relaxation and cognitive behavioral therapy in the treatment of generalized anxiety disorder », *J. Consult. Clin. Psychol.,* 61, 611-619.

BORKOVEC, T.D., INZ, J. (1990), « The nature of worry in generalized anxiety disorder. A predominance of thought activity », *Behaviour Research and Therapy,* 28, 153-158.

BORKOVEC, T. D., LYONFIELDS, J. D., WISER, S. L., DEIHL, L. (1993), « The role of worrisome thinking in the suppression of cardiovascular response to phobic imagery », *Behaviour Research and Therapy,* 31, 321-324.

BORKOVEC, T. D., ROBINSON, E., PRUZINSKY, T., DE PREE, J. A. (1983), « Preliminary exploration of worry : Some characteristics and processes », *Behaviour Research and Therapy,* 21, 9-16.

BORKOVEC, T. D., SHADICK, R. N., HOPKINS, M. (1991), « The nature of normal and pathological worry », *in Chronic Anxiety : Generalized Anxiety Disorder and Mixed Anxiety-Depression,* R. M. Rapee et D. H. Barlow (éd.), New York, The Guilford Press, 29-51.

BOURIN, M., MALINGE, M. (1995), « Controlled comparison of the effects and abrupt discontinuation of Buspirone and Lorazepam », *Prog. Neuro. Psychopharmacol. Biol. Psychiatry,* 19, 567-575.

BOUVARD, M., COTTRAUX, J. (2000), *Protocoles et échelles d'évaluation en psychiatrie et en psychologie,* Paris, Masson.

BOWLBY, J. (1975), *Attachment and Loss : Separation,* 2d vol., Londres, Pelican Books.

BROWN, T. A., BARLOW, D. H., LIEBOWITZ, M. R. (1994), *The Empirical Basis of Generalized Anxiety Disorder.*

BRUCE, S. E., KELLER, M. B. (2001), *The Infrequency of « Pure » GAD : Impact of psychiatric comorbidity on clinical course.* Poster présenté au Congrès mondial de thérapie cognitive et comportementale, Vancouver, Colombie britannique, juillet 2001.

BUSH, G., LUU, P., POSNER, M. (2000), « Cognitive and emotional influences in anterior-cingulate-cortex », *Trends Cognit. Sci,* 6, 215-222.

BUTLER, G., FENNELL, M., ROBSON, P., GELDER, M. (1991), « Comparison of behavior therapy and cognitive behavior therapy in the treatment of generalized anxiety disorder », *J. Consult. Clin. Psychol.,* 59, 167-175.

CLARK, D. M. (1986), « A cognitive approach to panic », *Behaviour Research and Therapy,* 24 (4), 461-470.

COHN, J. B., WILCOX, C. S. (1984), « Long-term comparison of alprazolam, lorazepam and placebo in patients with an anxiety disorder », *Pharmacotherapy,* 4, 93-98.

COTTRAUX, J. (1998), *Les Ennemis intérieurs. Obsessions et compulsions,* Paris, Odile Jacob.

COTTRAUX, J. (2001), *Les Thérapies cognitives,* Paris, Retz.

COTTRAUX, J. (2001), *Les Thérapies comportementales et cognitives,* Paris, Masson.

COTTRAUX, J. (2001), *La Répétition des scénarios de vie,* Paris, Odile Jacob.

CRASKE, M. G., BARLOW, D. H., O'LEARY, T. (1992), *Mastery of Your Anxiety and Worry,* Albany, New York, Graywind Publications.

CRASKE, M. G., RAPEE, R. M., JACKEL, L., BARLOW, D. H. (1989), « Qualitative dimensions of worry in DSM-III-R. Generalized anxiety disorder subjects and non-anxious control », *Behaviour Research and Therapy,* 27, 397-402.

CUNGI, C. (2000), *Faire face aux dépendances,* Paris, Retz.

DANTZER, R. (1989), *L'Illusion psychosomatique,* Paris, Odile Jacob.

DAVEY, G. C. L. (1994), « Worrying, social problem solving abitilies, and problems solving confidence », *Behaviour Research and Therapy,* 32, 327-330.

DAVIDSON, J., SCHWARTZ, M., STORCK, M., KRISHNAN, R. R., HAMMETT, E. (1985), « A diagnostic and family study of post traumatic stress disorder », *American Journal of Psychiatry,* 142, 90-93.

DAVIDSON, R. I., IRWIN, W. (1999), « The functional anatomy of emotion and affective style », *Trends Cognit. Sci.,* 3, 10-21.

DOLLARD, J., MILLER, N. E. (1950), *Personality and Psychotherapy,* New York, Mc Graw-Hill.

DUGAS, M. J., FREESTON, M. H., et LADOUCEUR, R. (1997), « Intolerance of uncertainty and problem orientation in worry », *Cognitive Therapy and Research,* 21, 593-606.

DUGAS, M. J., FREESTON, M. H., LADOUCEUR, R., RHEAUME, J., PROVENCHER, M., BOISVERT, J. M. (1998), « Worry themes in primary GAD, secondary GAD, and other anxiety disorders », *Journal of Anxiety Disorders,* vol. 12, 3, 253-263.

DUPONT, H., MOLLARD, E., COTTRAUX, J. (1997), « Processus attentionnels et traitement de l'information dans le trouble panique avec agoraphobie, revue de la littérature », *Rev. Franc. de Clin. Comp. et Cogn.,* vol. 11, 1, 0-8.

DURHAM, R. C., MURPHY, T., ALLAN, T., RICHARD, K., TRELIVING, L. R., FENTON, G. W. (1994), « Cognitive therapy, analytic psychotherapy and anxiety management training for generalized anxiety disorder », *Br. J. Psychiatry,* 165, 315-323.

DURHAM, R. C., TURVEY, A. A. (1987), « Cognitive therapy vs behaviour therapy in the treatment of chronic general anxiety », *Behav. Res. Ther.,* 25, 229-234.

DYCK, I. R., PHILLIPS, K. A., WARSHAW, M. C., DOLAN, R. T., SAEA, M. T., STOUT, R. L., MASSION, A. O., ZLOTNICK, C., KELLER, M. B. (2001), « Patterns of personality pathology in patients with generalized anxiety disorder, panic disorder with and without agoraphobia, and social phobia », *Journal of Personality Disorders,* 15 (1), 60-71.

EAGLE, M., WOLITSKY, D. L. (1988), *Psychodynamics in Handbook of Anxiety Disorders,* Last, C.G. et Hersen, M. (éd.), Pergamon General Psychology Series, 251-277.

EYSENCK, M. W. (1985), « Anxiety and the worry process », *Bulletin of Psychonomic Society,* 22, 545-548.

EYSENCK, M. W. (1992), *Anxiety : The Cognitive Perspective,* Hillsdale, NJ, Erlbaum.

FEIGHNER, J. P. (1987), « Buspirone in the long-term treatment of generalized anxiety disorder », *J. Clin. Psychiatry,* 48, 12 (suppl.), 3-6.

FRATTOLA, L., GARREAU, M., PIOLTI, R., BASSI, S., ALBIZZATI, M. G., BORGHI, C. *et al.* (1994), « Comparison of the efficacy, safety and with-drawal of alpidem and alprazolam, in anxious patients », *Br. J. Psychiatry,* 165, 94-100.

FREESTON, M. H., DUGAS, M. J., LADOUCEUR, R. (1996), « Thoughts, images, worry and anxiety », *Cognitive Therapy and Research,* vol. 20, 3, 265-273.

FREUD, A. (1964), *Le Moi et les mécanismes de défense,* Paris, PUF.

FREUD, S. (1945), *Trois Essais sur la théorie de la sexualité,* Paris, Gallimard.

FREUD, S. (1965), *Inhibitions, symptôme et angoisse,* Paris, PUF.

GOLDSTEIN, A. J., CHAMBLESS, D. L. (1978), « A reanalysis of agoraphobia », *Behavior Therapy,* 9, 47-59.

GORWOOD, P. (2000), « Genèse de la personnalité normale et pathologique : approches génétiques », *in Les Troubles de la personnalité,* A. Féline, J.-D. Guelfi, P. Hardy (éd.), Paris, Flammarion, « Médecine-Sciences ».

GOULD, R. A., OTTO, M. W., POLLACK, M. H., YAP, L. (1997), « Cognitive behavioral and pharmacological treatment of generalized anxiety disorder : A preliminary meta-analysis », *Behav. Ther.,* 28, 285-305.

GRAY, A. J. (1982), *The Neuropsychology of Anxiety : An Inquiry into the Functions of the Septo-hippocampal System,* Oxford, Oxford University Press.

GRAY, A. J. (1988), « The neuropsychological basis of anxiety », *in* Last, C.G. et Hersen, M. (éd.), *Handbook of Anxiety Disorders,* New York, Pergamon Press, 10-37.

GUELFI, J.-D. (sous la dir. de) (1993), *L'Évaluation clinique standardisée en psychiatrie,* Tome 1, Paris, Éditions médicales Pierre Fabre.

HOEHN-SARIC, R., MCLEOD, D. R. (1988), « The peripheral sympathetic nervous system – its role in normal and pathologic anxiety », *Psychiatry Clinics of North America,* 11, 375-386.

HUGHDAHL, K., *et al.* (1995), *Neuroreport,* 6, 1723-1728.

JANET, P. (1923), *La Médecine psychologique,* Paris, Flammarion. Ouvrage réédité en 1980 par les soins de la société Pierre Janet et du laboratoire de psychologie pathologique de la Sorbonne avec le concours du Centre national de la recherche scientifique.

KENDLER, K. S., NEALE, M. C., KESSLER, R. C., *et al.* (1992), « Generalized anxiety disorder in women », *Archives of General Psychiatry,* 49, 267-272.

KENDLER, K. S., NEALE, M. C., KESSLER, R. C., *et al.* (1992), « Major depression and generalized anxiety disorder », *Archives of General Psychiatry,* 49, 716-722.

KESSLER, R. C., Mc CONAGLE, K. A., ZHAO, S., NELSON, C. B., HUGHES, M., ESHLEMAN, S., WITTCHEN, H. U. et KENDLER, K. S. (1994), « Lifetime and 12 month prevalence of DSM-II-R psychiatric disorders in the United States », *Archives of General Psychiatry,* 51, 8-19.

KIERKEGAARD, S. (1990), *Miettes philosophiques. Le concept de l'angoisse. Traité du desespoir,* Paris, Gallimard.

KLEIN, D. (1980), « Anxiety reconceptualized comprehension », *Psychiatry,* 21, 411-427.

KLEIN, D. F., FINK, M. (1962), « Psychiatric reaction patterns to imipramine », *American Journal of Psychiatry,* 11, 432-438.

LADOUCEUR, R., BLAIS, F., FREESTON, M., DUGAS, M. (1998), « Problem solving and problem orientation in generalized anxiety disorder », *Journal of Anxiety Disorders,* vol. 12, 2, 139-152.

LADOUCEUR, R., GOSSELIN, P. et DUGAS, M. J. (2000), « Experimental manipulation of intolerance of uncertainty : A study of a theoretical model of worry », *Behaviour Research and Therapy,* 38, 933-941.

LAZARUS, R. (1991), *Emotion and Adaptation,* New York, Oxford University Press.

LEDOUX, J. E. (1996). *The Emotional Brain,* New York, Simon & Schuster.

LÉPINE, J.-P., LELLOUCH, J., LOVELL, A., TEHERANI, M., PARIENTE, P. (1994), « L'épidémiologie des troubles anxieux et dépressifs dans une population générale française », *Confront. Psychiatr.,* 35, 139-161.

LUCKI, RICKELS, GELLER (1986), « Chronic use of benzodiazepines and psychomotor and cognitive test performance », *Psychopharmacology,* 88, 426-433.

LYONFIELDS, J. D., BORKOVEC, T. D., THAYER, J. F. (1995), « Vagal tone in generalized anxiety disorder and the effects of aversive imagery and worrisome hunking », *Behavior Therapy,* 26, 457-466.

MAHÉ, V. (2001), « Méthodologie des études à long terme dans le trouble anxieux généralisé », *Canal Psy,* « A review of psychiatrist expert », 7, 52-56.

MARKS, I. (1986), « Genetics of fear and anxiety disorders », *Br. J. Psychiatry,* 149, 406-418.

MOGG, K., BRADLEY, B. P. (1998), « A cognitive motivational analysis of anxiety », *Behaviour Research and Therapy,* 36, 809-848.

MOGG, K., MATHEWS, A., WEINMAN, J. (1987), « Memory bias in clinical anxiety », *Journal of Abnormal and Clinical Psychology,* 96, 94-98.

MURPHY, S. M., OWEN, R., TYRER, P. (1989), « Comparative assessment of efficacy and withdrawal symptoms after 6 and 12 weeks' treatment with diazepam or buspirone », *Br. J. Psychiatry,* 154, 529-534.

NIELSEN, M., BRAESTRUP, C., SQUIRES, R. F. (1978), « Evidence for a late evolutionary appearance of brain specific benziodiazepine receptors : an investigation of 18 vertebrate and 5 invertebrate species », *Brain Research,* 141, 342-346.

NUTT, D. J. (2001), « Neurobiological mechanisms in generalized anxiety disorder », *J. Clin. Psychiatry,* 62 (suppl. 11), 22-27.

ÖST, L. G., BREITHOLTZ, E. (2000), « Applied relaxation vs cognitive therapy in the treatment of generalized anxiety disorder », *Behav. Res. Ther.,* 38, 777-790.

PAIVIO, A., MARSCHARK, M. (1991), « Integrative processing of concrete and abstract sentences », *in* A. Pavio (éd.), *Images in the Mind : The Evolution of a Theory,* New York, Harvester Wheatsheal, 134-154.

PAUL, G. L. (1969), « Behavior modification research », *in* Francks, C. M. (éd.), *Behavior Therapy, Appraisal and Status,* New York, Mc Graw Hill.

PETRUZELLO, S. J., LANDERS, D. M., HATFIELD, B. D., KUBITZ, K. A., SALAZAR, W. (1991), « A meta-analysis on the anxiety – reducing effects of acute and chronic exercise – outcomes and mechanisms », *Sports Med.,* 11, 143-182.

PICHOT, P. (1987), *L'Anxiété,* Paris, Masson.

PIGNAY, V., BOULENGER, J.-P. (2001), « Classification clinique du trouble anxiété généralisée », *Neuro-Psy,* numéro spécial juillet 2001, 41-49.

POWER, K. G., SIMPSON, R. J., SWANSON, V., WALLACE, L. A., FEINSTNER, A. T. C., SHARP, D. (1990), « A controlled comparison of cognitive-behaviour therapy, diazepam, and placebo, alone and in combination, for the treatment of generalized anxiety disorder », *J. Anxiety Disord.*, 4, 267-292.

RAKEL, R. E. (1990), « Long-term buspirone therapy for chronic anxiety : a multicenter international study to determine safety », *Southern Medical Journal,* 83 (2), 195-198.

RAUSCH, R. D. *et al.* (1997), *Biol. Psychiatry,* 42, 446-452.

RICKELS, K., CASE, W. G., DOWNING, R. W., WINOKUR, A. (1983), « Long-term diazepam therapy and clinical outcome », *JAMA,* 250, 767-771.

RICKELS, K., DOWNING, R., SCHWEITZER, E., HASSMAN, H. (1993), « Antidepressants for the treatment of generalized anxiety disorder. A placebo controlled comparison of Imipramine, Trazodone, and Diazepam », *Arch. Gen. Psychiatry,* 50, 884-895.

RICKELS, K., SCHWEITZER, E., CSANALOSI, I., CASE, W. G., CHUNG, H. (1988), « Long-term treatment of anxiety and risk of withdrawal : A prospective comparison of clorazepate and buspirone », *Arch. Gen. Psychiatry,* 45, 444-450.

ROCCA, P., FONZO, V., SCOTTA, M., ZANALDA, E., RAVIZZA, L. (1997), « Paroxetine efficacy in the treatment of GAD », *Acta Psychiatr. Scand.,* 95 (5), 444-450.

ROGERS, G. R. (1968), *Le Développement de la personne,* traduit par E.-L. HERBERT, Paris, Dunod.

ROGUE, P. (2001), « Aspects neurophysiologiques de l'anxiété », *in Canal Psy,* « A review of psychiatrist expert », 7, Éditions du Monde moderne.

SALKOVSKIS, P. (1991), « Anxiété et santé : aspects cognitivo-comportementaux », *Act. Méd. Inter. Psychiatrie,* 8, 78-88.

SCHERER, K. R. (1999), « Appraisal theory », *in* T. Dalgleish et M. J. Power (éd.), *Handbook of Cognition and Emotion,* Chichester, John Wiley & Sons, 637-663.

SCHWEIZER, E., RICKELS, K. (1997), « Strategies for treatment of generalized anxiety in the primary care setting », *J. Clin. Psychiatry,* 58 (suppl. 3).

SENNETT, R. (1979), *Les Tyrannies de l'intimité,* Paris, Seuil.

SHAPIRO, M.B. (1951), « An experimental approach to diagnostic psychological testing », *Journal of Mental Science,* 97, 748-764.

SHAPIRO, K. L., LIM, A. (1989), « The impact of anxiety on visual attention to central and peripheral events », *Behaviour Research Therapy*, 27, 4, 345-351.

SKRE, I., TORGENSEN, S., LYGREW, S. *et al.* (1993), « A twin study of DSM-III-R anxiety disorders », *Acta Psychiatr. Scand.*, 88, 85-92.

STANLEY, M. A., BECK, J. G., GLASS CO, J. D. (1996), « Treatment of generalized anxiety in older adults : A preliminary comparison of cognitive behavioral and supportive approaches », *Behav. Ther.*, 27, 565-581.

STOBER (2000), « Worry, thoughts and images. A new conceptualization », *in* Von Hecker *et al.* (éd.), *Generative Mental Processes and Cognitive Ressources*, 223-244.

SULLIVAN, H. S. (1953), *The Interpersonal Theory of Psychiatry*, New York, Norton.

SUTTER, J. (1990), *L'Anticipation*, Paris, PUF.

SUTTON *et al.* (1991), « Manipulating affective states using extended picture presentation », *Psychophysiology*, 34, 217-226.

TALLIS, F., EYSENCK, M. W. (1994), « Worry : mechanisms and modulating influences », *Behavioral and Cognitive Psychotherapy*, 22, 37-56.

TALLIS, F., EYSENCK, M. H., MATHEWS, A. (1991), « Elevated evidence requirements and worry », *Personality and Individual Differences*, 12, 21-27.

TORGERSEN, S. (1983), « Genetic factors in anxiety disorders », *Archives of General Psychiatry*, 40, 1085-1089.

VRANA, S. R., CUTHBERT, B. N., LANG, P. J. (1986), « Fear imagery and text processing », *Psychophysiology*, 23, 247-253.

WELLS, A. (1994), « Attention and the control of worry », *in* G. C. L. Davey et F. Tallis (éd.), *Worrying : Perspectives on Theory, Assessment and Treatment*, Chichester, Wiley & Sons.

WELLS, A. (1997), *Cognitive Therapy of Anxiety Disorders. A Practice Manual and Conceptual Guide*, Chichester, Wiley & Sons.

WENISTEIN, A. M. (1995), « Visual ERP's evidence for enhanced processing of theatening information in anxious university students », *Biological Psychiatry*, 37, 847-858.

WHITE, J., KEENAN, M., BROOKS, N. (1992), « Stress control : A controlled comparative investigation of large group therapy for generalized anxiety disorder », *Behav. Psychother.*, 20, 97-114.

WITTCHEN, H. U., ZHAO, S., KESSLER, R. C. *et al.* (1994), « DSM-III-R generalized anxiety disorder in the National Comorbidity Survey », *Arch. Gen. Psychiatry,* 51, 355-364.

WU, J. C., BUSCHSBAUM, M. S., HERSCHEY, T. G. *et al.* (1991), « PET in generalized anxiety disorder », *Biol. Psychiatry,* 29, 1181-1189.

YOUNG, J., KLOSKO, J. (1993), *Je réinvente ma vie,* Montréal, Éditions de l'Homme.

TABLE

AVANT-PROPOS 7

Chapitre 1
ATTENTION, DANGER !

L'hypervigilance 11
Le défi permanent 12
Seul au monde 12
L'art du « et si... » 13
Chercher des solutions à des problèmes inexistants 14
Le souci comme conjuration du danger 15

Chapitre 2
LE SOUCI ET L'ANXIEUX

Être incertain d'être certain 21
D'un extrême à l'autre 26
Tout contrôler pour ne pas être
contrôlé par les émotions 28
La principale source d'anxiété
Les systèmes de pensées 35
Des biais dans le traitement de l'information 37

Chapitre 3
UNE SOURCE DE HANDICAPS

L'anxiété, c'est déprimant 41
Autrui : un casse-tête pour l'anxieux 46
Personnalités associées 52
Naissance d'un comportement phobique 60
Le souci est-il une obsession ? 65
Alcool et autres addictions 69
Un diagnostic difficile 71

Chapitre 4
QUAND L'ANXIÉTÉ DEVIENT PATHOLOGIQUE

Aspects réalistes et constructifs de l'inquiétude 75
Stratégies d'évaluation 76
Normal, pas normal ? 79
Le trouble anxieux généralisé 83
Le corps en émoi 85
Le souci au secours du souci 90

Chapitre 5
Y A-T-IL UN TERRAIN ANXIEUX ?

Les facteurs génétiques 96
Mécanismes neurobiologiques du trouble anxieux généralisé 99
La base neuropsychologique 106
Physiologie de l'anxiété 110

Chapitre 6
PSYCHOLOGIE DE L'ANXIÉTÉ

Freud et les théories psychodynamiques 117
Janet et l'économie des forces de l'esprit 122
Sullivan et les relations mère-enfant 124

Bowlby et la théorie de l'attachement 125
Beck et les erreurs cognitives 127
Young et les schémas dysfonctionnels précoces 130
Barlow et l'approche bio-psycho-sociale 136
Les comportementalistes et la théorie du conditionnement 139
Eysenck et la fonction du souci 142

Chapitre 7
L'EFFET DES THÉRAPIES COMPORTEMENTALES ET COGNITIVES

L'information 146
L'auto-observation 147
La thérapie cognitive 148
Les thérapies comportementales 165
Modifier le traitement de l'information 171

Chapitre 8
LA PRISE EN CHARGE PHARMACOLOGIQUE DU TROUBLE ANXIEUX GÉNÉRALISÉ

Les médicaments 175
L'efficacité à long terme des traitements pharmacologiques 183
Comment choisir entre psychothérapie et pharmacothérapie ? 186
L'alliance patient-thérapeute 195

ÉPILOGUE 197

ANNEXES

Annexe 1 – Mesurer l'anxiété 201
Annexe 2 – Reconnaître le trouble anxieux généralisé 241

Annexe 3 – Diagnostic et prise en charge en ambulatoire du trouble anxieux généralisé de l'adulte 245
Annexe 4 – Exercices de relaxation 259
Annexe 5 – Dix séances détaillées d'une thérapie cognitive centrée sur la dimension évitante 267

BIBLIOGRAPHIE 295

Cet ouvrage a été transcodé et mis en pages
chez Nord Compo (Villeneuve-d'Ascq)
et achevé d'imprimer sur Roto-Page
par l'Imprimerie Floch à Mayenne
en mai 2003.

N° d'impression : 57323.
N° d'édition : 7381-1285-X.
Dépôt légal : juin 2003.

Imprimé en France